职业教育财政理论与政策研究

ZHIYE JIAOYU CAIZHENG LILUN
YU ZHENGCE YANJIU

韩凤芹 ◎ 著

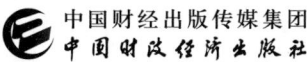

中国财经出版传媒集团
中国财政经济出版社

图书在版编目（CIP）数据

职业教育财政理论与政策研究／韩凤芹著．——北京：中国财政经济出版社，2020.7

ISBN 978－7－5095－9644－9

Ⅰ.①职… Ⅱ.①韩… Ⅲ.①职业教育－教育财政－财政政策－研究－中国 Ⅳ.①G719.2

中国版本图书馆 CIP 数据核字（2020）第 030307 号

责任编辑：胡　博　张晓丽　　　　责任印制：刘春年
封面设计：陈宇琰　　　　　　　　责任校对：徐艳丽

中国财政经济出版社 出版

URL：http://www.cfeph.cn

E－mail：cfeph@cfemg.cn

（版权所有　翻印必究）

社址：北京市海淀区阜成路甲 28 号　邮政编码：100142
营销中心电话：010－88191537
北京财经印刷厂印装　各地新华书店经销
787×1092 毫米　16 开　16.75 印张　273 000 字
2020 年 7 月第 1 版　2020 年 7 月北京第 1 次印刷
定价：68.00 元
ISBN 978－7－5095－9644－9
（图书出现印装问题，本社负责调换）
本社质量投诉电话：010－88190744
打击盗版举报热线：010－88191661　QQ：2242791300

前言

当前，我国正处于世界百年未有之大变局，面临纷繁复杂的外部环境，建设高质量的经济发展体系和产业结构成为重中之重。产业发展与人力资本构成有着极强的关联性，产业结构的升级必须有与之相适应的人力资本体系做基础，因此，人力资本的提升是高质量发展和产业结构调整的关键环节。人力资本是多元的，既包括高技术人才，同样包括高技能人才，产业、就业、教育三者相互影响、相互促进，产业结构决定了就业结构，进一步影响了教育结构；反过来，教育的结构和质量又决定着产业结构升级的高度和水平。

职业教育与普通教育是两种不同教育类型，二者具有同等重要地位。作为全球制造业大国，我国在全面提升制造业水平、建设高端制造业的背景下，建设与之相适应的现代职业教育体系尤为重要。可以说没有职业教育的现代化，就没有教育的现代化，经济体系和社会体系的现代化就缺少了发展基础。2019年是新中国成立70周年，也是经济社会发展的关键期，职业教育发展也迎来了重要机遇期。习近平总书记曾就职业教育发展做过多次批示，指出我国经济要靠实体经济作支撑，这就需要大量专业技术人才，需要大批大国工匠。国务院也颁布了关于教育发展的规划纲要，重点要求加快发展现代职业教育，并做出了《关于加快发展现代职业教育的决定》。新时代，职业教育发展越来越成为一项系统工程，党的十九大报告中明确提出"完善职业教育和培训作为全球制造业大国，我国在全面提升制造业水平、建设高端制造业的背景下，建设与之相适应的现代职业教育体系尤为重要体系，深化产教融合、校企合作"，为新时代职业教育改革与发展指明了方向。职业教育的春天到来了，职业教育有望进入一个新的繁荣发展阶段。现代职业教育的目标不仅凸显了职业教育产教融合的基本属性，而且凸显了职业教育在创新驱动、产业转型升级、"中国制造2025"等一系列国家重大战略中的作用。

财政是国家治理的基础和重要支柱，一个国家的正常运转离不开财政。财政作为国家及整个社会运转必不可离的"血液"，它的存在不仅仅是经济上配置资源，也不只是体现在财政部门，而应该是全方位的、整体性的，分布于社会运行的全过程及各个领域。财政的综合性和整体性决定了职业教育财政的重要作用。所谓职业教育财政既不是教育财政，也不只是职业教育财政经费支出，而是财政在职业教育领域作用的综合反映。从表象看，职业教育财政是职业教育经费的资金分配和使用，但教育经费的使用决定和影响了职业教育的发展方向、发展重点、职业教育体制机制，其本质是如何确定职业教育领域的人力、物力、财力资源配置原则。因此，职业教育财政绝不能简单地理解为财政在职业教育领域的经费投入，而是从建设高质量的经济发展体系和产业结构的视角认识职业教育的战略性和特殊性，从国家治理体系和治理能力现代化，以及提高国家财政支出绩效的高度去认识和实施职业教育财政政策。

2014年，中国财政科学研究院更名后，成立了教科文研究中心，我开始聚焦教育、科技、文化等领域开展相关政策研究，我本人关注职业教育，主要源于职教的战略性与现实的薄弱性。我们常说，财政的使命是促进公平与效率的融合发展，要"雪中送炭"，而不是"锦上添花"。财政追求的目标是"促进更高质量、更有效率、更加公平、更可持续的发展，更好推动人的全面发展、社会全面进步"。

如何让财政在发展教育，特别是发展基础薄弱的职业教育中更好地发挥作用，正是体现财政"雪中送炭"的使命。

本书是我近几年研究职业教育财政问题的一些阶段性成果的思考，研究起点是从财政的角度看职业教育发展的效果，又从职业教育的角度观察财政的改革成效。本书分为五篇，共十五章：第一篇是理论依据与政策评价，第二篇是历史思维与文化传承，第三篇是现实考量与调查研究，第四篇是国际比较与经验借鉴，第五篇是合作创新与改革思路。本书的形成得益于中国财政科学研究院创造了良好的研究氛围，得益于财政部科教和文化司、教育部财务司的大力支持，更得益于中国财政科学研究院多位专家学者的支持与配合。要特别感谢史卫、申学锋、于雯杰、郭志燊、王胜华、李婕、张绘等同志，他（她）们在本书形成过程中给予了我诸多帮助。感谢湖南省教育厅汪忠明处长，浙江省财政厅政策研究室冯健和陈优芳副主任、科教处虞劲松副处长等给予调研工作的支持。感谢中国财政经济出版社领导及责任编辑的鼓励与督促。本书形成的观点和看法有很多认识和理解需要不断深化，敬请各位专家学者多加批评指正。

韩凤芹

中国财政科学研究院教科文研究中心

目录

◆ **第一篇　理论依据与政策评价** ◆

第一章　职业教育领域中央与地方间事权与支出责任划分 / 3

一、职业教育事权和支出责任划分的现状 / 3

二、我国职业教育事权和支出责任划分存在的问题及原因分析 / 8

三、中央与地方间职业教育事权和支出责任划分的思路与建议 / 14

第二章　职业教育发展财政支出政策评价 / 19

一、当前我国职业教育财政支出政策的基本评价 / 19

二、职业教育发展面临的突出问题 / 27

三、政府与社会合作发展职业教育的国际借鉴 / 32

四、我国现代职业教育发展的基本思路 / 34

第三章　职业教育发展的税收政策评价 / 37

一、税收政策在职业教育发展中的作用 / 37

二、我国现有职业教育税收政策及实施情况 / 39

三、完善我国职业教育税收政策的思路 / 48

◆ **第二篇　历史思维与文化传承** ◆

第四章　中国古代职业教育发展中政府的作用 / 55

一、中国古代职业教育的发展演变轨迹 / 56

二、古代政府在职业教育发展中的作用／59

三、职业教育的历史发展对今天的启示／63

第五章　中国职业教育财政发展70年的演变／68

一、我国职业教育发展的演变历程／68

二、我国职业教育经费来源及支出特征／76

三、总结和启示／83

第六章　技工院校发展演变及其政策分析／86

一、技工学校的发展演变／86

二、技工院校的财政投入情况／92

三、问卷调研对象的基本情况／97

四、当前我国技工院校发展状况分析／99

五、支持技工院校发展的政策效果初步评价／102

六、技工教育发展面临的问题及原因分析／107

七、几点建议／110

◆ 第三篇　现实考量与调查思考 ◆

第七章　协调政府社会市场关系　创新职业教育体制机制
　　　　——基于浙江调研的启示／**115**

一、浙江职业教育发展的主要做法及成效／116

二、浙江省职业教育发展中存在的突出矛盾及原因分析／122

三、协调好政府与社会、市场三者关系，进一步深化
职业教育体制改革／127

第八章　建设现代职业教育急需推进系统性改革
　　　　——基于湖南的实践／**130**

一、政府在职业教育发展中积极作为／131

二、建设现代职业教育任重道远／135

三、系统推进体制机制改革的几点建议 / 140

第九章　地方职业教育发展中政府的作用
——基于温州的实践 / 144

一、温州职业教育发展情况及其做法 / 144

二、政府多举措激发职业教育办学活力 / 147

三、地方财政支持社会力量举办职业教育 / 150

四、存在的主要问题及原因分析 / 152

五、几点建议 / 156

◆ 第四篇　国际比较与经验借鉴 ◆

第十章　日本职业教育的发展及启示 / 163

一、日本的职业教育体系 / 163

二、日本政府职业教育事权与支出责任划分 / 167

三、日本职业教育管理体制 / 170

四、日本职业教育发展趋势及特点 / 175

五、启示与建议 / 178

第十一章　德国职业教育的发展及启示 / 181

一、德国职业教育的发展特点 / 181

二、德国职业教育的事权、支出责任及履行机构 / 186

三、德国职业教育管理体制：以企业为主的多元化融资模式 / 189

四、启示与建议 / 191

第十二章　职业教育政府管理模式的国际比较与启示 / 195

一、各国职业教育发展模式 / 196

二、值得我国借鉴的经验 / 199

三、对我国职业教育发展的启示 / 204

◆ 第五篇 合作创新与改革思路 ◆

第十三章 职业教育领域政府和社会资本合作的可行性 / 213

  一、准确把握 PPP 的特征及其在职业教育领域的应用 / 214
  二、在职业教育领域推行 PPP 有现实基础 / 218
  三、客观分析职业教育领域推行 PPP 模式面临的困难与挑战 / 222

第十四章 职业教育领域推进 PPP 的思路探讨 / 226

  一、基本思路 / 226
  二、实施模式 / 229
  三、相关政策建议 / 239

第十五章 以职业教育类型重塑教育发展体系 / 241

  一、去"职业"更名风再起引忧思 / 241
  二、升格转型之风迷失了职业教育的发展方向 / 243
  三、重普教轻职教的思维定式加剧了教育体系的失衡 / 244
  四、提升职业教育层级是大势所趋 / 247
  五、完善我国职业教育体系势在必行 / 249

参考文献 / 252

第一篇
理论依据与政策评价

财政是国家治理的基础和重要支柱,这一定位是经济社会体制改革的核心和起点,牵一发而动全身。其中建立事权与支出责任相适应的制度尤为重要,完善各级政府的事权和支出责任,是整个财政体制协调运转的基础环节。事权是一级政府在公共事务和服务中应承担的任务和职责,支出责任则是履行其事权、满足公共服务需要的财政支出义务,这既涉及中央与地方的关系,也涉及政府各职能部门间的关系;既要处理好政府与市场的关系,也要处理好政府与社会的关系。

政策评价,这是一个重要的经济学研究方法,也是政策决策部门决策的依据和参考。从财政的角度预算绩效评价是重点,以《中共中央国务院关于全面实施预算绩效管理的意见》(2018年9月1日)为指针,我国的预算绩效评价进入新时代。绩效评价应有宏观整体思维,必须把绩效评价放在国家治理的视角去看,不能微观化、技术化,偏离了治理体系的剖析与变革高度,预算绩效评价就会陷入为了评价而评价。

本篇以职业教育事权为研究对象,通过对职业教育支出政策和税收政策进行评价,试图回答以下问题:一是职业教育的事权究竟包括哪些。二是通过何种制度和行政管理体系来履行事权。三是职业教育财政税收政策的实施成效如何。

第一章　职业教育领域中央与地方间事权与支出责任划分

本章从法律和体制层面对我国职业教育事权和支出责任的现状进行了梳理，认为职业教育发展中政府存在缺位、错位和越位的现象，不能适应加快发展现代职业教育的战略要求。提出应通过协调政府、社会、市场的关系明晰职业教育事权，根据中央地方间财政关系明确支出责任，做到支出责任与事权相适应。建议进一步强化中央宏观管理事权，将部分事权上移，促进职业教育更好地服务于地区经济发展需求，将部分与地方经济发展和学校管理相关事权下移，将部分跨区域问题调整为共同事权，并推进相关体制机制改革。

加快发展现代职业教育是党中央、国务院作出的重大战略部署之一。职业教育具有经济、社会多重属性，政府在职业教育发展中有多重职责。一方面，政府承担着为不同年龄层的国民提供所需技术教育的职能；另一方面，职业教育又是国家履行宏观经济管理等职能的重要手段。这也为推进职业教育事权和支出责任科学合理划分指明了方向。

一、职业教育事权和支出责任划分的现状

我国现行职业教育事权和支出责任的划分是建立在《中华人民共和国宪法》（以下简称《宪法》）、《中华人民共和国组织法》（以下简称《组织法》）、《中华人民共和国预算法》（以下简称《预算法》）、《中华人民共和国教育法》

（以下简称《教育法》）、《中华人民共和国职业教育法》（以下简称《职业教育法》）、《中华人民共和国劳动法》（以下简称《劳动法》）、《中华人民共和国就业促进法》（以下简称《就业促进法》）等法律及国家"三定"方案基础之上的。面对新的形势和执行中的问题，国家相继出台了一系列的文件进行了调整和规定。

（一）事权和支出责任的法律规定

《宪法》《组织法》《预算法》对政府间事权和支出责任做出了原则性规定。在此基础上，《职业教育法》《劳动法》《就业促进法》进一步划分了中央与地方间的职业教育事权和支出责任。

《职业教育法》明确规定：中央政府承担的职业教育事权主要包括宏观政策层面的决策，制定适应经济社会需要的职业教育制度，组织职业教育的科学研究，制定政策提高职业教育的质量，扶持帮助农村、少数民族地区、边远贫困地区、妇女、残疾人职业教育的发展；地方政府职业教育的事权主要包括将职业教育纳入地方国民经济和社会发展规划，举办职业教育机构，并对职业教育机构进行领导、统筹协调和督导评估，包括对民办职业教育机构的指导和扶持；将建设实习基地列为中央部委和地方政府的共同事权；对于各级政府的支出责任的划分，国家层面主要是制定生均经费标准，并制定政策鼓励社会力量的捐赠和金融支持职业教育发展。

《劳动法》《就业促进法》等法律对职业培训事权作出规定，强调国家应制定政策，促进劳动就业，发展职业教育，提高劳动者素质，增强其就业能力和创业能力；地方政府应将发展职业培训纳入社会经济发展的规划，鼓励和支持有条件的企业、事业组织、社会团体和个人进行各种形式的职业培训。

在执行过程中，中央相继出台了一系列的文件进行调整和规定。特别是近年来，中央层面基于社会公平、经济转型需求等因素的考虑，推出多项政策指导职业教育发展，并对相关事权和支出责任进行安排（见表1-1）。在对中央、地方、学校举办部门三个层面相关事权作出规定的同时，也综合考虑了与地方财力相对应的支出责任。

表 1-1　　法律、行政法规、部门规章及其他规范性文件
　　　　　　对于职业教育事权的划分

事权内容		中央	省级	市级	县级	乡镇	企业	个人	学校	行业组织
宏观管理	统筹规划、综合协调、推进职教改革	√	√	√	√					
	建立健全各项职教制度	√								
	制定各项标准（生均经费等）	√	√							
	制定实施职业能力开发计划、支持各种职业培训	√	√	√						
	鼓励组织职教科研	√								
学校管理	提升职校师资素质								√	
	规定职业学校、职业培训机构收费标准		√							
	推动公办职校办学体制改革和内部管理体制改革									
	完善现代职业学校制度								√	
	鼓励多元主体组建职业教育集团									
监督管理	督导评估职教及相关工作	√	√	√						
	督促各类举办者足额拨付职业教育经费		√							
	监督企业实施职业教育情况	√	√	√						
支出责任	扶持落后贫困地区和弱势群体发展、接受职教	√	√	√	√					
	奖励职业成绩显著的单位和个人	√								
	举办和扶持职业学校和职业培训机构	√	√	√	√					√
	扩宽职教经费渠道，不断提高财政性经费	√	√	√	√					
	培养培训职教教师	√	√	√						
	发展职教设施、建设职教生产实习基地	√	√	√	√				√	√
	实施县级职教中心专项建设计划	√	√	√	√					
	建设示范性中等职业学校	√	√	√	√				√	
	建设示范性高等职业学校	√	√							
	实施中职教育免学费政策	√	√	√	√					
	实施中职教育助学金政策	√	√	√	√					

（二）我国职业教育管理体制

职业教育在长期发展中形成了复杂的管理体系（见图 1-1）。从所有制看，有公办、民办、合作办学；从层次看，有初级、中级、高级；从类别看，

有高职、高技、中专、中技、职业中学以及成人中专等职业学校，还有劳动就业训练中心和社会力量举办的各种职业培训机构；从年龄结构看，既有职前劳动后备力量培养，又有职后成人提高、转业和继续教育。围绕不同教育类型形成的相应管理体制，直接影响到职业教育事权和支出责任的划分。

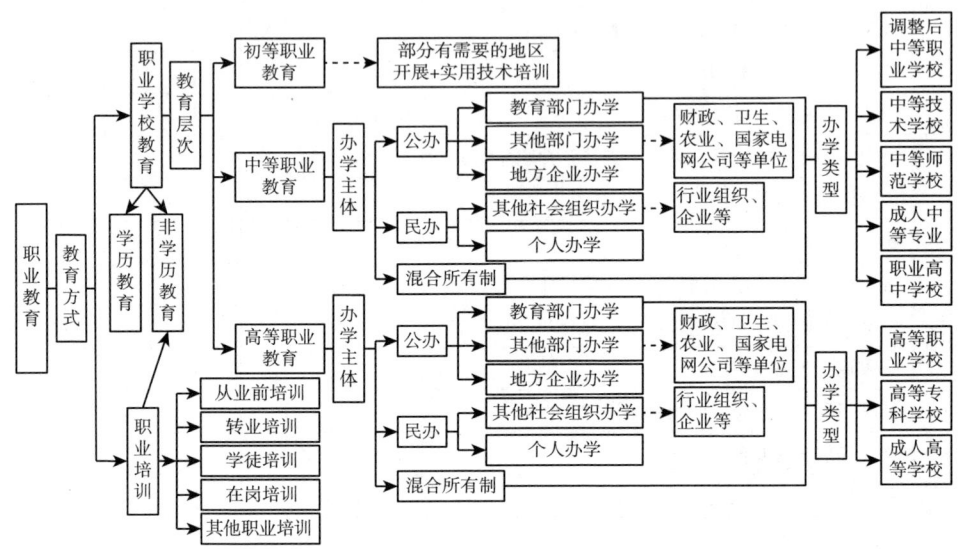

图1-1 我国职业教育分类示意图

我国现行职业教育管理体制是一种"在国务院领导下，分级管理、地方为主、政府统筹、社会参与"的职业教育管理体制（见表1-2）。高等职业教育中，中央所属高校举办的高等职业院校由教育部管理，地方所属高校举办的高等职业院校和其他地方高等职业院校由地方省市教育行政机构管理。技工学院则由人力资源和社会保障部相关部门管理。中等职业教育管理以地方中央所属学校举办的高等职业院校为主。中等职业教育学校主要由地方负责，省、直辖市、自治区所属的中等专业学校，由省、直辖市、自治区领导，有关职能部门参与管理，具体管理职责多数下沉到县；属中央各部举办的，地方辅助协调和配合。

在执行层面，职业教育的事权和支出责任主要由拥有直接管理权及举办权的政府部门及相应层级财政承担，同时上级政府可根据具体情况予以财政补助。补助形式与转移支付专项相结合，如基础能力建设、示范性院校建设、中职免学费政策、学生资助、现代职业教育质量提升计划等项目。从举办者角度看，在政府层级上，有中央、省、市、县多级；从政府部门看，有教育部门、劳动部门、交通部门、卫生部门、体育部门等多个部门，此外还有行业组织、社区和企业。

表1-2　　　　　　　各级政府部分职业教育职能

	综合	教育部门	人社部门	其他部门
中央	承担职业教育和培训的统筹规划、综合协调和宏观管理工作；制定各项制度和标准；指导职业教育和培训机构教育教学宏观管理和基础建设工作；扶持帮助贫困地区和弱势群体职业教育的发展。颁发职业教育学历。	职业教育统筹规划；综合协调和宏观管理；制定中职学校设置标准，指导其教学改革、教材建设、教师培养。	拟订城乡劳动者、高技能人才的职业培训政策、规划；拟订技工学校及职业培训机构发展规划和管理规则，指导师资队伍和教材建设；完善职业技能资格制度；组织拟订职业分类、职业技能国家标准和行业标准。认定职业技能资格。	指导相关领域职业教育教材编写等工作；管理所属职业教育院校。
省	制订职业教育改革发展的宏观规划和重大政策，负责省本级各项职业教育经费的落实，并做到逐年增长，负责职业院校的规划和审批，检查、督促，指导职业教育的改革和发展。建立健全政府统筹机制。	本省（市）职业教育统筹规划、综合协调和宏观管理工作；负责中等职业教育和独立设置的高等职业技术学校的设置标准、专业设置、教材建设、学校评估、实训基地建设和信息化建设。	拟订并实施本市城乡劳动者职业培训政策和规划、人才培养和激励政策；拟订职业分类、职业技能地方标准和行业标准；拟订技工学校、职业培训机构和职业技能鉴定机构发展规划和管理规定，并组织实施和监督检查；指导技工学校和职业培训机构师资队伍和教材建设。	管理所属职业教育院校。
市	制订本区域内职业教育总体规划，统筹区域内各级各类职业教育资源，合理调整学校布局和专业布点，结合本地实际，制订国家和省有关政策的具体实施办法，筹措市州本级职业教育经费，并做到逐年增长，检查、督促、指导县（市、区）职业教育的改革与发展。市州政府及有关组成部门负责所举办高职学院、中职学校的人财物投入、管理职责。	全市职业教育统筹规划、综合协调和宏观管理；拟订教学指导文件及评估标准，指导教学改革；办学审批、专业设置、调整和教材建设、学历学籍管理；招生考试；协助有关部门开展职工及农民技术培训、农科教结合等工作。规划并指导市属高职教育教学改革和专业建设；联系省属、省属驻地高职有关工作；协调区域内高职资源共享和"产学研"结合工作；综合管理和协调市州属高职招生录取管理工作；协调指导终身教育工作。	拟订城乡劳动者职业培训政策、技工学校、职业技能培训机构管理办法，并指导实施和评估；拟订人才培养和激励政策；拟订完善全市职业技能培训、鉴定、竞赛的具体办法并指导实施，负责民办职业培训机构审批，指导师资队伍建设，会同有关部门组织实施技工院校学生资助工作；完善职业资格证书制度，指导和监管职业技能鉴定机构，核发《职业资格证书》；在职人员培训和继续教育工作。	管理所属职业教育院校。

7

续表

	综合	教育部门	人社部门	其他部门
县	制订本县职业教育发展规划，制订落实国家和省市有关规定的具体实施办法，合理调整学校布局，优化职业教育资源配置，筹措职业教育经费，确保教师工资发放，改善所属中职学校办学条件，提高教育质量。	综合管理辖区内职业教育，抓好辖区职业学校的招生考试、学籍管理、教师管理、教学督导和评估。改善所属职业学校办学条件，救助贫困学生，健全落实各项安全规章制度，确保职业学校财产和师生人身安全。	审批和管理以职业技能为主的职业资格培训、职业技能培训的民办学校，教师编制管理。	管理所属中等职业学校。
乡镇	统筹本区域内农业、科技、教育资源，统筹基础教育、职业教育、成人教育资源，办好乡镇农民文化技术学校，筹措农村成人教育经费，建立一支专兼结合的农村成人教育教师队伍，发展农村社区教育。			

资料来源：根据《国务院关于机构设置的通知》《国务院办公厅关于印发教育部主要职责内设机构和人员编制规定的通知》及上海、湖南、四川等地区相关文件整理。

二、我国职业教育事权和支出责任划分存在的问题及原因分析

虽然法律对职业教育事权划分有规定，但是，由于管理体制、发展环境等多方面原因，现实中，中央与地方间事权和支出责任的划分在执行过程中，仍存在诸多的问题。

（一）存在的主要问题

1. 政府在职业教育发展中的职能定位不清。我国职业教育事权和支出责任划分是从计划经济时期演变而来，虽然市场经济体制建立以来有了深刻的变化，但是行政色彩依然浓厚，政府办职业教育的理念还没有得到根本转变，一些更适合于企业、社会组织、学校、个人等主体承担的事权和支出责任，却被政府包揽替代。突出表现为，伴随着财政职业教育投入的快速增长，社会投入呈萎缩态势。2008—2017 年，整个职业教育收入体系中，政府投入占比由 55% 上升至 77%，而社会投入占比由 1.58% 降至 0.89%（2017 年数据见表 1-3）。

表 1-3　　2017 年职业教育及培训一般公共预算支出情况

类别		全国	中央本级		地方	
		金额（亿元）	金额（亿元）	占比（%）	金额（亿元）	占比（%）
职业教育	合计	2655.89	5.30	0.20	2650.59	99.80
	初等职教	13.77	0	0	13.77	100
	中专教育	669.70	1.56	0.23	668.14	99.77
	技校教育	228.60	0	0	228.60	100
	职业高中	439.63	0	0	439.63	100
	高等职教	1131.57	3.24	0.29	1128.33	99.71
	其他职教	172.63	0.50	0.29	172.12	99.71
进修及培训	合计	436.40	26.96	6.18	409.44	93.82
	教师进修	121.37	2.11	1.74	119.26	98.26
	干部教育	235.03	12.02	5.11	223.01	94.89
	培训支出	54.97	8.82	16.05	46.15	83.95
	退役士兵能力提升	0.58	0	0	0.58	100
	其他进修及培训	24.45	4.01	16.40	20.44	83.60

资料来源：财政部全国财政决算报告。其中地方支出含中央现代职业教育质量提升计划专项资金 177.30 亿元，一般性转移支付用于地方职业教育资金没有统计数据。

2. 中央地方间事权和支出责任在执行中存在错位与越位。按《职业教育法》规定，职业教育事权主要在地方，但是，中央部委不仅承担着宏观管理的事权，也承担着一部分职业学校的管理事权。1993 年《国务院关于实行分税制财政管理体制的决定》做出事权和支出责任的初步划分，中央承担中央本级负担的支出，地方承担地方教育支出，也就是"谁举办谁投入"。当时中央部委所属中职学校 379 所，占到 9%。虽然此后不断将职业教育举办权下移，但目前中央所属的中职和高职还有 26 所。同时，从事权划分的角度，省级政府主要负担高等职业教育，中等职业教育主要沉淀在县一级。在这样的框架下，职业教育的分级管理变成了彻底分家，各自负责所属院校。近年来，随着对职业教育的日益重视，中央几乎介入了职业教育发展的各个领域，从师资素质提升、实训基地建设到学生补助无所不包，支出责任则调整为中央地方共担，但中央占比依然较低。

3. 支出责任与事权难以有效匹配。由于职业教育主要是地方的事权和支出责任，但部分地区受经济发展和财政收入水平的影响，对职业教育的财政保障能力可能会小于承担的支出责任，导致二者难以匹配。

一是中央自上而下制定支出标准，地方难以落实。《职业教育法》规定，省、自治区、直辖市人民政府应当制定本地区职业学校学生人数平均经费标准；职业学校举办者应当按照学生人数平均经费标准足额拨付职业教育经费。各级人民政府、国务院有关部门用于举办职业学校和职业培训机构的财政性经费应当逐步增长。调研显示，到2016年11月，全国各省（区、市）虽然均已建立高职生均拨款制度，27个省份建立了中职生均拨款制度，但大部分地方是根据2014年财政部、教育部（财教〔2014〕352号）、2015年财政部、教育部、人社部（财教〔2015〕448号）文件要求，分别从形式上建立起高职和中职生均经费拨款标准。从落实情况看，并不理想。例如，2014年财政部和教育部联合下发《关于建立完善以改革和绩效为导向的生均拨款支付 加快发展现代高等职业教育的意见》，要求公办高职院校的财政生均拨款到2017年要达到12000元。这一标准，即使在浙江省这样的发达地区短期内执行都有难度。例如，嘉兴市2015年公办高职院校财政生均拨款仅为6400元，两年内生均拨款要翻番，对地方财政平稳运行是一大挑战。2018年，仅北京、西藏和青海3个省份的高职院校生均拨款全部达标，全国仍有40%的公办高职院校生均拨款未达到12000元水平。部分地市级政府或行业企业举办的高职院校生均拨款水平低于6000元，特别是由行业企业举办的高职院校甚至不足3000元，其中有26所院校生均拨款为0。

二是随着国家推进职业教育现代化步伐加快，中央密集推出提升职业教育能力的政策，其支出责任一般由中央和地方分摊，地方支出责任难以到位，加剧了事权和支出责任不匹配。表现在中职学生资助、免学费等政策，虽有一定的转移支付，但仍有部分支出责任仍落到地方政府身上，在地方财力紧张的情况下，支出责任不到位现象在全国普遍存在。有数据显示，24.3%的市、县没有落实免学费政策的支出责任，东部地区这一比例为10.5%，而中、西部地区没有完全落实免学费政策支出责任的市、县比例分别高达36.7%和25.7%。支出责任不到位，既影响了政策的执行，也限制了职业院校自身的发展，抑制了其扩大招生规模、改善办学条件、提高人才培养质量的积极性。

4. 省市级政府履行辖区责任严重不足。不同地区不同层级的职业院校保障水平差异很大。以中等职业教育为例，2017年国家财政教育经费，广东达到214亿元，而江西只有41亿元。从生均经费看，北京53388元，河南只有8600元，两者相差可谓悬殊。由于中央转移支付多向西部倾斜，又出现了西部地方高于中部地区的情况（见表1-4）。

表1-4　　2017年中等职业学校东、中、西部生均
公共财政预算内教育经费支出　　　单位：元

东部地区	生均经费	中部地区	生均经费	西部地区	生均经费
北京	53388	山西	15289	内蒙古	17554
天津	22928	吉林	26071	广西	10626
河北	14302	黑龙江	16677	重庆	11738
辽宁	12277	安徽	11121	四川	10942
上海	29088	江西	10973	贵州	6963
江苏	15813	河南	8600	云南	11137
浙江	20275	湖北	16253	西藏	58220
福建	16221	湖南	10162	陕西	10299
山东	14232			甘肃	14494
广东	14175			青海	14342
海南	14037			宁夏	15782
				新疆	12949
平均	20612	平均	14393	平均	16254

资料来源：《中国教育经费统计年鉴2018》。

从省以下职业教育事权和支出责任看，省级政府主要负担高等职业教育及少量省属中等职业教育，大量中等职业教育事权和支出责任则下沉到县一级。在这样的框架下，省市则可以向上或向下推，缺乏财政上的辖区意识。职业教育的分级管理变成了彻底分家，各顾所属院校，缺乏省级统筹理念，也进一步凸显了层级间的不平等，加大了支出责任与财力不匹配的状况。这就使同一省市，不同隶属的职业院校的保障水平差异也很大，以江苏省中职生均经费为例，2012年，江苏省为17116元，市级从1万元到2万元左右，县级从2000多元到11万元不等。在县一级，因为各县财力大小，生均经费差异悬殊，最高的东台市（县）高达118194元，最低的涟水县只有2734元。与东台同属盐城市的响水县也只有7369元，相差很大。目前，一些地市将职业教育事权和支出责任上收到市一级，使事权和支出责任相适应，对推进地方职业教育的发展发挥了很好的作用。

5. 职业院校的办学自主权没有得到落实。职业教育是一种面向市场、面向社会的教育，需要职业院校根据经济社会发展动态调整专业、引进选聘教师、不断改善办学条件、自主办学。但是现有管理体系下，职业院校在人、财、物方面的管理决策权限很小，没有自主权，如果因为专业发展需要公开或者选调专业教师，按照现有的管理体制必须通过地方政府人事部门主持招聘工作；如果想要从行业企业动态引进能工巧匠担任专兼职教师，在人员编制、教师资格、人员经费、职称评定等方面存在不同程度的制度性障碍；如果职业院校因为发展要加大专业设施设备投入、改善办学条件，院校长需要报请所属地方政府及有关部门同意，并获得经费、政策方面的支持才能动工。"想进的人进不来，想办的事情办不了"是困扰职业院校持续健康发展的根本问题。

6. 现代职业教育建设凸显了事权和支出责任缺位。进入21世纪以来，国家面对经济社会形势的发展变化，适时提出加快现代职业教育发展的战略目标，推动了职业教育的快速发展，但是也要看到现行的职业教育事权和支出责任划分还不能完全适应现代职业教育的需要。一是随着产业转型和技术革新速度的加快，职业形成与消失的周期在逐渐缩短，职业的不确定性正在大幅增加，现代职业教育体系的构建必须加大职业需求的预测并进行适时的调整，而目前我国在这方面还明显是缺位的。二是随着经济的发展，劳动人口的区域流动速度加快，特别是随着城镇化进程的加快和户籍政策的放宽，人口流动速度越来越快。而人口流入地和流出地对职业教育事权和支出责任往往相互推诿，造成缺位。三是现代职业教育提出的不同层级的职业教育之间及职业教育与其他教育形式之间的互联互通问题，职业教育发展与国家产业由东向西梯度转移相衔接、与国家重大战略布局相衔接问题等都涉及多地域、多部门的协调，还存在缺位现象。

（二）主要原因分析

1. 法制建设滞后，相关事权和支出责任缺乏法律规范。对于职业教育事权和支出责任，法律只作了些原则性规定，即便在《职业教育法》中也只有笼统粗放的规定，诸多事权没有清晰划分，而且《职业教育法》颁布已经20多年，急需根据发展的要求进行调整优化。虽然近年来国家通过行政法规、部门规章等规范性文件的形式做出若干调整，但是法律层级较低，强制约束力和协调调动力较弱，导致在执行中有很大的不稳定性。

2. 部门所有、条块分割、多头管理的管理体制造成事权和支出责任相互交叉。首先，横向来说，我国职业教育由多个行政部门多头管理。在同一级政府层面，一般由教育部门管理中职、高职院校，人社部门管理技术、技师学院、职工培训。同时，还有一些职能部门办有行业性的职业院校，职能交叉，权责不清，政府部门"既是运动员又是裁判员"。造成部门之间相互扯皮，对职业教育学历和职业技能资格互相不认可的现象。其次，从纵向来说，职业院校隶属不同层级的政府，造成同级职业院校，校际差异悬殊。再次，从财政资金的管理来说，由多部门分权管理。教育事业费属于文教科学卫生事业费类中的款级，归财政部门管理；教育基本建设投资属于基本建设费类中的社会文教费款级，归发展改革部门管理，各部门设置的项目交叉重复，导致资源配置效率低下。在这样的管理体制下，必然造成职业教育事权和支出责任相互交织。例如某央企所属职业学校，人事由举办企业管理，教学归所在地教育部门管理。由于该校又与所在地一所职校合并，所以在支出责任上，中央财政只负责原来部分的支出责任，而合并部分的相关支付责任由原所在地财政部门定额打包，这样原来中央部分按照相关政策增长，而后并入部分则没有增量部分。由于职校还承担了企业培训任务，该央企补助其20%的办学经费用以弥补支出缺口，形成了一种错综复杂的事权和支出责任关系。

3. 中央地方事权同构，支出责任不清。我国当前政府事权和支出责任的划分格局形成于20世纪末，明显带有当初"政策制定集权上收中央，财政支出分权下沉到县"的特征，这也是现行政治架构与历史文化传统相结合的产物。在这样的格局下，相关事权上下对口，事权同构，地方拥有的所有事权几乎都是中央政府或者上级政府事权的延伸。虽然职业教育事权在地方，但中央几乎涉足到所有层面，并不断扩大相关事权，这就使各级政府的事权不确定，处于不断的变化之中。可以说，"中央点菜、地方买单"是我国现行体制下各级政府事权和支出责任难以匹配的根源。事权扩大是上级政府的决策，而所需财力主要靠下级政府自己想办法解决，这就使下级政府的事权、财力都处于不确定性状态，导致两者难以匹配。

4. 职业教育微观主体定性不清。作为职业教育的微观主体——职业院校，长期以来存在属性不清。职业院校是一种从事技能教育活动的社会组织，而不是一种政治组织或行政组织。职业院校应该是独立的社会法人，而不应该是政府的附庸。独立的职业院校必须具有能动的自主权和独立的经济利益，职业院校与政府的关系应该主要是社会经济关系,而不是行政关系。只有让职业院校回归社会本位,才能更好重塑职业教育微观主体,让公办民办站在同一起跑线,政府更多是进行统一的宏观管理和监督的职能,对于公办学校只是承担举办人的支出责任。

三、中央与地方间职业教育事权和支出责任划分的思路与建议

在划分事权与支出责任方面,长期以来形成了公共产品、财政分权等理论,实操层面有"外部性、信息处理复杂性和激励相容机制"三原则,这对我们研究有借鉴,但也要充分重视我国现实发展。一方面,通过协调政府、社会、市场的关系明晰职业教育事权,越位归位,缺位补位;另一方面,根据中央地方间财政关系,明确支出责任,做到支出责任与财政事权相适应。

(一)主要思路和路径选择

1. 明晰事权。职业教育事权是政府的责任,政府有责任,但是不意味着必须由政府直接提供,可以通过多种形式让社会资本等多方参与,但在社会不能提供相应的公共服务条件下,政府应提供相应的财力保障。因此,当前政府在与市场和社会的分工中,政府更多需要承担为市场和社会在参与职业教育过程中创造良好投资和办学环境并弥补市场失灵,有效发挥市场和社会在职业教育发展中的作用,政府通过监督和问责,建立负面清单,避免企业和个人在参与职业教育投资和发展中出现治理风险。通过对教育资源配置进行有效的干预,来弥补由此引起的效率缺失。具体来说,政府主要通过财政、税收、价格引导、监督管理等手段进行对职业教育领域市场和个人行为进行引导和干预。此外,政府通过对职业教育的宏观管理和科学规划、职业资格的评价标准的制定和预测、提供市场咨询、提供职业教育不同专业较为统一的办学标准和经费支出标准等统筹管理职能,构建我国现代职业教育体系。

2. 央地分工明确形成合力。基于财政分权理论,要有效发挥中央政府的稳定和再分配职能,更好发挥地方政府提升资源配置效率的职能,同时在事权和支出责任划分的操作层面上能够充分调动中央和地方两个方面的积极性。

我国中央政府应该承担的职责主要包括:中央政府应该依据我国产业发展需要和国家现代职业教育体系建设的需要,做好全国职业教育发展整体规划和

宏观管理职责，制定不同专业相应的办学标准和资格认证标准，建立职业教育管理和经费等相关信息平台，更多在宏观层面通过优化管理环境为社会各方办学创造良好条件并建立负面清单对违反办学规定的给予监督和问责。借鉴国外做法，中央政府主要对职业教育中全国性或者跨区域影响的事务以及对弱势群体接受职业教育进行补偿。通过转移支付对弱势群体和贫困地区提供财力保障。

我国地方政府承担的职责主要包括：依据地区产业发展特点和需求，考虑自身区域产业资源禀赋特征，建设区域职业教育协同发展和资源共享体系，做好地方职业教育服务产业和完善职业教育体系的相关规划，构建地方职业教育基础设施和信息网络平台，通过税收、土地和金融等多种措施，更多地对企业和私人参与举办职业教育学校，提供实习实训基地和产业园区职业教育人力资源配置创造良好的政策基础和条件。

中央和地方共同承担的职责主要包括：一是中央政府的职业教育规划要对地方和区域性职业教育发展提供指导和要求，中央政府出台相关规划引导地方政府对职业教育在课程改革、专业配置等方面进行改革，提供有利于地方现代职业教育体系形成的制度环境，为职业教育服务区域发展提供支持。二是中央制定的职业教育相关政策和发展规划，需要地方具体来落实和实施，地方和中央都要为有效推动企业和私人在职业教育投入和办学中创造良好政策环境和条件。

3. 调整优化各级政府的事权和支出责任。如表1-5所示，第一，中央需上收的事权，包括宏观管理职能、职业发展规划、职业发展建设标准、职业资格预测、职业指导咨询等。第二，中央政府应致力于提供有利于统一市场形成的职责履行。将部分困难地区和群体职业教育与培训的财力保障责任上移，对困难地区人口设立的初等职业教育的事权，可以上移为中央事权。在条件许可的情况下，对于基层职校教师工资等基本保障的事权，上移到上一级政府，保证一定区域内的基本公平。第三，将跨地区人口职业教育调整为中央地方共同事权，建立由中央、输出地和输入地分摊费用机制。第四，对于新增支出责任，建议以规划和政策为依据，做系统测算，坚持事权和支出责任相匹配，明确各级政府间的支出责任分担。第五，部分事权可以进一步下移，职业学校发展的事权进一步明晰为地方事权。由于职业教育与地方经济、产业发展紧密相连，职业教育能提供技能人才的水平是地方投资环境的重要内容之一，校企合作是职业教育发展的特色,也是其优势所在。

表1-5　　　　　中央地方职业教育事权和支出责任划分思路

分类	职业教育事权	支出责任
中央事权	统筹协调职业教育相关政府部门; 制定职业教育发展政策和法规; 制定现代职业教育体系发展规划; 重点产业领域职业教育建设; 职业指导,专业文凭和任职资格评价; 办学督导和问责; 办学经费拨款标准的制定; 审批新设学校、教科书和人事任免等。	中央承担主要支出责任:对贫困地区的转移支付和税收返还;支持方式通过购买服务、PPP等多种形式对私人和企业进行补偿,给予办学企业和私人税收优惠。
中央与地方共同事权	办学和支持地方产业发展相关改革及政策实施; 不同行业、专业相关标准的制定; 跨区域职业教育合作; 教师工资标准; 课程设置、教科书及其他教材的使用、教职员工的人事管理等事务; 审批地方相关学校和部门提出的预算; 制定地方职业教育各项规章制度并监督; "双师型"教师培养和培训、教师资格认证。	中央承担主要支出责任,地方承担辅助责任,同时考虑地方政府财力:教材支出、学校食堂等一些基本建设支出、学生奖补经费;中等职业教育学生免学费的经费;管理和维持学校运转所需经费。
中央增加部分事权	困难学生和弱势群体的资助政策; 跨区域职业教育政策和职业教育集团发展的监督和指导; 教师绩效工资和工资保障的相关政策。	对弱势群体接受职业教育的补偿政策;跨区域发展职业教育的在转移支付和支持补偿;教师工资。
地方明确事权	服务地方产业相关规划和政策制定; 促进职业教育服务地方就业的政策; 区域职业教育政策的制定和执行; 管理学校办学和人才培养; 职业教育校企合作; 提供土地优惠等政策支持; "双师型"教师招聘和考核。	地方承担支出责任:校企合作奖补经费、公用经费和建设经费;改善学校办学条件的经费。

(二) 推动与事权划分相适应的体制机制改革

1. 在法律修订过程中明确事权:实现事权法定化。修订《职业教育法》,进一步明确职业教育的体系架构、基本制度、条件保障、经费保障、统筹协调、校企合作等关键问题，界定各级政府及有关部门、行业、企业、职业院校各方的责权利，明晰各方的事权和支出责任，赋予职业院校办学自主权，参与职业教育的各方主体权责法定，积极营造职业教育发展的良好法治环境。

2. 管理体制：统筹协调建立现代职业教育体系。

一是各部门管理体系上需要统筹协调。在国家层面建立现代职业教育工作领导小组，整合各方力量，做好总体部署和协调工作。统筹协调人力资源和社会保障部、教育部、行业主管部门、财政部、国家发展和改革委员会各自的职权。明确辖区内的办学主体，建立省级内部涉及编写教材、职业资格认定、职业院校建设的专职教育管理部门。加强现代职业教育发展的研究工作，进行现代职业教育改革发展的顶层设计。根据现代职业教育体系的要求，明确各个部门的功能、职责定位。加强应对区域经济社会需求的机制研究，统筹全省现代职业教育发展。按照中央关于政府机构改革和职能转变的要求，将职业教育和培训统一归口管理，减少部门职责交叉和分散。

二是各部门资金使用上要统筹协调。由于职业教育的办学涉及中央多个部委和多个行业协会，因此中央各个部门都向财政部门争取经费势必会导致职业教育经费分散和支出混乱，今后需要按照《预算法》的要求建立职业教育预算管理制度，以预算和财政规划倒逼各部门财政资金的使用和分配模式，建立相应的监督和预算信息公开透明制度，有效实现财政资金的合理分配和使用。通过科学预测职业教育收入和支出，从空间上优化职业教育资源配置，约束各级部门和学校组织各行其是的行为，减少内耗，提高政策的协调性和有效性。

地方政府及地方主管部门也应该采取措施逐步推进职业教育支出均衡化、完善绩效评价机制、加大财政资金的监管力度，进一步解决好地方部门之间在职业教育中的多头管理、导致的财政支出绩效不明显、支出结构不均衡等问题，切实提高农民工等群体参与职业教育培训的积极性，提高职业教育产出质量，早日构建完备的现代职业教育管理体系。

三是规划、政策和支出责任要协调统一。职业教育的发展规划，相关政策要与具体的财政资金年度预算和中长期财政规划相协调和统一，同时各级部门和各级政府规划和政策需要做到与支出责任相匹配。避免出现规划和预算"两张皮"，事权和支出责任相互矛盾，这就要求规划和政策在制订时就要有前瞻性预判。提高政府职业教育发展战略规划和财政预算的前瞻性和稳定性,更好地促进职业教育服务于国家及地区经济社会发展目标的实现。预算的编制和职业教育政策规划的制定应坚持激励相容原则,在明确各相关主体责任的基础上,形成合力。

3. 逐步形成事权和支出责任相适应的保障机制。以生均经费为抓手健全稳定的财政投入保障机制,全面实行职业院校生均拨款制度,并根据办学规模和教学要求进行动态调整,做到投入不低于普通教育标准。改革会计制度,通过引入功能因素,核算专业成本,使各专业生均经费标准和成本基本一致。以生均经费为标准,合理划分各级政府对职业教育投入的责任和比例,中央财政注重支持重大改革和加强薄弱环节,加大对中西部地区尤其是中西部农村、老少边穷地区的转移支付力度;省级财政更多发挥统筹作用,市县地方财政注重保障日常运转,确保教育公共财政投入职业教育占比逐年上升。推进职业院校标准化建设,到2020年实现大部分职业院校基本办学条件达标。

4. 创新机制推动区域基础教学设施共建共享。将实训基地等基础教学设施事权逐步上移,加强职业教育基础能力建设。推动区域内的实训基地、科研实验试验室等基础教学设施共建共享,并创造条件,与普通高校、科研机构、工厂企业的试验室等实现共建共享;建设区域人力资源信息共享与服务平台,衔接区域间劳动用工和人才政策,优化职业教育资源布局,推进产教融合、校企合作,推动职业教育统筹发展。可以适当让渡部分政府事权,推动专业设置、课程内容、教学方式与生产实践对接,促进职业学校教师和企业技术人才双向交流。

5. 给予地方政府和学校更多办学自主权。明确职业院校社会组织的定位,它不是政府组织的延伸,而是相对独立的办学主体。职业教育有多重要,职业学校的特色发展、自主发展就有多重要。否则,再多的财政投入、再宏伟的改革蓝图,没有职业学校这一社会微观基础,都难以落地。所以,应进一步深化教育领域综合改革,赋予职业院校面向市场、面向社会办学的自主权,允许职业院校自主聘用专兼职教师、自主评聘职称、自主设置专业、自主改善办学条件、自主开展专业教学,鼓励职业院校建立完善现代学校制度,支持职业院校建立行业、企业、学校等多方参与的学校董事会、理事会,变"学校管理"为"学校治理",提升院校治理能力和依法依规自主办学的水平。

第二章 职业教育发展财政支出政策评价

建设现代职业教育是我国职业教育发展提升的目标,也是现代经济社会发展的需要。从现状看,我国职业教育仍然存在着社会吸引力不强、发展理念相对落后、行业企业参与不足、人才培养模式相对陈旧等诸多问题,集中体现在职业教育体系不满足加快转变经济发展方式的需要。为此,职业教育管理体制、职业教育经费投入体制都需进一步改革完善。

一、当前我国职业教育财政支出政策的基本评价

2003年以来,我国职业教育发展迎来了新的发展机遇期,党中央国务院高度重视职业教育,重视高技能型人才培养,财政一方面加大投入,另一方面改革投入方式,取得了良好效果。

(一) 财政主动作为,改革完善职业教育经费补助制度

第一,中央财政专项支持。中央政府主要以项目的形式,通过财政专项资金对职业教育进行补贴,来引导职业教育的发展方向,并要求地方政府、行业企业部门以及职业院校为这些项目落实配套资金,根据不同地区的经济发展水平,分项目、按比例进行分担。2004—2013年,中央财政共投入各类专项资金1113亿元,主要支持职业教育基础能力建设、示范引领、学生资助、综合奖补、现代职业教育质量提升计划项目。2019年,中央财政支持职业教育专项资

金 237 亿元，比 2018 年增加约 50 亿元。主要有：第一，基础能力建设项目主要包括：职业教育实训基地建设计划，2004—2013 年，中央财政共投入专项资金 78 亿元，支持建设了 4556 个职业教育实训基地；教师素质提高计划，2007—2013 年，中央财政共投入专项资金 21 亿元，引导和激励各地对职业院校优秀骨干教师进行了培训；高等职业学校提升专业服务产业能力建设项目，2011—2012 年，中央财政共投入专项资金 40 亿元，支持全国 976 所独立设置公办高等职业学校重点建设 1810 个专业；高等职业教育专业教学资源库建设项目，2010—2013 年，中央财政共投入专项资金 2.2 亿元，已经立项建设数控技术、汽车检测与维修、道路与桥梁工程技术、应用化工、作物生产技术等 42 个专业教学资源库。第二，示范引领项目主要包括：中等职业教育改革发展示范学校建设计划；国家示范性高等职业院校建设计划；重点支持建设了 200 所国家示范（骨干）高职院校。第三，学生资助项目主要包括中职国家助学金、中职免学费补助资金以及将高等职业学校纳入了高等教育学生资助政策体系。其中，2006—2013 年，中央财政安排中职国家助学金 472 亿元，2009—2013 年，中央财政安排中职免学费补助资金 289 亿元。然后，综合奖补项目是指 2013 年中央财政用于各地建立完善职业教育生均制度的"以奖代补"专项资金，2013 年，中央财政安排职业教育"以奖代补"专项资金 64 亿元，用于各地建立完善职业教育生均拨款制度，改善职业院校办学条件，加强"双师型"教师培训和实训基地建设，提升职业教育基础能力和教学质量。通过中央专项资金的支持，带动地方政府投入 18 亿元，推动了各地建立完善以改革和绩效为导向的职业教育生均拨款制度，促进了职业院校办学模式改革和办学条件的改善。支持地方落实好中等职业学校国家助学政策。第四，现代职业教育质量提升计划。2014 年起，中央财政在整合现有项目的基础上启动实施现代职业教育质量提升计划，并继续引导和支持地方落实好学生资助政策。2016 年财政部、教育部修订了《现代职业教育质量提升计划专项资金管理办法》提出专项资金由财政部、教育部根据党中央、国务院有关决策部署和职业教育发展工作重点确定支持内容。提升专项主要用于奖补支持各地建立完善以改革和绩效为导向的高等职业院校生均拨款制度、改善中等职业学校办学条件、加强"双师型"教师队伍建设等方面。其中，改善中等职业学校办学条件专项资金采用因素法进行分配，先按照西部地区 50%、中部地区 40%、东部地区 10% 的区域因素确定西部、中部、东部地区奖补资金规模后，再按在校生数、中职建档立卡学生分布、贫困人口和贫困发生率、地方财政投入努力程度等其他因素分配到相关省份，保证了对中西部地区和困难地区的支持力度。2014年，现代职业教育质量提升计划专项资金投入为113.83亿元，2017年，增长到177.30亿元。

第二，推动实施职业教育生均拨款制度。为切实解决职业院校总体投入水平偏低的问题，近年来，中央政府制定了多项建立和完善中职及高职教育生均拨款的制度。制定和实施职业院校生均经费政策，是法律赋予省级人民政府的一项重要职责。《职业教育法》规定："省、自治区、直辖市人民政府应当制定本地区职业学校学生人数平均经费标准。"《国家中长期教育改革和发展规划纲要（2010—2020年）》明确要求省级政府制定和实施职业院校生均经费政策。财政部印发的文件中再三要求建立职业教育生均拨款机制。2002年8月24日颁布的《国务院关于大力推进职业教育改革与发展的决定》要求：省级人民政府要制定本地区职业学校生均经费标准，并依法督促各类职业学校举办者足额拨付职业教育经费。2006年《教育部 财政部关于实施国家示范性高等职业院校建设计划加快高等职业教育改革与发展的意见》指出："到'十一五'末，保证示范院校的生均预算内拨款标准达到本地区同等类型普通本科院校的生均预算内教育经费标准。"2011年《教育部关于推进中等和高等职业教育协调发展的指导意见》把这一要求扩大至所有高等职业教育，规定"高等职业学校逐步实现生均预算内拨款标准达到本地区同等类型普通本科院校的生均预算内经费标准，中等职业学校按编制足额拨付经费"。2014年5月2日颁布的《国务院关于加快发展现代职业教育的决定》要求：各级人民政府要建立与办学规模和培养要求相适应的财政投入制度，地方人民政府要依法制定并落实职业院校生均经费标准或公用经费标准，改善职业院校基本办学条件。同年《财政部教育部关于建立完善以改革和绩效为导向的生均拨款制度加快发展现代高等职业教育的意见》中提出：中央财政通过"以奖代补"机制，在全国建立以改革和绩效为导向的生均拨款制度，要求各地"因地制宜，科学合理地确定高职院校生均拨款标准（综合定额标准或公用经费定额标准），并逐步形成生均拨款动态调整机制"，"2017年各地高职院校毕业生均财政拨款水平不低于12000元"。此文件的出台使高职院校办学有了制度保障。2014年，中央财政下拨奖补64亿元，激励各地实施拨款制度。截至2015年12月，全国31个省份已经全部建立了高职院校生均拨款制度。与此同时，中等职业教育生均拨款制度也不断完善。2015 年《关于建立完善中等职业学校生均拨款制度的指导意见》的颁布，明确了地方是建立完善中职学校生均拨款制度的责任主体；提出到 2020 年，建立起与社会主义市场经济体制相适应、基本满足事业发展需要的中职教育多元经费投入体系，政策执行范围力求覆盖全部公办中职学校（包括普通中专、成人中专、职业高中、技工学校）和高等职业学院附属中专班。

第三，推动实施学生资助政策。改革开放以来，中高职学生资助政策发生了重大变化。中等职业教育形成了以国家助学金与免学费相结合的学生资助体系，高等职业教育逐渐建立起以助学贷款为主体，奖学金、助学金、勤工俭学、绿色通道等方式为补充的高职学生资助体系。

中职学校资助体系最早由 20 世纪 70 年代建立的人民助学金制度发展而来，随着政治经济体制改革的进行，人民助学金制度退出历史舞台，中职资助开始转向奖学金、贷学金与收费相结合的方式。而到 21 世纪，逐渐形成了以国家助学金与免学费政策相结合的学生资助体系。2007 年国务院发布《关于建立普通本科高校高等职业学校和中等职业学校家庭困难学生资助体系的意见》，将中等职业教育纳入国家助学金制度的范畴，规定中等职业教育国家助学金的资助对象是所有全日制在校农村学生和城市家庭困难学生；资助标准为 1500 元，由中央财政和地方财政共同分担，每年获得助学金资助的学生约占一、二年级的 90%；资助年限为采取国家资助两年，第三年实行工学结合、顶岗实习的办法。同年财政部和教育部发布的《中等职业学校国家助学金管理暂行办法》标志着中等职业教育国家助学金政策开始实施。2016 年，财政部、教育部与人力资源和社会保障部修订并发布了《中等职业学校国家助学金管理办法》，对中等职业学校国家助学金管理办法进行了调整。主要包括：政策适用范围为全日制中等学历教育的各级职业学校；资助对象为具有全日制学历教育正式学籍的一、二年级在校涉农专业学生和非涉农困难学生；资助标准为每生每年 2000 元，中央和地方共同出资；国家助学金通过学生自助卡发放。2019 年，按照《国务院办公厅关于印发基本公共服务领域中央与地方共同财政事权和支出责任划分改革方案的通知》的规定，对党中央、国务院明确规定比照享受相关区域政策的地区，中央财政按 80% 比例承担中等职业教育和普通高中国家助学金、免学（杂）费补助。根据《财政部 教育部关于调整职业院校奖助学金政策的通知》和《学生资助资金管理办法》规定从 2019 年起，设立中等职业教育国家奖学金，用于奖励中等职业学校（含技工学校，下同）全日制在校生中特别优秀的学生。每年奖励 2 万名，奖励标准为每生每年 6000 元。2019 年中央财政安排中等职业教育国家助学金和免学费补助资金为 181.9 亿元。

为进一步减轻中职学校家庭经济困难学生负担，推动中职学校深化办学模式改革，逐步推进中职免学费政策。2009 年，《关于中等职业学校农村家庭困难学生和涉农专业学生免学费工作的意见》的发布标志着中职免学费政策的开始，此文件规定从 2009 年秋季学期起，对中等职业学校农村家庭经济困难学生和涉农专业学生实行免学费。紧接着，从 2010 年秋季起，免学费政策的对象扩大到城市家庭困难学生。2012 年，中职免学费受惠对象进一步扩大，公办中等职业学校全日制正式学籍一、二、三年级在校生中所有农村学生、城市涉农专业学生和家庭困难学生免除学费（艺术类相关表演专业学生除外）。并且出台了《中等职业学校免学费补助资金管理办法》来增强免学费补助资金的监督检查和绩效管理。2016 年，全国大约 1000.53 万名中等职业学校学生享受免学费政策。2019 年财政部等相关部门制定的《学生资助资金管理办法》中规定，中职教育免学费补助资金和国家助学金由中央财政统一按每生每年 2000 元的标准与地方按比例分担，其中第一档负担 80%；第二档中央财政负担 60%；第三档、第四档、第五档分别负担 50%、30%、10%。

改革开放初期，高等职业教育学生资助一直是沿用人民助学金制度。但是由于国家财政压力过大，管理存在问题，无法适应高等教育发展的要求，高等职业教育逐渐缩小助学金的赞助范围，逐渐增加奖学金的范围。2002 年财政部和教育部联合发布了《国家奖学金管理办法》对国家奖学金的资助标准进行了规定。并且为了资助贫困家庭，2005 年《国家助学奖学金管理办法》的发布，对国家助学金的资助标准进行调整，提出设立国家助学金。2007 年，根据《国务院关于建立健全普通本科高校高等职业学校和中等职业学校家庭经济困难学生资助政策体系的意见》，财政部和教育部陆续发布了《普通本科高校、高等职业学校国家奖学金管理暂行办法》《普通本科高校、高等职业学校国家励志奖学金管理暂行办法》和《普通本科高校、高等职业学校国家助学金管理暂行办法》三个文件，对国家助学金进行新的调整。根据文件要求，国家奖学金的资助对象调整为高校全日制本、专科（含高职、第二学士学位）学生中特别优秀的学生，资助标准为 8000 元；国家励志奖学金用于奖励高校全日制本、专科学生中品学兼优的家庭困难学生，资助标准为每生每年 5000 元；国家助学金用于资助全日制本、专科在校生中家庭困难的学生，资助标准为每生每年 1000—3000 元范围内确定，分为 2—3 档。自此以后，高职教育的奖学金和助学金的资助额度有了很大提升，作用也有所区分。2010 年召开的国务院常务会议上决定，将国家助学金的平均资助标准由原来的 2000 元提高到 3000 元，惠及 430 万名家庭困难学生。2019 年，根据《财政部 教育部关于调整职业院校奖助学金政策的通知》和《学生资助资金管理办法》有关规定：一是增加高职院校国家奖学金名额 1 万名，奖励标准为每生每年 8000 元。二是将高职学生国家励志奖学金覆盖面提高 10%，即由 3% 提高到 3.3%，奖励标准为每生每年 5000 元。三是从 2019 年春季学期起，将高职学生国家助学金覆盖面提高 10%，平均补助标准从每生每年 3000 元提高到 3300 元。

此外高职助学贷款不断发展起来，逐渐符合高等职业的发展模式。1999 年《关于国家助学贷款管理规定（试行）》的颁布标志着国家助学贷款在全国范围内全面实行，文件规定了贷款发放的期限、利息、贴息以及贷款回收做出了明确的规定。2004 年《进一步完善国家助学贷款工作若干意见的通知》对国家助学贷款进行了调整，借款学生在校期间的贷款利息全部由财政补贴，毕业后全部自付，延长了还贷年限；实行由政府隶属关系委托全国和省级国家助学金贷款管理中心通过招标投标方式确定国家助学贷款经办银行的办法；普通高校对借款总额实行包干制度和管理体制，根据不同学历层次的在校生占总数的比例以及每人每年 6000 元的标准，计算高校及学生合适的贷款额度。这一政策很好考虑到了学生的实际情况。截至 2014 年底，高职奖学金覆盖近 30% 的学生，助学金覆盖 25% 以上的学生。2015 年，财政部和教育部又联合发布《关于完善国家助学贷款政策的若干意见》，进一步提升贷款政策的实施效果，从利息补贴、贷款最长期限、还本宽限、还款救助机制采取措施，减轻学生负担。除此之外，勤工俭学和绿色通道也是高职学生资助体系中的重要组成部分，减轻家庭困难学生困难，保障困难学生顺利入学。

（二）加大政府投入，建成世界最大的职业教育体系

近 10 多年以来，我国职业教育经费投入持续增加。2005—2017 年职业教

育经费总投入由 939 亿元增加到 4345 亿元，累计总投入约 3.53 万亿元，年均增长率为 14%（见图 2-1），建成了世界最大的职业教育体系。

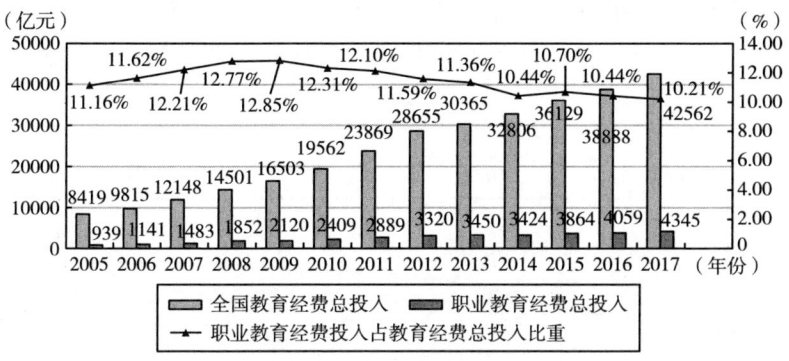

图 2-1 职业教育经费投入情况

从资金投入结构看，职业教育经费具有以下两个特征：第一，职业教育经费以政府投入为主。近年来，我国职业教育经费结构①中政府投入比重不断增大，而社会投入比重持续减小，2008—2017 年，整个职业教育收入体系中，政府投入占比由 54.9% 上升至 77.1%，而社会投入占比由 1.5% 降至 0.89%（见图 2-2）。这种两极分化的趋势在中等职业教育领域尤为明显：中等职业教育经费政府投入占比由 2008 年的 65% 增长到 2017 年的 88%，而社会投入占比由原来的 1.2% 减小至 0.4%，社会投入的规模缩减率达 45%（见图 2-3）。

第二，职业教育经费投入地区间差异大。职业教育经费投入主要以地方为主，在我国地区发展差距较大的背景下，职业教育经费投入地区间差异也较大。由于各地财政能力不一，政策落实情况差异大。截至 2014 年，全国共有 14 个省份出台了中等职业学校生均经费标准（见表 2-1），还有一部分省市尚未落实《职业教育法》规定的"制定本地区职业学校学生人数平均经费标准"的法定要求，有的地方虽制定了标准，但水平也低于普通教育，且不同省份生

---

① 根据《中国教育经费统计年鉴》的相关数据及分类，将职业教育各项经费划分为政府投入、社会投入、事业收入和其他收入。政府投入主要是国家财政性教育经费，主要包括：财政预算教育经费、各级政府征收用于教育的税费、中央和地方企业办学中的企业拨款、校办产业和社会服务收入用于教育的经费等；社会投入主要包括民办学校中举办者投入和社会捐赠经费；事业收入主要包括教学事业收入和科研事业收入以及学杂费；其他收入指除上述各项收入以外的其他各项收入。

均经费标准都有不同,且部分省份间的标准相差很大。这种差距的存在既影响了职业教育自身的可持续发展,又不利于教育公平和社会公正。根据高职院校的数据,2016 年,有 14 个省级行政单位的生均拨款的平均数超过 12000 元,但还有 18 个省级行政单位低于 12000 元。各地的高职生均财政拨款水平差距悬殊。

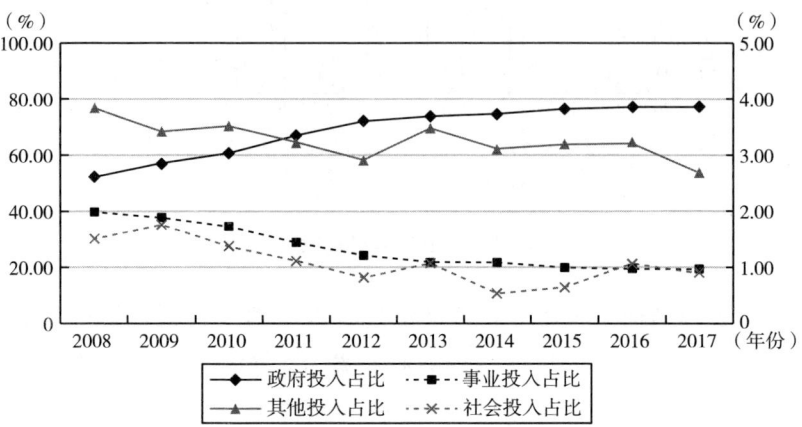

图 2-2　职业教育各项经费历年投入占比

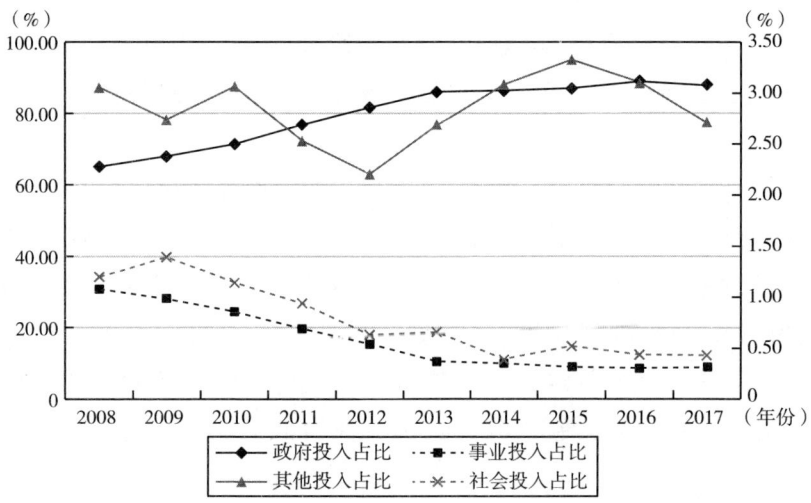

图 2-3　中等职业教育各项经费历年投入占比

资料来源:历年《中国教育经费统计年鉴》。

表 2-1　　已出台中等职业学校生均经费标准的地区情况一览表

序号	省份	生均经费标准
1	福建	1400—2000 元/年/人
2	上海	1500—4500 元/年/人
3	江苏	2800 元/年/人
4	浙江	普通高中 1.5 倍以上
5	山东	2800—4500 元/年/人
6	海南	1500 元/年/人
7	广东	3200—3700 元/年/人
8	广西	500—700 元/年/人
9	湖南	2400—3100 元/年/人
10	河南	1300 元/年/人
11	新疆	1000 元/年/人
12	重庆	1000 元/年/人
13	北京	6340—7180 元/年/人
14	辽宁	6050—7100 元/年/人

二、职业教育发展面临的突出问题

在各级财政资金的强力拉动下，我国职业教育发展速度、发展规模快速壮大，但是职业教育发展从结构和体制上一直面临体制单一、"大而不强"等突出问题。

（一）职业教育发展存在结构性问题

多年以来，在政府财政投入的带动下，我国职业教育发展的成绩主要反映在发展速度、发展规模和发展体系三个层面。2017 年全国职业院校 1.2 多万所，中等职业学校 1.07 万所，高等职业学校 1300 多所，年招生总规模 1000 万，每年培训各类人员 2 亿人次以上。但是职业教育从结构上存在以下问题：

1. 人才培养与社会对技术技能人才的需求脱节。职业教育大而不强，与社会对技术技能人才需求脱节，培养人才的质量不高，导致全社会对职业教育的认可度不高。具体表现在：一是我国职业学校仍然按照行政区域配置职业教育资源，例如普遍推行的"一县一校"，因未根据当地经济社会发展状况布局，导致职业教育资源重复、低效配置，不能与区域经济发展需求相结合。二是职业院校专业设置、课程体系、培养模式与产业需求不适应。一些职校不了解产业需求，相关部门和行业也未能提供相应服务和支持，部分职业院校课程体系、专业设置、培养模式跟不上产业调整升级和技术创新步伐，最终导致培养的学生不符合企业对于技术技能人才的需求。三是职业学校的高技能优势没有发挥，职业院校生源不足与质量不高并存。受传统观念的影响，社会对职业教育的认可度不高。社会普遍认为"中考、高考最差的孩子上职业学校"，"接受职业教育就低人一等"，导致职业学校普遍存在招生难，在与普教竞争过程中，职业学校成了"分流"最末端，据报道，某省中考满分700分，为招到学生，省高职录取分数线已降到180分，如此的招生基础和行政管理方式，不但没有释放职业教育的独特优越性，反而进一步降低了职业学校的吸引力。

2. 职业教育师资队伍建设薄弱。师资是职业教育的人力资本，是职业学校的软实力的重要体现。但是，现实中，无论是师资数量和质量都存在较多的问题。

从总量看，与其他教育形式相比，中等职业学校专任教师缺口较大，师生比失调问题突出。根据2010年教育部《中等职业学校设置标准》所规定的专任教师"师生比达到1∶20"的要求，截至2017年全国平均水平虽然达到1∶19.59，但是在地区间、学校间还存在很大差距（见表2-2）。

表2-2　　　　　　　　2008—2017年各类学校生师比

年份	普通高中	中职学校	本科院校	高职院校
2008	16.78	23.32	17.21	17.27
2009	16.30	25.27	17.23	17.35
2010	15.99	25.69	17.38	17.21
2011	15.77	24.97	17.48	17.28
2012	15.47	24.19	17.65	17.23
2013	14.95	22.97	17.71	17.11
2014	14.44	21.34	17.73	17.57
2015	14.01	20.47	17.69	17.77
2016	13.65	19.68	16.78	17.73
2017	13.39	19.59	17.42	17.74

资料来源：历年《中国教育统计年鉴》。

从结构看，教师队伍结构不合理，文化基础课教师多，专业技术课教师紧缺,"双师型"教师尤为不足,有相当一部分专业课教师所学专业与所授课程不对口,专任专业课的教师中,有实践经验的比例只有16.2%,有实践经验的兼职专业课教师占专业课教师的14.1%①。不仅如此,"双师型"教师的质量也是一大问题。名师才能出高徒,"双师型"教师是职业教育最大的特色,但由于各种因素制约,目前全国对于既懂理论教学又懂实践操作的"双师型"教师并没有一个权威的界定,如拥有专业"教授""副教授""讲师"等职称的职业院校教师,应该拥有相应的"高级""中级""初级"专业技能资格的问题,如果一个"教授"拥有"初级""中级"技能资格不应该认定为"双师型"教师。最后,受现有体制和政策的限制,直接从企业引进实践经验丰富、有一定理论水平的工程技术人员或高级技师,无法解决职称、工资、福利等问题,影响其教学积极性,从而影响教学质量。

3. 办学体制相对单一。我国职业教育办学体制基本以政府为主。职业教育体系中,公办中职学校和民办中职学校的占比均高于70%,公办高职学校和民办高职学校的占比基本保持在75%左右(见图2-4、图2-5)。政府直接举办、直接投入、直接管理的公办办学模式,不但缺乏与市场的有效衔接,缺乏活力,同时,政府一枝独大必然挤压其他非政府办学主体,又使企业等其他办学主体出现错位、缺位。

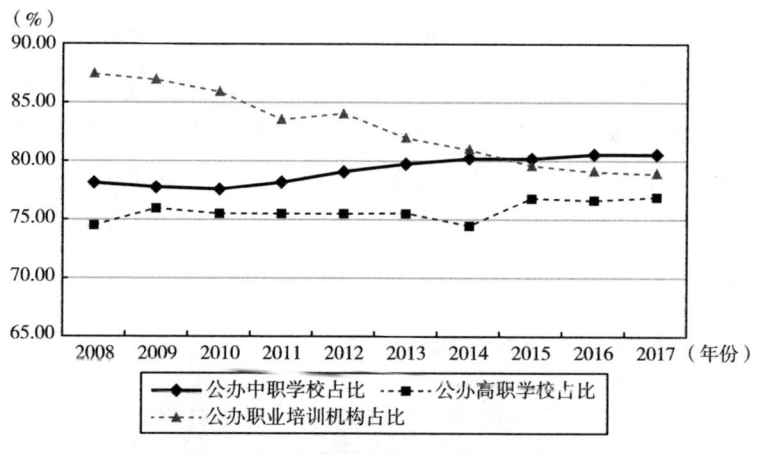

图2-4 公办职业教育机构占比分布

---

① 中国发展研究基金会:《中等职业教育国家资助政策落实效果评估报告》,《中国青年报》2016年1月18日。

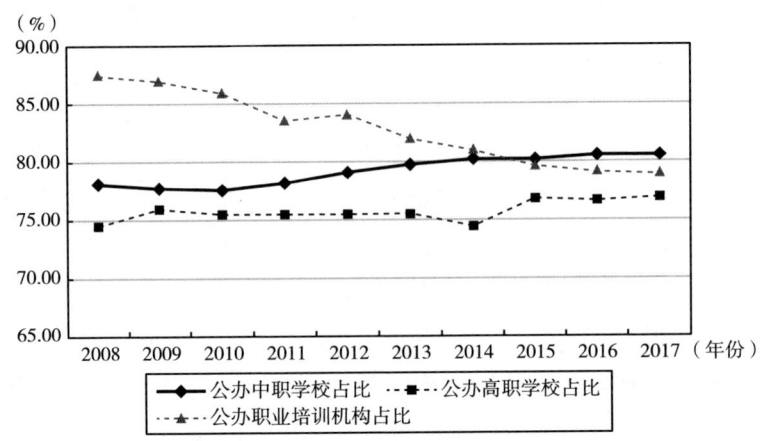

图 2-5 民办职业教育机构占比分布

资料来源：历年《中国教育统计年鉴》。

4. 企业办学受到较多的局限。政府主导的办学体制抑制了企业办学的积极性，主要表现为：一是企业等社会力量办学的开办标准对经费、用地、学生规模等要求较高，很难得到教育主管和相关部门合理规划，也缺乏针对性政策资金扶持，有心办教育者往往无权办教育。二是企业举办的学校，从办学政策、师资建设到教育经费等方面无法与公办学校享受同等待遇。三是目前办学模式中，政府主要依靠行政手段来指导企业或者行业的办学，企业与政府之间的关系缺乏市场化的调节机制，导致校企合作仅仅停留在浅层次。四是企业办学缺乏稳定的收益回报机制，来自社会各方投入及捐赠的教育经费比例持续减少，致使企业等社会团体办学的生存环境无法得到实质性突破和改善，特别是中职教育免学费政策后，企业办学也取消了收费的权利。五是企业办学主要受政府单方面的监管，缺乏相对透明、独立的监督体系。

（二）职业教育发展存在体制性问题

职业教育大而不强的种种表现背后的本质问题是对职业教育属性的认识仍停留在传统的思维范式，即公益事业必须政府提供，政府"包打天下"，没有有效调动各参与主体的积极性。其根本症结在于政府、市场与社会三者关系不协调，政府存在越位与缺位现象。

1. 管理模式行政化色彩严重。从管理模式看，职业教育行政化管理痕迹严重，政府存在越位。主要表现政府的管理范围过宽。对于应让位学校或社会的权能，政府尚未放开，甚至以政代教。政府不但是职业学校的监管者，而且是举办者，政府举办各级各类职业学校，对其实施外部行政管理，并且直接干预职业学校教育教学的具体事务。从学校内部管理机制看，由于缺乏企业、行业参与，从人才培养目标的制定，专业的设置、教学计划的制定、教学质量的评估等一系列教学管理过程，都是学校在政府行政管理和集权管理下决策和进行，对于社会需要什么样的技能人才，生产一线需要的高技能人才数量和要求是怎么样的，职业院校的管理者知之甚少。

2. 管理体制缺乏顶层设计。从管理机制上看，缺乏顶层设计，政府存在缺位。政府在职业教育领域未能有效地履行"着力营造制度环境、制定发展规划、改善基本办学条件、加强规范管理和监督指导等"职能。特别是在职业教育管理机构的设置上，总体实行的是由教育部门履行综合管理职能，技工学校和职业培训归人力资源与社会保障部门管理，卫生部、农业部、交通部等部委分管各自相关领域的职业技术学校。职业教育多头管理，导致职能交叉、责任不清，不利于中职和高职的衔接；而职业教育体系顶层设计的缺乏，导致职业教育上升通道狭窄，职业资格体系和学历学位体系不能相互匹配，职业教育和普通教育很难融会贯通。

3. 经费管理体制缺乏绩效考核。从经费管理体制和评价机制看，投入结构失衡，缺乏绩效考核，市场的内生动力没有释放。以财政直接投入为主的职业教育经费投入体制，一定程度上抑制了非政府渠道的资源投入，市场化机制难以发挥作用。据调研，全国范围内推进的中职教育免学费政策，公办与民办中职教育享受政策差异大，制约了民办职业学校的发展。此外，对吸引企事业单位、社会团体和公民个人捐资助学，缺乏引导和优惠扶持政策。现实中已有的政策规定粗放、不成体系、标准过时，难以调动社会资金进入职业教育的积极性，多渠道经费筹措的长效机制迟迟未能建立。同时，社会力量的积弱难以对职业教育经费在预算分配、使用过程和投入效果上进行评价和监督，使得职业教育的绩效考核和评价仅仅依靠政府和行政体制，很难保证职业教育经费的效率性。

（三）职业教育公益属性需要重新评估

从国际趋势看，职业教育作为公益事业的原则已经产生了争议。传统的以政府为主举办教育的模式，导致财政教育支出的不断扩大，政府财政的压力也不断增加，财政教育支出的可持续性受到挑战，同时，政府办学的效率也受到质疑。具体而言，主要体现在：

1. 传统的教育公益理论受到挑战，并有了新的定位。人们传统上往往将教育作为一项公益事业，也有些国家把它视为公共产品。20世纪90年代以来，过分依赖政府承担和提供高福利的社会福利制度表现出不可持续性的特征。一方面，政府机构臃肿，财政压力过大；另一方面导致教育提供的高度垄断、供给不均衡、效率低等现象发生。传统教育的公益属性理论受到挑战。联合国教科文组织2015年度报告中提出[1]，教育是"共同利益"，是一项社会各方需共同努力的事业，它应超越公与私之间的对立，即教育作为公立教育和私立教育之间的界限变得模糊起来。所以，未来教育发展体制，既需要超越私有化政策，同时又不回归传统的公共管理模式，这需要协调好政府、市场和社会三者关系。普通教育如此，与经济社会发展更为紧密的职业教育更不例外。

2. 世界各国的实践中，私营部门越来越多地参与教育。教育私有化趋势出现在世界各地的各级办学层面，而且正在逐步增强。在过去10年中，私立教育机构及其学生入学率不仅在职业教育，在义务教育阶段和高中阶段也普遍提高。从一些国家的实践看，基础教育和后基础教育越来越倾向于营利和交易，按照私营部门的商业利益来制定教育议程。

三、政府与社会合作发展职业教育的国际借鉴

从各国实践看，由于各自市场基础、发展水平及行政管理体制的差异，各个国家选取了不同的职业教育发展模式。例如，市场主导模式、政府主导模式或者政府和市场合作的综合发展模式。不同的发展模式，职业教育发展路径、投入机制等都有较大差异，但是，也有一些共性的特点和规律可以总结。

（一）各国政府在职业教育发展中都发挥了重要作用

政府发挥作用的程度，取决于其行政管理体制，也取决于发展战略的需求和发展阶段的变化。政府的作用方式是协调市场、社会的关系，合力推动职业

---

[1] 联合国教科文组织：《反思教育：向"全球共同利益"的理念转变？》，2015年版。

教育发展。职业教育的管理体制机制是由不同主体之间的相互关系共同决定。从职业教育的参与主体看，多数国家都包含了政府、企业、社区、受教育者等多重力量，无论哪个主体发挥的作用更多，政府在其中都是不可或缺的一环。

德国实行"双元制"职业教育管理体制，其突出特点是以企业为主体。德国的职业教育资金主要来源于企业，政府只给予一定的资金支持。根据《联邦职业教育法》的规定，联邦政府资金的主要用途是向职业学校的学生提供助学贷款和奖学金，并用于为一些特殊的项目提供经费支持，此外，政府还负责资助职教研究所、开展国际交流等，这些费用主要由联邦教育与研究部或者经济与能源部承担。州和地方政府则主要负责职业学校的日常经费，例如，州政府的支出责任主要在于发放学校教职工的工资和退休金等人员经费，地方政府负责校舍建设与维修、设备购置和运行管理费用。

日本的职业教育发展最初是政府主导型，后来逐渐演变为强化市场作用，政府更多地发挥监督指导职能。第二次世界大战后，日本的职业教育主要以政府主导形式出现。20世纪80年代开始，随着经济的飞速发展，政府开始逐渐下放职业教育的发展权限，支持手段上也从原来的直接财政投入办学转变为间接扶持和帮助，政府退居后台，企业和市场站在了职业教育的大舞台，成为绝对的主角。进入21世纪后，为适应企业需求等市场变化，日本政府提出实施日本模式的"双元制"，将企业实习与教育培训组合起来，面向年轻人导入"实务与教育连结的人才培育制度"。这种特殊的双元制运行机制也充分展现了政府与市场的新型关系。其实施机构包括职业学校等教育培训机构主导和企业主导两大类[①]。

（二）政府与市场和社会的合作是主旋律

联合国教科文组织倡导更加开放的职业教育理念，注重政府与社会资本的合作，强调加强职业教育中各利益相关者的合作伙伴关系，并从国际范围提出了各国职业教育发展应由政府、企业、社会合作伙伴以及个人共同承担责任。具体到各个国家职业教育的发展模式，职业教育办学主体各不一样，但多元化发展是主旋律。包括：

一是多元化的职业教育发展模式，即企业职业教育、学校职业教育以及学

---

① 姜大源：《当代世界职业教育发展趋势研究》，电子工业出版社2013年版，第371—372页。

校与企业合作的"双元制"职业教育模式并存。例如，大多数国家虽然主要采取了学校职业教育模式，但是也并存了企业职业教育或学校与企业合作的双元制模式。

二是多元化的经费投入机制。在职业教育发展中，不同的管理体制机制决定了投入机制的差异。在各国的职业教育实践中，大都依据不同阶段职业教育的公共性差异，探索形成多元化投入机制，即筹资渠道来源不是单一的，严格意义上的单独投入主体的情况并不多见。总体来看，职业教育投入机制有三类：其一以国家投入为主，各级政府是职业教育的主要投资者；其二纯粹的市场化投入机制，主导者是私人企业、私营职业教育机构和个体学者；其三国家保持对管理规则的制定权，也参与部分投入，同时把职业教育交给市场力量，这又被称为混合机制或公私合作机制。

三是政府和社会资本合作机制多样化。当前国际上有不同层面多种形式的教育政府和社会资本合作模式（以下简称PPP模式）。包括：其一政府向社会合作者直接购买服务，例如教师培训、课程设计以及教材编写等。其二涉及学校基建的基础设施建设，主要有：仅仅为学校基本建设服务融资的PPP、"学校基建投入＋运行"的PPP。其三委托管理。政府把学校委托给社会管理者，委托管理者不是一般企业，而是专业化的教育机构（也称为教育企业）。委托管理的内容，涉及资金管理、人员管理、学校的规划和治理。

四、我国现代职业教育发展的基本思路

从以上职业教育发展的多维度考察，为加快发展和实现我国现代职业教育的目标，须进一步明确政府在职业教育发展中的职责定位，并设计相关发展路径。

（一）现代职业教育发展是政府和全社会的共同责任

现代职业教育需要以现代治理理念和行为来统领，才能适应现代市场经济、现代社会发展的要求。首先，应打破传统的职业教育公益属性的认识。作为一项社会事业，职业教育发展不只是政府的责任，也是全社会的共同责任，职业教育具有较强的准公共服务属性，也具有较强的外溢性。教育治理需要政府与社会间建立多种多样的伙伴关系，单纯由政府提供公共服务，或是完全将

职业教育交由市场，都是不可行的。其次，职业教育中的政府支出责任不等于政府直接举办学校。政府投入与政府办学模式可以分开，政府可以向社会购买服务，通过PPP模式与社会资本共同举办学校，还可以通过民办公助以及由不同投资人合作或以集团化办学等混合投入方式来实现。

政府的治理理念应基于现代职业教育的功能定位，现代职业教育发展需要政府治理能力的整体提升。职业教育发展的理念区别于普通教育，是以就业为导向的跨界的、创新教育，它跨越了职业与教育，其办学理念是校企合作、产教融合，准确地说，是连接了政府与市场和社会两大领域。职业教育这一功能定位，不是职业学校自身能实现的，它需要宏观层面的政府治理支撑，当前我国职业教育发展中，政府更多地围绕职业学校的发展而承担相应的支出责任。这与现代职业教育发展的要求还是有较大的差距。政府需在以下发布发挥统筹协调作用：一是从国家层面，需加强职业教育与行业企业的合作，科学预测经济社会发展对各类人才的需求，建立人社部门与相关部门、行业组织联合发布年度分行业、分岗位的人才就业状况和需求预测制度；加强职业教育层次和专业结构调整与区域产业结构的动态调整机制。二是为职业教育提供公平的发展环境，包括：建立国家职业资格制度，提升专业能力评价标准的通用性，明确以掌握知识为主的普通教育与以掌握技能为主的职业教育在价值上是等值的。促进职业资格证书的互认，打破劳动力流动的障碍。三是提升更加公平更优质的职业教育服务。在现阶段职业教育领域既不能完全由政府负担，也不应将职业教育完全出让给市场，而应加强社会和其他合作伙伴的作用，基于各利益主体所具有的共同需求，形成共同责任，以此实现政府、社会和市场的共同行动。其中，政府承担两项责任：一是改革现有公立职业教育，通过政府与社会和市场真正意义上的合作，实现公立教育专业化、合同化管理，调动全社会积极性，形成合力，提高职业教育的效率。二是在加强规范教育目标、师资及人才培养标准等的基础上，鼓励发展多种形式的民办职业教育，包括企业职业教育、社会中介职业教育等。

（二）构建开放的多元化职业教育发展模式

新常态下，创新发展处于国家发展战略的核心位置，无论是供给侧的结构性改革还是"中国制造2025"，这些重点任务的落实都离不开大量的多层次、高素质的技能型人才，这对现代职业教育提出了更高的要求。与其他国家相比，中国仍属于地区差距较大的发展中国家，呈现出产业发展层次多元化、人口多且需求多元化、多层次特征，中国的职业教育有较强的特殊性，为此，职业教育发展的目标要与国家发展战略的公共需求紧密结合，统筹政府、市场和社会的关系，创新发展模式，构建开放多元的职业教育发展模式。

未来职业教育的发展需求应充分调动社会各方的积极性，培养多层次、多领域的技能型人才。以开放、合作、共享的理念发展职业教育。

一是打破政府主导职业教育的发展模式，鼓励企业、社会中介机构等发展职业教育。虽然当前我国职业教育发展也有企业办学、民办教育等组织方式，但是，当前一些宏观政策和宏观环境影响和抑制了多元化职业教育的发展。例如免学费政策对民办教育的发展产生了一些负面影响；国资委对国有企业主辅分离的要求一定程度上也打击了企业办学的积极性。所以，职业教育发展不只是职教本身的管理，它涉及政府的治理理念、治理方式，需要协调政府、市场社会三者关系，政府应主动对接现有的民办教育、企业教育，使之能整体纳入职业教育体系中。

二是建立多渠道筹措经费的机制。我国职业教育经费主要是以政府负担为主，且多数职业学校由政府投入、政府举办。事实上，职业学校的举办方与投资方是可以分开的。以德国为例，一些大型企业如奔驰公司、大众公司、博世公司、德意志银行以及大型百货公司等，直接举办职业教育；中小企业无力举办职业教育，由政府、行业组织等通过征收基金，向中小企业征收一定的费用投入职业教育事业。其他国家，如美国和日本，企业对高技能人才的利益相关性更强，所以企业投资在职业教育投资中都占有相当大的比重。而我国由于企业发展与职业教育人才培养没有有效对接，企业的积极性及职业教育的优势都没有得到有效发挥，多渠道筹措经费的机制尚没有自然形成，因此，需要政府通过建立相应的约束与激励机制，激发出企业投入职业教育的内生动力。

第三章　职业教育发展的税收政策评价

税收政策是支持职业教育发展重要政策。本章基于现阶段我国发展职业教育的现实需求，分析现行税收政策对参与者影响，结合对比美国职业教育税收政策，深入挖掘税收政策及优惠的激励途径，进一步创新税收支持职业教育政策，提高税收政策绩效。

近年来，我国职业教育面临着重大历史机遇和挑战。一方面，中国正在大力、全面推进建成小康社会的战略目标，"十三五"经济社会发展规划中明确提出要发展更高质量、更加公平的教育，特别是要大力发展现代职业教育。另一方面，中国经济已经进入新常态，中国将把转变方式、调整结构放到更加重要的位置，需要数以千万计的高技能人才和数以亿计的高素质劳动者。构建现代职业教育体系并达到既定目标，需要体制、机制、政策、法规等全方位配套与完善，其中运用税收政策进行调节也是不可缺少的重要抓手。

一、税收政策在职业教育发展中的作用

（一）政府高度重视职业教育发展

党的十八大提出"加快发展现代职业教育"以来，党和国家就做出了一系列战略部署推动现代职业教育发展。这主要表现在两个方面：一是党和国家领导人高度重视现代职业教育体系的建设。2014年习近平总书记在对职业教育工

作的重要指示中强调："创新各层次各类型职业教育模式，坚持产教融合、校企合作，坚持工学结合、知行合一，引导社会各界特别是行业企业积极支持职业教育，努力建设中国特色职业教育体系。"① 此后，习近平总书记多次就职业教育做出重要批示和指示。李克强等国务院领导也在政府工作报告和推进职业教育现代化座谈会等重要场合做出布置和重要批示。这些批示和讲话，为我国新形势下发展现代职业教育体系指明了方向。二是国务院对发展职业教育做出全面部署。2014 年至今，国务院及教育部等紧锣密鼓的连续颁布了若干重大推进现代职业教育的文件（见表 3－1），特别是 2019 年国务院颁布的《国家职业教育改革实施方案》，再次明确了今后一段时期内职业教育改革的总体要求与目标。

表 3－1　近年来国家及部委颁布的推进现代职业教育的重要文件

文号	文件名	颁布机构
国发〔2014〕19 号	《国务院关于加快发展现代职业教育的决定》	国务院
教发〔2014〕6 号	《现代职业教育体系建设规划（2014—2020 年）》	教育部等六部委
教职成〔2015〕6 号	《关于深化职业教育教学改革全面提高人才培养质量的若干意见》	教育部
教职成〔2015〕7 号	《职业院校管理水平提升行动计划（2015—2018 年）》	教育部
教职成〔2015〕9 号	《高等职业教育创新发展行动计划（2015—2018 年）》	教育部
国办发〔2017〕95 号	《国务院办公厅关于深化产教融合的若干意见》	国务院
教职成〔2018〕1 号	《职业学校校企合作促进办法》	教育部等六部委
国发〔2019〕4 号	《国家职业教育改革实施方案》	国务院

（二）税收政策在职业教育发展中的重要作用

税收政策是政府宏观调控常用的经济手段之一。职业教育税收调控政策是政府调控支持职业教育发展的一种宏观政策。政府根据职业教育的发展水平，职业教育行业的情况，调整税种、税目、税率以及进行相关的税收减免等，并通过调整税收负担和税制结构，影响职业教育参与主体行为，实现国家对职业教育调控的政策目标。

---

① 《习近平就加快发展职业教育作出重要指示》，《人民日报》2014 年 6 月 24 日。

税收政策在支持职业教育发展中具有特殊的优势，具有其他政策不具有特点。第一，税收政策能够集聚职业教育资源配置。职业教育涉税领域多种多样，对资源优化配置操作空间很大。例如，通过对社会参与主体的税收优惠政策，引导社会资源参与职业教育体系建设，强化校企合作和工学结合。通过对职业教育领域的税收调控，降低职业教育领域的运营成本，使资金向职业教育领域聚集，提高社会各方面力量进入职业教育领域的积极性和主动性。第二，税收政策相机抉择功能灵活易操作、见效快。税收政策可灵活调整不同利益主体之间的分配关系，决策过程和政策效果相比较其他政策较快。在具体应用上主要体现为对不同纳税主体的因人而异、区别对待，这种区别对待通过针对职业教育不同领域、不同层次、不同行为或不同收入水平，确定高低不同的税负，起到调节结构和调节收入分配的作用。第三，税收政策覆盖面广泛。从税收调节机制的作用范围看，其遍布职业教育领域的方方面面，既涉及职业教育领域的生产、流通、分配甚至消费的各个环节，又存在初次分配与再分配的各个环节。总之，税收政策作为国家治理的基础和重要支柱重要内容之一，对激励职业教育参与主体加快构建现代职业教育体系具有重要意义。

二、我国现有职业教育税收政策及实施情况

（一）我国发展职业教育税收覆盖面

税收覆盖面主要指针对职业教育中税收激励对象的集合程度。讨论税收覆盖面，实际上是讨论在发展现代职业教育体系前提下，税收政策作用于激励对象的要求和范围。

一是职业教育学校（集团）。传统职业教育学校（集团）偏重于校内教学，而忽视与产业对接，忽视本地区经济发展和产业布局相适应。可探索激励职业院校加强产业对接，对其产业融合和专业建设等方面产生的增值税、企业所得税等给予一定的税收优惠。

二是科研机构。科研机构应协同职业院校进行课题攻关和成果转化，使科研真正成为职业教育发展的先导。可探索激励科研机构在与产业和职业院校融合过程中产生的增值税、企业所得税等给予一定的税收优惠。

三是企业。企业应是现代职业教育的重要办学主体，校企合作是职业教育发展的必由之路。我国校企合作实施多年来取得了很大成就，但依然普遍存在学校主动，企业不积极现象，原因在于教育是公益性的，而企业是逐利的，两者本身并不相融。应探索激励校企合作税收政策，吸引企业充分参与职业院校办学发展，参与专业设置、课程开发、教材制定、师资培养、教学设计、实训基地建设等人才培养全过程。对企业参与职业教育过程中产生的企业所得税、增值税等给予减免，最大限度吸引企业与职业教育融合。

四是行业协会等中介组织。职业教育中介组织包括涉及职业院校与其他社会主体如政府、市场、学术界、学生、社会之间活动的非政府机构、非院校的组织机构。他们是在职业教育各主体间起协调作用，其功能随着职业教育的不断发展而多样化，从最初的协调、缓冲发展至承担多种功能，如协调、咨询、评估等，它的角色可能是"缓冲器"，也可能是"咨询器"或"评价表"。现代职业教育是跨界教育，需要各行业组织的深度参与，并发挥指导作用。需要出台税收优惠政策，鼓励和吸引行业组织参与职业教育协同发展建设，促进合作共赢、共同发展。充分发挥行业的部门优势和组织优势，搭建产教研合作平台，推进科技成果转化，引导职业教育服务市场需求、满足科技支撑需要。

五是职业教育教师。现代职业教育培养质量的瓶颈之一是缺乏"产教融合"能力的教师。职业教育发展的师资主要是指能满足面向产业企业培养技术技能的人才。通过"产教融合"的师资队伍建设，实现"产品项目与教学内容、生产技术与专业技能、教学实施与生产实践"的融合，培养具有"产教融合"能力的师资队伍，才能满足现代职业教育对具有工匠精神的现代学徒培养要求。可探索对职业教育师资人才培养予以税收优惠政策。一方面对企业和职业院校的师资培养予以成本补偿；另一方面，对职业教育人才在自我提升的个人所得税等方面予以优惠。

六是职业教育受教育者。现代职业教育体系培养人才重点在于培养学生的生产、经营和服务社会的技能技术，让学生知识、能力和素质得以提升，不断提升自我为内容。职业教育受教育者税收优惠政策可聚焦于降低学生从事教育及再教育的成本为主要内容，诸如贷款学生家庭的个人所得税减除，工人返校再教育所享受个人所得税减免等。

七是职业教育捐赠者。社会捐赠是公民个人、单位，以自愿为基础，无偿或部分有偿地将有价值的东西赠予他人的一种形式，它是在市场、政府机制发生作用的基础上进行资源配置。中国职业教育的社会捐赠起步较晚，发展缓慢，特别是职业教育经费投入不足，更加凸显了社会捐赠对职业教育发展的重要作用。税收是影响社会捐赠的外在因素之一，它可通过影响社会捐赠的内在动机和其他外在影响因素而对社会捐赠产生激励作用。目前我国教育捐赠形式以实物和现金为主，可探索税收激励多种形式鼓励捐赠行为。

（二）现有职业教育政策涉税特点

职业教育发展每个阶段，国家都做出专门部署，大力解决制约职业教育发展的突出问题，推动职业教育更好的服务经济社会发展。职业教育税收政策分布在各类有关法律、通知、意见、决定和方案中（见表3-2）。

表3-2　　　　涉及职业教育政策涉税文件及表述

文号（或颁布时间）	文件名	涉税政策主要内容
国发〔2002〕16号	《国务院关于大力推进职业教育改革与发展的决定》	认真执行国家对教育的税收优惠政策……对职业教育的资助和捐赠，可在应纳税所得额中全额扣除。
2002年颁布	《中华人民共和国民办教育促进法》	民办学校享受国家规定的税收优惠政策；其中，非营利性民办学校享受与公办学校同等的税收优惠政策。国家对向民办学校捐赠财产的公民、法人或者其他组织按照有关规定给予税收优惠。
国发〔2005〕35号	《国务院关于大力发展职业教育的决定》	对支付实习学生报酬的企业，给予相应税收优惠；国家鼓励企事业单位、社会团体和公民个人捐资助学，对通过政府部门或非营利组织向职业教育的资助和捐赠，按规定享受税收优惠政策。
教职成〔2005〕1号	《教育部关于加快发展中等职业教育的意见》	对于农村中等职业学校毕业生回乡从事……做好工商、税务部门减免有关费税；对于举办职业学校的企业，各地要在土地使用、教师待遇等方面给予与政府举办的学校相同的政策，并予以税费等方面的优惠，对企业收取的教育费附加要按有关规定返还企业用于职业教育。
财建〔2006〕317号	《关于企业职工教育经费提取与使用管理的意见》	企业应按规定提取职工教育培训经费，并按照计税工资总额和税法规定提取比例的标准在企业所得税税前扣除。

续表

文号（或颁布时间）	文件名	涉税政策主要内容
国发〔2014〕19号	《国务院关于加快发展现代职业教育的决定》	企业因接受实习生所实际发生的与取得收入有关的、合理的支出，按现行税收法律规定在计算应纳税所得额时扣除；对职业院校自办的、以服务学生实习实训为主要目的的企业或经营活动，按照国家有关规定享受税收等优惠；通过公益性社会团体或者县级以上人民政府及其部门向职业院校进行捐赠的，其捐赠按照现行税收法律规定在税前扣除。
教职成〔2015〕4号	《教育部关于深入推进职业教育集团化办学的意见》	……要落实好教育、财税、土地、金融等政策，支持集团内企业成员单位参与职业教育发展。
国办发〔2017〕95号	《国务院办公厅关于深化产教融合的若干意见》	通过探索购买服务、落实税收政策等方式，鼓励企业直接接收学生实习实训；落实财税用地等政策，各级财政、税务部门要把深化产教融合作为落实结构性减税政策，推进降成本、补短板的重要举措，落实社会力量举办教育有关财税政策，积极支持职业教育发展和企业参与办学。
国发〔2019〕4号	《国家职业教育改革实施方案》	对进入目录的产教融合型企业……并按规定落实相关税收政策，试点企业兴办职业教育的投资符合条件的，可按投资额一定比例抵免该企业当年应缴教育费附加和地方教育附加。

综合这些政策内容和出台背景，职业教育政策涉税具有如下特点：

一是涉税政策体现一定的时代要求，侧重点有所不同。职业教育涉税政策不同时期差异化的提法，既体现职业教育不同发展阶段国家急需解决的问题，又体现职业教育自身的发展进阶。2002—2005年前后，就业导向的职业教育发展是社会的共识，这些涉税政策提及了企业资助捐助、学生创业优惠、促进企业参与等方面的税收政策。此后，由于职业教育校企合作的优势没有充分发挥，职业教育办学机制以及人才培养的质量、结构、规模长期不能适应社会经济发展需要。为了充分调动企业的积极性，涉税政策又重提和升级有关企业参与和校企合作的税收政策，譬如，对企业收取的教育费附加等由返还变为按投资额一定比例抵免，体现了当下国家迫切推动校企融合的要求。

二是从文本表述来看，涉税政策较笼统。这些政策文本只是对涉税政策提供了概括性的阐述，并要求按照现行法律法规或者财税政策执行。

三是从涉及税种来说，涉税政策较单薄。这些职业教育税收政策所提及的税收政策多是孤立的，并未在某个政策文本里看到完整明确的税收政策组合。

（三）现行税收优惠政策盘点

目前，我国职业教育税收优惠政策分为国家层面和地方层面两个层次。国家层面的税收优惠政策主要以涉及教育的条例和通知为主（见表 3-3），但并没有专门的职业教育税收优惠政策。地方层次税收优惠政策是国家层面税收优惠政策的深化和细化，是在财政部、国税总局税收文件框架下，各个地方（包括省及省以下）出台的针对职业教育的意见、条例和办法等。

表 3-3　　　　　　国家层面的我国现行教育税收优惠文件

文号	文件名
国务院令第 224 号	《中华人民共和国契税暂行条例》
财税〔2004〕39 号	《国家税务总局关于教育税收政策的通知》
财税〔2006〕3 号	《国家税务总局关于加强教育劳务营业税征收管理有关问题的通知》
财税〔2006〕107 号	《财政部、国家税务总局关于企业支付学生实习报酬有关所得税政策问题的通知》
国税法〔2007〕42 号	《企业支付实习生报酬税前扣除管理办法》
国务院令第 512 号	《中华人民共和国企业所得税法实施条例》
财税〔2011〕78 号	《财政部、国家税务总局关于经营高校学生公寓和食堂有关税收政策的通知》
财税〔2013〕62 号	《财政部、国家税务总局关于职业教育等营业税若干政策问题的通知》
财税〔2016〕36 号	《财政部、国家税务总局关于全面推开营业税改征增值税试点的通知》
财税〔2016〕82 号	《财政部、国家税务总局关于继续执行高校学生公寓和食堂有关税收政策的通知》
财税〔2018〕51 号	《财政部、国家税务总局关于企业职工教育经费税前扣除政策的通知》

上述的税收优惠政策在营业税、增值税、企业所得税、房产税、城镇土地使用税、印花税、耕地占用税、契税、关税等方面都有相应的规定，涉及各类职业教育纳税主体。

1. 对学校的税收政策。

（1）免征营业税、增值税。主要包括：学校提供的教育服务；学生勤工俭学提供的服务；公办学历教育举办进修、培训班取得的全部归学校所有的收入；公办职业学校设立的实习场所、并由学校出资自办、经营管理及经营收入归学校所有的企业，从事"现代服务""生活服务"业务活动取得的收入；提供技术转让、技术开发和与之相关的技术咨询、技术服务。

（2）免征减征企业所得税。主要包括：①职业院校符合条件的技术转让所得，按照有关规定减少征收企业所得税。②职业院校被认定为具有免税资格的非营利组织，其接受捐赠收入；财政拨款以外的其他政府补助收入；按省级以上民政、财政部门规定收取的会费；不征税收入和免税收入孳生的银行存款利息收入等，按规定免征企业所得税。

（3）分期缴纳个人所得税。主要包括：职校师生以其拥有知识产权的技术开发、产品设计成果等非货币性资产投资入股的，依法计算缴纳个人所得税。纳税人一次性缴税有困难的可分期缴纳个人所得税。教育方面的奖金，按规定免收个人所得税。

（4）免征房产税、城镇土地使用税、耕地占用税、契税。主要包括：对国家拨付事业经费的学校自用的房产和土地免征房产税、城镇土地使用税；对经县级以上人民政府教育行政部门批准成立的学历性职业教育学校占用的耕地，免征耕地占用税，但不包括学校内经营性场所和教职工住房占用耕地；经县级以上人民政府教育行政部门批准成立的各类学校承受土地、房屋用于教学、科研的，免征契税；经县级以上人民政府教育行政主管部门或人力资源社会保障部门批准并核发《社会力量办学许可证》，由企业事业组织、社会团体及其他社会和公民个人利用非国家财政性教育经费面向社会举办的教育机构，其承受的土地、房屋权属用于教学的，免征契税。

2. 对社会力量的税收政策。

（1）免征进口增值税。主要包括：对境外捐赠人无偿捐赠的直接用于各类职业学校教育的教学仪器、图书、资料和一般学习用品，免征进口关税和进口环节增值税；对教育部承认学历的大专以上全日制高等院校以及财政部会同国务院有关部门批准的其他学校，不以营利为目的，在合理数量范围内进口国内不能生产的科学研究和教学用品，直接用于科学研究和教学的，免征进口环节增值税。

（2）企业所得税优惠政策。主要包括：对企业按与学校签订的校企合作协议，支付学校学生在企业实习的报酬，准予在计算缴纳企业所得税税前扣除；企业发生的与学校学生实习、教师实践活动相关的合理费用，准予按照税法规定在企业所得税税前扣除；校企合作共同开发新产品、新技术、新工艺发生的研究费用，按照国家规定享受企业所得税优惠；企业通过公益性社会团体及其县级以上人民政府及其部门，用于向教育事业的捐赠支出，超过法律规定的准予在计算企业所得税应纳税所得额时当年扣除的部分，允许结转以后三年内在计算应纳税所得额时扣除。

（3）个人所得税政策。主要包括：个人通过中国境内非营利的社会团体、国家机关向职业院校等教育事业进行捐赠的，准予在个人所得税前全额扣除。

（4）免征印花税。对财产所有人将房产、土地等财产赠给学校所立的书据，免征印花税。

上述各级政府颁布的涉及职业教育税收政策，具体的内容或形式或有差别，但都是在国务院及财政部、税务总局的法规框架内形成的。毋庸置疑，这些针对职业教育的税收政策对推进职业教育发展起到了一定的作用。

（四）职业教育税收政策存在的问题

当前职业教育税收政策基本上是对原有职业教育发展细枝末节的修修补补，没有适应现代职业教育体系的要求，未能体现政策的前瞻性、导向性和系统性，无法全面促进我国职业教育改革。

1. 税收政策系统性和目标性不强。现代职业教育体系建立的突破口是产教融合，校企合作。需要打破原有单纯以院校为职业教育主体地位的认识，突出企业为重要办学主体地位，同时还要充分发挥其他主体的重要作用，构建校企融合，社会组织深度参与的现代职业教育体系。

现有的税收优惠政策，是以职业院校为主体，围绕职业院校减负发展为主要内容展开的。无论是直接对职业院校的政策，还是对参与职业院校相关利益共同体或者是社会捐助主体，核心内容是给予职业院校发展减轻负担。但是这些政策是支离破碎的，凑拼盘，不成系统。从构建现代职业教育体系角度来看，当前税收政策除了对职业院校中的院校、教育者和受教育者等方面规定外，更要进一步完善企业等其他主体政策的细化和拓展，充分推动企业等社会主体深度参与到职业教育体系中来。现有的职业教育税收政策已不能跟上职业教育发展的潮流，对当下职业教育大力推进企业主体作用，充分调动社会各方面力量的参与几乎毫无针对性。

2. 税收政策笼统，可操作性不强。由于现行职业教育税收政策多见于行政部门意见、决定、通知或管理办法中,这些政策多属于鼓励倡导性要求或一般原则性规定,缺乏可操作性和强制性。例如,《国务院关于加快发展现代职业教育的决定》中提出的企业参与职业教育的税收激励措施,包括"企业因接受实习生所实际发生的与取得收入有关的、合理的支出,按现行税收法律规定在计算应纳税所得额时扣除";"对职业院校自办的、以服务学生实习实训为主要目的的企业或经营活动,按照国家有关规定享受税收等优惠";"对举办职业院校的企业,其办学符合职业教育发展规划要求的,各地可通过政府购买服务等方式给予支持",等等。但对于上述规定中企业和职业院校享受的减免税的具体条件发生,税前扣除比例究竟多少,采取何种税收优惠形式及其政府购买服务支持企业参与具体办法等,还没有具体明确的实施细则。例如,职业院校为提高学生的实训技能而开展的实训业务取得的收入,由于缺乏专门的税收优惠政策,导致很多的职业院校无法享受到优惠,对职业院校的发展无法起到促进作用。

此外,民办教育和公办教育税收优惠政策还存在一定差异。虽然2016年修订的《民办教育促进法》规定非营利性民办学校享受与公办学校同等的税收优惠政策,但是在各种税收上难以得到实惠。首先,在增值税上,对公办学校的培训收入免征增值税(营业税),并列明需符合"政府举办的"和"(收入)全额上缴财政专户管理"的条件。显然,民办学校无法符合上述条件,无法享受免税。其次,房产税上,民办学校中只有企业办的学校才可以享受房产税优惠,而社会组织和公民个人举办的学校不能比照免征房产税。再次,城镇土地使用税上,公办学校和企业、集体、个人办的学校可免征城镇土地使用税,而社会组织不在可享受优惠的范围中。最后,契税上,公办学校承受土地、房屋用于教学、科研的都可以免征契税,而民办学校承受土地、房屋只有用于教学的才可免征契税,用于科研的则不行。

3. 税收政策单一,效果性不强。现有税收政策制度安排的激励手段较少。理论上,按照税收优惠的方式不同,税收激励可以分为税额优惠、税率优惠和税基优惠。主要形式包括税收豁免、纳税扣除、税收抵免、优惠税率、延期纳税、盈亏相抵等。现阶段我国税收优惠政策形式和税种单一,只在有限范围进行纳税扣除,其他形式采用不多。从税收优惠来看,无论是校企合作定向培训费用、学生实习报酬还是捐赠,都属于纳税扣除,优惠形式较单一。同时,纳税扣除通过缩小应纳税所得额进行税基减免,优惠作用较小。此外,从税种角度来看，只涉及企业所得税优惠，在个人所得税、增值税等方面激励政策较少。

单调的税收政策对企业激励力度不够、政策过于分散、执行缺乏有效实施细则，特别是缺乏产教融合的政策细则。税收政策文本之间缺乏连贯性，支离破碎的规定缺乏合力，没有体现明确的价值取向，税收规定各行其是，存在着制度层面的盲区。由于政策文本之间的割裂，在实践操作中，难以切实吸引企业等主体投身职业教育，政策实施效果大打折扣。以社会捐赠为例，据统计，我国社会捐赠教育经费占比还不到2%。[①] 造成我国教育捐赠少的原因虽然很多，但税收政策安排不当是其中重要原因之一。《企业所得税法》规定，企业发生的公益性捐赠支出不超过年度会计利润的12%部分准予在税前扣除，超过年度利润总额12%的部分，准予结转以后三年内再计算应纳税所得额时扣除；关于个人对教育事业的捐赠，只有个人通过非营利的社会团体和国家机关的捐赠以及个人通过中国教育发展基金会用于公益救济性捐赠，才准予在缴纳个人所得税前的所得额中全额扣除，个人直接向受赠单位或个人的捐赠，不能在个人所得税税前扣除。而从实际情况来看，企业和个人更乐意采用的是直接将财物捐赠给学校或受赠者个人，这无疑打击了纳税人的捐赠积极性，难以发挥利用社会力量参与职业教育的热情。由于企业对职业院校的实物捐赠无法得到税收上的优惠，其捐赠的实物资产应视同销售征收增值税，捐赠设备的价值又不能在税前扣除，导致企业捐赠意愿降低。

4. 税收政策分散，统筹性不强。目前，我国的税收立法事项基本上由财政部或国家税务总局拟定，报请国务院批准后颁布。随后财政部往往针对出台的法规进行进一步解释或制定细则，而没有最高立法机关通过的法律。地方政府为贯彻国家对职业教育发展的政策要求并结合本级政府实际情况，以规定、通知、意见、决定等形式下达税收政策，导致税收政策缺乏完整性和系统性。

一是税法规制的非独立性。我国在税收立法上采用"分税立法"模式，营业税、财产税等单独立法；在各类别中，各税种又分别立法。于是，就形成所得税、增值税等税种由不同专门法律和行政法规构成。这些碎片化的税法或税收条例往往把各种主体放在一起，在有关税收优惠方面不能充分体现政策取向，且这些条例规定得不够细致。企业等参与主体的税收优惠制度星罗棋布，

---

① 孙梦园：《高等教育成本分担与社会捐赠》，《经济研究导刊》2019年第17期，第171页。

无法形成有效合力。

二是税法规制的层次多。各级地方政府实行"一事一议"的特许制度，导致立法主体级别不一，对国家发展职业教育的要求贯彻落实不尽相同，现实中出现了许多顾此失彼的规章制度，从而影响到政策目标全面实现。此外，政府部门制定规章时，往往会过多地考虑部门或本土利益，同时又难以避免权力寻租，使得颁布的规章制度实施存在不同程度缺陷。

三、完善我国职业教育税收政策的思路

（一）建立促进企业深度参与职业教育的税收成本补偿机制

追求利益是企业的根本目标。当前产教融合、校企合作实践难点在于企业参与职业教育校企合作的交易成本高昂而预期收益偏低，严重影响了企业主体作用的发挥。规模较大的企业拥有很高的人才吸引力和自己成熟的培训体系，没有必要与职业院校开展合作，规模较小的企业没有足够的财力和耐心参与产教融合。因而，从目前产教融合实际情况看，企业参与产教融合动力严重不足，即使参与也是浅层地参与。在我国目前深化产教融合过程中，调动企业行业参与产教融合积极性是主要着力点，而保障企业利益是调动企业参与产教融合动力的重要内容。在这样的局面下，亟待建立包括税收优惠在内的企业成本补偿机制。

企业参与职业教育校企合作的交易成本高昂是由众多因素的共同作用造成的，构建针对企业的校企合作交易成本补偿机制，必须注重全面性、系统性，务求每一项造成校企合作交易成本升高的因素，都有相应的补偿办法和路径来补足，要让企业参与职业教育校企合作的全环节都能享受到利益补偿，只有这样，才能最大限度地降低企业参与校企合作的交易成本。总体而言，构建企业参与职业教育校企合作的交易成本补偿机制，从税收政策支持方面可以从以下几个方面推动。

一是以企业所得税为主，给予一定的优惠。目前我国部分省份主要采取减免税收的措施引导企业参与产教融合，减免税额少，吸引力较低。税收支持政策今后应加大优惠力度。首先，可采取扣除一定比例的费用，抵扣收入的形式，对企业所得税优惠；其次，对适合国家产业结构和职业教育政策的某些企

业所得，可采取税率优惠的形式；再次，对企业所涉及的土地使用税、固定资产加速折旧等方面提供优惠。

二是规范税收优惠政策，细化税收优惠标准。收集各地方政府所制定的相关文件，结合当地的具体情况将这些分散的税收优惠政策形成法律。这样从原则上来说立法有了正当性，又可以加强系统性与规范性，保证了税收优惠政策的严肃性与可操作性，增强了企业与征纳税部门把握政策的准确度，减少了征税部门的纳税成本，也减小了税收漏洞形成的可能性。针对我国现有的与职业教育有关的税收优惠政策拟定的过于笼统，借鉴国外职业教育发展中的税收优惠政策，通过核算不同行业、不同规模及不同性质的企业在职业教育投资中的收益率来分层、分类确定税收优惠的标准，以此来分担企业投入到职业教育中的成本。

三是激励企业人才培养，补偿花费成本。企业为培养职业院校和协助学校培养实训教师需要花费成本，包括教师的工资、企业内部派出专业技术人员指导教师所支付的费用、企业因提供了的实习岗位有可能影响其正常生产的机会成本、企业投入人力物力开展内部课程所产生的无形成本。当然，还有管理费用，销售费用等都属于企业花费的成本。应该合理规定企业在缴纳企业所得税时可以从收入中抵扣的费用范围，列出扣除标准与扣除比例，在鼓励企业参与职业教育的发展初期，要采取强度稍大的优惠政策，扩大扣除范围，如企业在参与职业教育中所花费的额外的管理成本、原料耗费、时间成本等都能列入扣除范围，可以采用给予补贴或将以上支出计入成本等方式来抵扣收入达到少计提企业所得税等方式来给予企业补偿，达到强力、有效的激励作用。

四是参考校办企业给予企业税收优惠。财税部门在1994年制定了一系列针对校办企业的税收优惠政策的三个文件：包括《关于福利企业、学校办企业征税问题的通知》（财税字〔1994〕003号）、《民政福利企业征收流转税问题的通知》（国税发〔1994〕155号）和《关于学校办企业征收流转税问题的通知》（国税发〔1994〕156号）。在三个文件中，对校办企业的流转税，包括增值税、消费税和营业税，明确采取先征后返的方式。在鼓励企业参与职业教育的一系列现有相关税收优惠政策之中，可参考上述文件再进一步给出优惠办法。第一，对参与职业教育企业享受的税收优惠条件进一步细化。比如《国务院关于大力发展职业教育的决定》（国发〔2005〕35号）中提到的"对支付实习学生报酬的企业,给予相应税收优惠"。这些提供实习生报酬的企业应具备哪些条件才可享受税收优惠。第二,要有具体的优惠方式。在校办企业优惠政策中,就具体说明了可以免征的所得,可以免征的税种,可以先征后返的所得,在先征后返的税收优惠政策中可以返还的具体条件、比例、返还办法也都有详细的规定。此外,在校办企业税收优惠政策中还列有不得享受税收优惠的企业范围。这些,在制定企业参与职业教育的税收优惠政策时都可以参考。

五是支持企业承办实训基地,给予适当补偿。国家对于高校承办的职业学校实训基地有相应的补偿,但是企业承办的实训基地是没有补偿的。除财政补贴等形式外,还可采取对企业所涉及的土地使用税等方面提供优惠。

(二) 探索分类、分层的产教融合税收支持模式

政府应该根据不同类型、不同发展阶段的产教融合模式,给予有针对性的税收支持政策。

按照公益与否,对从事公益类、准公益类和非公益类的职业教育院校(集团)和企业,在所得税、流转税等税收上探索差别化的税收支持政策。譬如,对于纯公益性的职业院校(集团),给予企业所得税、增值税等方面给予全额免除,对于准公益性的职业院校(集团),给予相关税收部分减免,对于非公益性的职教(集团)参照国家相关政策予以优惠。

按照参与职业教育法人类别分类,除了职业院校、科研院所、企业外,要重视行业协会等中介组织的税收支持。给予他们同职教企业相同税收优惠主体地位。

我国职业教育发展区域不平衡。纵观世界各国职业教育的合作模式大致经历了三个阶段的更迭。从早期的校企合作,到专业、学院共建,这是目前大多数职教院校(集团)和参与企业所采用的合作模式。再到专业共建的后端即企业与全产业链的合作,改造整个专业共建的生产核心。这三个阶段职业教育发展模式会在我国某一时期和不同地区长期存在。因此,针对不同的职业教育发展层次性,探索出台适合不同类型的税收优惠政策,因地制宜、顺势而为的促进各层次职业教育阶段的共同发展。

(三) 完善职业教育参与个体的激励性税收政策

教师、科研人员、受教育者和捐赠者等群体是职业教育重要的参与者和中

坚力量。第一，科研人员除兼有教学任务外，又是科技成果转化的主力军，我国 2016 年颁布了《关于完善股权激励和技术入股有关所得税政策的通知》（以下简称《通知》），对符合条件的非上市公司股权激励实行递延纳税政策，对上市公司股票期权、限制性股票和股权奖励适当延长纳税期限，对技术成果投资入股实施选择性税收优惠政策。《通知》对符合条件的科创人员个人所得税的纳税方式、纳税税率做了优惠规定，可在参考《通知》的基础上，进一步出台产教融合中科研人员税收优惠办法，激发科研人员科技成果转化的积极性。第二，实行更广泛的税收优惠政策鼓励受教育者个人及其家庭增加教育投入。除对职业教育学生实习所获得的收入免征个人所得税外，把学费纳入家庭个人所得税税前扣除。对产业工人等返校接受职业教育再培训或学历教育等支出，给予个人所得税税前扣除，等等。第三，对于职业教育捐赠者，政策承认多种捐赠途径下，考虑在实物捐赠方面，予以税前扣除；个人所得税扣除方面，变革原有采取分类所得税计税法，采用综合所得扣除法，改变原有计税法复杂且税前扣除较小的情况；企业所得捐赠方面，超出比例的捐赠可以向后结转；捐赠税收减免规定方面，享受直接捐赠税前扣除，改变只有向国家机关和事先得到国家批准的少数基金会等社会团体捐赠才能得到税收减免优惠规定；简化税收减免程序，引进先进的科技手段应用于税收征管领域，提高税收征管的效率、质量和效益，提高捐赠者办理税收减免的积极性。

（四）加强法律法规梳理，形成完备的职业教育促进体系

法律是规范社会秩序、维护社会稳定、促进社会发展的前提和保障。美国等职业教育的有序发展在很大程度上得益于其完备的职业教育立法体系。应探索在广泛开展实地调研、深入访谈、借鉴先进经验的基础上，逐渐形成以基本法为总法，以若干法规为主干，辅以行政规章、地方性法规等相关的法律法规，以形成结构合理、条理清晰、内容完备的职业教育法律体系，从而为职业教育的发展奠定法律基础、提供更为有力的法律保障。

一是加强顶层设计，提高税收政策统筹性。职业教育发展兼具公益性与市场性，应在遵循我国职业教育发展战略的基础上，梳理、整顿散见于各部门税法文本以及以通知、补充通知、批复等形式存在的涉及职业教育的税收条款，形成完备的职业教育促进税收体系。

二是强化税收法律法规的可操作性。具有可操作性的法律才能满足立法目

的，切实地发挥作用。我国职业教育税收优惠政策质量不高，存在结构上的逻辑不通顺、章节不协调；内容上的法律条款抽象，不具体，奖罚笼统不明确；话语体系上的用词含糊不严谨等现象。正是由于这些缺陷的存在，使得相关主体不知如何操作和执行。因此，我们既要注意不断完善职业教育税收立法的逻辑结构，大力提高立法质量，使其更加清晰完整、合理，又要使税法条款明确、法律权利义务明确、充实，以加强职业教育税收优惠的可操作性。

三是提高职业教育法律法规的时代性。职业教育正经历从工业社会到信息与服务社会的深刻转变，所以职业教育法律法规应及时反映社会发展的最新需求，对职业教育难题用立法加以引导。每当出现新的经济形势或社会形态的变革，都要与时俱进出台与之配套的职业教育法律或者法规。我国的职业教育立法明显滞后于社会经济现实和职业教育发展的需要，为此应及时地对职业教育法进行废、立、改，体现职业教育立法的时代性。

（五）税收支持政策要和其他政策紧密配合

税收优惠是事后激励，与纳税义务直接关联，能有效降低职业教育主体的参与成本，提供补偿机制并提高他们的效益，促进各主体深度参与职业教育。实践证明，税收优惠政策在一定程度上减轻了职业院校办学负担，增加了教学科研投入，加深了社会参与度，促进了产业发展，是一种有效的调控工具。

然而，税收支持政策仅是促进职业教育发展的手段之一，有其发挥作用的领域和边界。税收支持政策在推进职业教育发展中还存在一定的局限。在构建现代职业教育体系框架下，税收支持政策还要结合国家的财政政策、产业政策、科技政策、教育政策等方面的政策，统筹考虑，形成合力，才能最大限度发挥作用。

第二篇
历史思维与文化传承

历史思维是治国理政的重要科学思维能力之一。习近平同志多次强调要善于运用历史思维分析问题,他指出"观察历史的中国是观察当代的中国的一个重要角度",认为"不了解中国历史和文化","就很难全面把握当代中国的社会状况"。熊彼特在《经济分析史》中,也曾说"我个人认为历史的研究在经济分析史上是最好的,也是唯一的方法"。长期以来,我国学界习惯了"西学东用",这既忽略了我国传统制度文化的传承,更忽略了社会文化的根植性,最后效果大打折扣,其本质是缺乏历史思维和文化的传承。历史思维就是要从历史的过程中去把握事物的发展演变规律,探究规律背后的因果关系及环境要素。历史思维,是一种过程性思维。它更注重事物本身的来龙去脉,前世今生,其原理是是从更长时段去看现实问题的因果关系,究其然,更究其所以然,在纷繁复杂的表象中找出问题的症结。基于此,本篇一方面从古代职业教育的萌芽、发展、壮大、衰落的演变过程中,分析我国职业教育的属性,以及国家在其中的定位及如何发挥作用。另一方面,结合新中国成立 70 年的重要历史阶段,全面梳理了新中国职业教育规模从小到大、层次从低到高、参与从少到多、能力由弱变强、贡献由微到著的发展历程,总结了发展中的经验,也分析了不同阶段的特点及问题所在。

第四章　中国古代职业教育发展中政府的作用

中国古代职业教育起源于原始部落时期,在先秦时期已经形成多元办学结构,到唐宋时期达到高峰,明清时期开始走向衰落。技术技能是职业教育的主要载体和核心,对技能和技术创新的尊重,一度带动了古代职业教育的发展。但是传统文化中重政轻技、重道轻器的文化倾向始终制约着职业教育的发展。古代政府将职业教育作为经济发展战略的重要手段、兴办职业技术学校、多元筹集职业教育经费、引入民间力量加强经费绩效管理、总结提炼先进技术并编写教材进行推广等很多做法都值得我们今天学习。古代职业教育的多主体办学、经世致用的教育理念等许多经验也值得我们汲取。我们需要从文化层面突破职业教育实用功利主义的工具价值认识,真正从文化价值上强调技术技能的重要,满足优秀技术人才通过技术创造创新和传承达到自我实现的需要便显得尤为重要,让"崇尚一技之长"的理念成为社会风尚,为推动"大众创业万众创新"提供支撑。

职业教育是以就业为导向的人本教育,一个社会的存在与发展离不开职业教育,它不仅是经济问题,更是社会问题,是一种与人的成长和谋生有关的教育活动。通俗来说,职业教育就是技能教育。技能教育在历史上一直是社会、经济发展的重要支撑。中国古代的职业教育直接起源于氏族的技能传承传统,在先秦时期就形成了官学、私学、企学、社学和家学并存的多元格局。中国古代的历朝政府不仅建立了从中央到地方一直延伸到田间地头的官办职业教育体系,开创了官办私管、官助民办等多种办学模式,构建了产学研相结合的教学模式，还组织搜集、整理、提升各种职业技术，编写职业培训教材，制定职业技术标准，进行了广泛的传播，对推动科技进步、经济发展、文化创新起到了重要作用。需要说明的是，工业革命后兴起的近现代职业教育虽与古代职业教育（中国历史上也称为技艺教育）所面临的经济社会发展环境有较大区别，但其教育组织形式、内容和方法等核心内涵是一致的，本章是从政府的视角研究古代职业教育体制机制及组织形式，我们将技艺教育、技术技能教育等统称为古代职业教育。

一、中国古代职业教育的发展演变轨迹

中国古代职业教育萌生于原始部落时期，贯穿于整个古代社会，历经了萌芽、多元发展、兴盛、衰落几个时期。

（一）职业教育起源于原始部落时期

生产技术的提炼、发展和传承是人类群体生存和发展的重要因素，在生产中提炼出来各种技术的传授，使得人类社会得以繁衍发展，从而推动了文明的演进。中国古代传说中不乏原始部落首领因为掌握了生产的核心技术，并对族人进行传授，推动了部落经济的发展而受到族人拥戴的例子。有巢氏教民建筑房子，神农教民农耕，伏羲教民畜牧，黄帝教民制作衣裳车船，嫘祖教民养蚕，舜教民制陶，这大概是中国古代最早的职业教育了，由此也反映出中国古代崇尚技术的理念。原始社会后期，随着市场的初步萌发，各部落充分利用各自的资源开发产品，通过市场进行交换，换取所需和积累财富，技术传授的价值于是更加深刻，技术传授向程式化发展，与此同时，也出现了对技术传授的限制，各部落逐渐形成了技术保密意识。有虞氏的部落首领因善于制陶，并创造了很多陶制商品进行贩卖，而使部落有了很大发展，被推举为部落联盟首领。《尚书》中记载，舜为帝时所制定的施政方针，就是要带领人民发展生产，使各地人民互通有无。

最初的职业教育带有显著的部落传承特色，比如"殷民六族"和"殷民七族"，每一族都拥有自己的核心技术，如陶工陶氏、旗工施氏、锉刀工锜氏、篱笆工樊氏、绳工索氏、酒器工长勺氏等。部落化、世袭化的职业教育形式，对早期技术的保护和传承起到了重要作用。随着部落向国家过渡，国家更多承

担起职业教育的职责。如《周礼》中记载各级行政机构都设有专职教育官员，如"乡师""县师""遂师"，掌管地方职业教育。各行各业设掌管教育的官吏，如"师氏"教导国之贵族子弟祭祀、丧纪、待客等礼仪，"胥师""贾师""肆师""牧师""卜师"等分别负责各行业职业技术的传授，形成了"学在官府""政教合一""官私合一"的职业教育体制。

（二）上古时期职业教育的多元发展

春秋战国之际，频繁的战争、技术的进步、产量的提高、市场的扩大，极大冲击了原来以氏族血缘为纽带的生产关系，人们纷纷摆脱氏族村社的束缚寻找新的生活方式，社会分工进一步扩大，涌现出大量各具技能的生产者，社会对人才的需求也愈加旺盛，职业教育形式随之有了新的变化。除了官府手工工场的职业技艺传授外，私人职业学校也有了很大发展，如孔丘开办职业私校传授各种礼仪程式，墨翟创办私校传授各种技术，许多能工巧匠也在工作中授徒传艺，史载当时著名的木匠鲁班一次授徒上百人。大型私人作坊开始兴起，并根据生产的需要建立了相应的职业传授制度。在私人职业教育发展中，初步形成了学习年限、学习课程、学习流程、师徒伦理、权利义务等一系列的职业教育基本制度。

秦始皇统一中国后，开始严禁私学，并在官府里设置了"学室"，主要传授法律条文，专门训练和培养官吏。汉朝建立后，开始允许私人办学，私学基本承担起了汉代初期人才教育的职能。汉武帝时开始创办官学，在中央设立太学，在地方兴办郡国学校。班固《东都赋》称："四海之内，学校如林。"但这些学校主要以培养职业官员为主。东汉末年出现了培养文学艺术人才的职业专科学校——鸿都门学。

魏晋南北朝时期战乱持续不断，社会动荡不安，却让人们意识到技能的重要性，开始重视职业教育。世族出身的颜之推在《颜氏家训》中就特别强调在乱世除了学习知识，还应学好至少一门手艺用作谋求生活的手段。当时不少世族子弟在落入异族后，依靠所掌握的手艺来谋生。当时的各族政府为了在战乱中求存，也急需各种经世致用的人才。傅玄曾列举了理、政、学、武、农、工、商等九种社会需要的人才。政府除了设置职业教育的专职官吏外，还大力开办职业技术学校，并逐步发展到包括律学、书学、算学、文学、医学等科目，为唐宋时期职业教育的全面发展奠定了基础。

（三）唐宋时期是古代职业教育发展的鼎盛时期

唐宋时期基本形成了"中央+地方+民间"的比较完善的职业教育体系，是我国古代职业教育发展的鼎盛时期。从政府层面看，国家创办了从中央到州县的各级职业技术学校，除了专门的职业技术学校，科研单位、手工业管理部门和医疗机构都办有职业培训机构，形成了产学研一体的职业培训模式。各层级的职业技术学校满足不同层次的需要：中央的翰林院、国子监建构了高级职业教育体系；少府监、将作监和军器监等设立的职业培训机构，进行基础职业技能培训。专业范围不断拓展，涉及武学、律学、医学、算学、书学、画学等多个专业，并且编定各种职业规范教材进行教学，"庀其工徒而授以法式"。在民间，随着商品经济的高度发展，各种形式的职业培训也十分兴盛。大量地方书院的出现，对办学资金来源、资金管理方式、教学方法和管理模式都作了很多探索，特别是分科教学模式是古代职业教育的一个重要进步。

唐宋时期的专科职业技术学校主要包括三类：一是医学校。有太医署医学专科学校，设医、针、按摩和咒禁四科，各设博士1人、助教1人、老师10人。四科共招学生85人，学制最长7年，最短3年。太仆寺设有兽医学校，设兽医博士4人，招收学生100人。另京师药园也招收16岁以上20岁以下药园生。二是天文历法学校。有秘书省司天台天文历法专科学校，设天文、历数、漏刻三科。设天文博士2人、历数博士1人、漏刻博士6人，共招学生185人。三是技工类学校。内侍省的少府监、将作监和掖庭局负责训练工场手工业的各色工匠。少府监专责"百工技巧之事"，一般细镂工学制4年，车路乐器工3年，平漫刀稍工2年。

到了宋代，不仅从制度上进一步规范完善了各类职业技术专科学校，办学规模也有了很大扩展。医学发展到9个科目，招生规模达到300人。天文、历算归并到算学，发展到4个科目，注重研究和传授有关天文历法的数学知识，招生规模扩展到210人。在行政上，都归并到国子监，"仿太学立法"，设立博士、学正、学录、学谕、司计、直学等进行教学和管理。

（四）明清时期职业教育的衰落

明清时期，中国的很多职业技术都有了新的推进，但职业教育却一直处于低迷衰落状态。一是官办职业教育萎缩。专科职业技术学校极度萎缩，传统科目仅剩下医学与天文历法。而且对于天文历法，出于天命等迷信思想，严禁民间私学。面对世界局势的变化，明政府虽然及时开办了四夷馆培养翻译人才，但却严禁"私收私习夷语"。官府手工业工场的艺徒制也开始衰退，无论前期的匠户劳役制，还是后期的募工制，都只是征集熟练工匠。匠户劳役制更是严重抑制了工匠的积极性，官营手工工场产品质量低下的现象非常严重。苏州织造局为了完成生产任务，只能越来越多的采取外包形式。二是民间收缩职业教育。手工作坊为了获取技术的垄断利润，往往实行严格的技术保密，而且分工越来越细密，每个工序的技术都进行分割。如织花可以分为四个工序，就分由四家分别掌握技术，并订立合约"均系世代相传，是以各归主顾，不得紊乱搀夺"。明清时期兴起的职业行会也以行规强制性限定学徒人数，如规定 3 年或 6 年才能收授 1 人。

虽然有着各种局限，但随着商品经济发展，对职业教育的需求持续扩大，民间仍然出现了大量依附于识字教材的"杂字"体书籍，用通俗易懂的文字图文并茂地传授各项职业基本技能，如介绍农业生产技能的《庄农日用杂字》《绘图庄农杂字》，介绍手工业技术的《山头杂字》《六言杂字》，介绍行商技能的《俗言杂字》《山西杂字必读》，一些乡村私塾以此为儿童启蒙教材，促进了古代民间职业教育的发展。

二、古代政府在职业教育发展中的作用

在古代职业教育发展过程中，历代政府都发挥了重要作用，如在办学上积极引导、参与、鼓励；在财政上积极支持，探索多元筹集资金的途径。这些举措提升了职业教育的层次，促进了职业教育的规范化发展。

（一）中央政府从宏观层面推进职业教育，地方政府具体推广执行

原始部落时代的部落首领非常重视职业教育，很多时候部落首领就是部落重要技术的传承者。到了国家时代，相传大禹曾对各地职业分工情况进行了调查和细分，并将各地的优势产业和贡赋制度挂钩，地方要完成贡赋，就得保证相关产业技术能够传承和发展。在早期国家中，还分职业设立了相应的技术传授官吏，使得在生产中长期积累而来的经验和技术得到提炼和传承。姜尚建立齐国时，根据当地的实际情况，设置农、桑、渔、盐、女红等职业，并对人民

加以培训，使国家获得渔盐之利而快速发展。管仲治齐时，打破了原来基于氏族世官的管理方式，从国家宏观层面统一推进，创建了四业分区居住的制度，通过各种行业集中居住，将氏族职业传承改为家庭传承，通过父子相继和集中居住，推动职业技术交流、传承和发展，也大力推进了齐国经济的发展步伐。两汉时期，国家大力构建以学校为主的儒家教育体系作为国家治理的支柱，并将职业教育纳入其中，特别是地方乡里教育，对农业相关技术的传授发挥了积极作用。宋代王安石变法以培养"有实才可用者"，以"致用于天下"的理念改革教育制度，提出"苟不可以为天下国家之用，则不教也。苟可以为天下国家之用者，则无不在于学"。

职业技术教育推广的职责主要是地方政府。先秦时期在县乡设"乡师""县师"等专职官员负责地方职业教育事务，汉代规定县吏要下乡指导农民生产，宋代在农村设农师传授农业生产技术，元明清三代在乡里设社学，农闲时节组织农民学习各项生产技术。社学主要由政府出资兴办，是官学向乡间教育的延伸，利用农闲为农民提供基础文化礼仪课程和丰富多样的职业教育。地方官推广职业教育的记录史不绝书，如教民耕织（《新唐书·韦丹传》）、育蔬种树（《旧五代史·张居翰传》）。不少地方官在丰富职业教育上进行了很多创新，如朱熹在南康军和漳州任职时编写《劝农文》，巧妙地把农业知识用浅显易懂的话写出，朗朗上口，便于诵读传播。苏东坡在惠州为推广农具秧马，曾"作秧马歌以教"，效果显著，第二年，"惠州民皆已施用，民甚便之"。秦观在做地方官时，编撰的《蚕书》，系统介绍养蚕、缫丝的全过程，适用性强，是发展农村丝织业很好的培训教材。韩鄂在其编写农书《四时纂要》序言中强调编写此书的目的是希望老农老圃能传子传孙，成为"家传立效之方"。

（二）政府作用的具体着力点

一是编写职业教育教材，制定职业教育标准。现存最早的职业培训教材《考工记》（见表4—1），一般认为是战国时齐国官方修订的。它第一次将当时的各种职业分为6大门类30种，并规定了各类职业要达到的具体职责和技术标准。西汉黄门令编写的少儿启蒙教材《急就篇》，因为里面包含了各类职业基础知识和技能的介绍，不仅成为最流行的蒙学读本，也受到各类工匠的欢迎，成为工匠的职业启蒙教材。宋代政府组织编写《营造法式》《武经总要》《木经》《弓式》等职业技术规范，有力推进了职业教育的规范化，提升了职业技术水平。

表 4-1 《考工记》的职业分类

职业门类	工艺范畴	职业细类	序号	技术职责
攻木之工	木工艺	轮	1	制作车轮、车盖
		舆	2	制作车箱
		弓	3	制作弓架
		庐	4	制作戈戟类兵器柄杆
		匠	5	营造城郭、宫室、修筑水利设施
		车	6	制作大车、农具
		梓	7	制作乐器悬架、饮器和侯（箭靶）
攻金之工	金属工艺	筑	8	制作书刀
		冶	9	制作箭镞、戈、戟
		凫	10	铸造钟
		栗	11	铸造量器
		段	12	制作金属农具
		桃	13	铸造剑
攻皮之工	皮革工艺	函	14	制作护身披甲
		鲍	15	鞣制皮革
		韗	16	制作鼓
		韦	17	制作祭服蔽膝之衣
		裘	18	制作皮衣
设色之工	画绘、染织工艺	画	19	绘或绣制五彩文饰
		缋	20	绘或绣制五彩文饰
		钟	21	染织羽毛
		筐	22	染制皮帛
		㡛	23	练丝、练帛
刮摩之工	玉石、骨工艺	玉	24	琢磨礼用器具
		栉	25	制作梳篦
		雕	26	制作骨质用器
		矢	27	制作箭
		磬	28	制作石质打击乐器
抟埴之工	制陶工艺	陶	29	制作饮食用陶器
		旊	30	制作盛食物用陶器

二是总结提炼并推广职业技术。汉代政府非常重视挖掘民间的先进生产经验，在进行提炼改进后推行全国。汉武帝时，搜粟都尉赵过提炼改造了民间创造的代田法，先在宫廷空闲地进行试验，证实每亩能增一斛，然后在京畿地区的公地进行扩大试验和推广示范，取得成效后逐步向全国推广。赵过还在民间创造的基础上发明了耦犁法和播种的耧车并加以推广，使先进的技术得到迅速传播。唐文宗太和二年（公元828年），政府派人在郑国渠、白渠沿途散发水车图样，水车有手转、足踏、牛拉数种样式，供广大农民选择仿制。唐代推广的重要农业技术还有畲田、圩田、曲辕犁、耙、筒车、井车、秧田、茶叶蒸清、树木嫁接等。宋仁宗时，宿州知府陈希亮在汴河上修建彩虹式的飞桥，有效解决了桥梁常被大水冲垮的问题，朝廷下诏嘉奖，并将其造桥法在全国推广。

三是广泛选拔和奖励优秀职业人才。中国古代历代政府均注重选拔和奖励优秀职业人才。管仲治齐的第一要务是招揽人才，除了豪杰之士，还包括"天下之良工"。管仲提出给技艺优良的工匠三倍的工资，这样他们就会"不以千里为远"而来，使各国的优良生产技艺能在齐国传播，提升齐国的生产水平。汉代察举制下有选拔特殊人才的制度，要求地方"举茂材异等可为将相及使绝域者，明阴阳灾异者，勇猛知兵法者或通水利者"。除了各级政府访求推举外，自认有这些才干的人也可以自荐。唐代在科举制下设明算科，选拔数学人才。宋代设置博学通艺科等特科或通过地方举荐"奇才异行"来选拔体制外的实用技术人才。如宋代建筑学家李诫原来是曹州济阴县尉，因在建筑学方面多有建树，被选拔为将作监，负责官营手工工场的职业培训。

（三）将职业技术教育理念引入学校教育

早在先秦时期，我国就已经出现了学校教育，并且开设了职业技术课程。到隋唐时，官办职业技术学校已经有了很大发展，而且在基础教育中设置职业技术教育课程。宋代书院普遍兴起以后，在经史和实践并重的理念下，不仅设置了大量职业教育的课程，还出现了教学内容侧重不一的各种专科学院，如从事军事教育的武书院、实施语言语音教育的正音书院、进行外国语言文学教育的译书院、开设医学教育并有门诊业务的医书院等，在职业教育方面发挥了重要作用。书院教育强调产学研结合，北宋时书院开始提倡分科教育，根据学生的专才因材施教。北宋胡瑗首创分斋教学法，设"经义斋"和"治事斋"，治事斋设"治民""讲武""偃水""算历"等科,要求学生"一人各治一事,又兼摄一事"。清初颜元主持漳南书院,分设六斋:文事斋(设礼、乐、书、数、天文、地理等科)、武备斋(设黄帝、太公及孙、吴五子兵法,并攻守、营阵、陆水诸战法,射御、技击等科)、经史斋(设《十三经》、历代史、诰制、章奏、诗文等科)、艺能斋(设水学、火学、工学、象数等科)、理学斋(设静坐、编著、程、朱、陆、王等科)、帖括斋(学习八股举业)。书院有官办、民办、民办官助等多种形式。官办和官助除了拨付财政经费外,也划拨田地,以田租作为长期办学的基金。民办一般由私人捐赠资金、田地、房屋等作为办学基金。无论是哪种办学形式,都采取知名学者私人主持的形式,在管理上有很大的自主权。在教学上,除了教师集体授课外,也鼓励学生自学和独立思考,和老师质疑问难,师友相得。

三、职业教育的历史发展对今天的启示

虽然时代变迁,发展范式转换,技术的发展一日千里,古今差异巨大,但是传统的职业教育理念与做法是在几千年的实践中逐步形成的,其中有不少经验和教训也是值得我们汲取的。

(一)职业技术教育一直是社会、经济发展的重要力量

在中国古代历史上,职业教育始终是推动经济发展的重要力量,而职业教育只有注入技术、技能,才会有更强的生命力。在部落时代,良好的职业教育传承是一个部落兴旺的重要标志。在先秦时期,为实现产业结构转型的大战略,姜尚和管仲对齐国的治理就是先从职业教育入手,培养人民掌握新的职业技能。管仲认为"树谷可获一,树木可获十,树人可获百",强调发展职业教育对促进国家经济发展的重要。从先秦起,历代政府都努力推广农业技能,培养了大量农业生产的能手,农业单产不断得到提升,推动了农业经济的全面发展。随着职业教育内容的不断拓展,纺织、制盐、造纸、制糖等各业都显示出强劲的发展势头。

职业教育也改善了人民生活,提升了人民生活品质。老子提倡"授人以鱼,不如授人以渔",就是说直接把鱼送给他人,还不如教会他人钓鱼的方法。墨子说"赖其力者生,不赖其力者不生",强调了掌握职业技能的重要。韩非

称"为末作者富",司马迁说"用贫求富,农不如工,工不如商,刺绣文不如倚市门,此言末业,贫者之资也",颜之推强调学习"一门艺业,得以自资",都是说学会工商业技能是致富的重要手段。宋末元初,黄道婆将黎族先进的纺织技术带回家乡松江府乌泥泾镇,在改进后进行传授推广,无数松江人因之致富,改变了松江的经济面貌,使松江成为全国的棉织业中心,历数百年而不衰。徽州山地崎岖,耕作艰辛,却因宗族帮带的职教传统,不仅成为重要的文具产业基地,而且造就了徽商400年的兴盛。

(二) 全社会应树立尊重技术重视创新的社会文化价值观

技术是职业教育的主要载体和核心,只有对技术和技术创新的尊重,才能真正带动职业教育的发展。在中华民族形成过程中,技术的传承者就受到极大尊崇。在原始部落时代,很多人因为技术的发明创新被推举为部落首领。《考工记》明确提出"国有六职,百工与居一焉","知者创物,巧者述之,守之世,谓之工,百工之事,皆圣人之作也"。被尊奉为万世师表的孔子提出"因材施教"的教育方针,培养出各种类型的人才。正是对技能技艺人才和传播的重视,推动了先秦时期职业教育发展的第一个高峰。

反之,历史也告诉我们,过于行政化、过于功利的社会文化则不利于职业教育的发展。秦汉以后,随着专制主义中央集权的中央体制的确立,以政治等级为核心的评价体制逐渐形成,"学而优则仕"成为优秀人才的普遍追求,技术被视作"奇技淫巧",各种技能技艺的学习受到轻视。虽然唐宋时期政府对科技的重视一度带动了职业教育的发展,但是在体制设计上,还是试图将之纳入行政体系,并极力压低技术官员的品级。在奖励科技创新时,唐太宗明令不得授予一般技术人员官爵,不能让他们与士大夫"比肩而立,同坐而食",只能给予一定物质奖励。重政轻技、重道轻器的文化倾向始终制约着传统职业教育的发展,压缩了职业教育的发展空间。甚至在今天,价值观仍旧是影响我国职业教育发展的一个重要因素。今天,我们必须突破对职业教育的实用功利主义的工具价值认识,真正从文化价值上突出强调技术技能的重要,满足优秀技术人才通过技术创造创新和传承达到自我实现的需要,从文化上破解这个困境,重塑尊重技术重视创新的文化价值观,让"崇尚一技之长"的理念成为社会风尚,为推动"大众创业万众创新"提供支撑。

（三）经世致用等传统教育理念至今仍有强劲生命力

产学研相结合的教学形式，不仅提升了学生的技艺水平和实践能力，也推动了科学研究的进步。《管子》认为学农应该"处田野"，学商应该"处市井"，学工应该"处官府（工场）"。墨子的教学强调理论与实践相结合，在教学中，他和学生进行了世界上最早的小孔成像实验，一起研究杠杆原理，发明了"桔槔机"。唐宋时期，科研、教学、生产机构相互结合，培养了大批能工巧匠，也促进了科技繁荣。从唐代起，医生培养就重视实践，要求学生在就读期间就要参加诊疗实习，有时候还要定岗实习，如宋代"边郡屯师，多遣医官，医学随行，三年一代"，大大提升了医学生的职业技能。

素质教育、德育教育与职业教育并重全面提升了学生的职业素质和品格。孔子办学以"六艺"为基础，在"乐、射、御、书、数"等通识课基础上进一步因材施教。古代书院教育在注重经史教育的同时，也开设自然科技、军事知识和生产技能的课程，强调"躬行而实践之"，全面培养经世致用的人才。

职业专科学校、工场职业培训机构和私人授徒都非常重视素质教育和德育教育，各行业通过订立行规来规范素质教育和德育教育的内容。如宋代翰林医学院就要求学生"守一""全冲""精微""立本""慈用""致用""深明""稽疾"。不仅强调尊师重道，而且重视基本的职业操守。无论是官办职校的考核，还是私家授徒的满师考核，都是技术考核和品质考核并重，"日考月课，唯恐不程"。

从幼教职业启蒙到在职培训，贯穿终身的职业教育体系使得职业技能可以不断得到提升，对于个人的职业规划有着很大助益。从汉代起，蒙学教材就编入了职业内容，向求学起步阶段的儿童介绍各类职业的基本知识。在农业生产发展中，一旦出现新的技术，政府就发动人力物力对各地农民进行培训，使古代农业生产不断发展，亩产量始终高于同时代的世界其他地区。

（四）职业教育发展应以市场为导向，鼓励多元化办法

市场是职业教育发展的重要源泉与动力。职业教育是市场发展的必然产物，市场的发育程度决定了职业教育的广度和深度。春秋战国之际，随着市场规模的扩大，对各类人才的需求也不断增大，各种形式的职业教育应运而生，不仅官方在官营工场培养大量技术工匠，一些能工巧匠也主动兴办职业技术学

校，提供形式多样内容丰富的职业教育，职业教育突破了氏族和家族的范畴。市场的发展和细分，不断拓展职业的范围，职业教育的内容也随之扩大，在市场导向下，古代的职业教育有了很大发展。但由于古代市场发育程度不足，在一定程度上局限了职业教育的发展。由于市场有限，特别是缺乏必要的技术专利制度，导致一些技术的传承者在传授中保留关键技术，限制传授的范围和人数，防范技术的外传，明清时期民间还通过行会组织建构严格的传授限制制度，这些都在不同程度上制约了职业教育的发展，从而影响了经济和社会的进步。

多元办学是职业教育发展的张力。官办教育虽然对职业教育的规模化、规范化有很大帮助，但多元办学模式、多元融资渠道、多元管理方式也促进了职业教育更大发展，满足了不同职业、不同层级、不同年龄的需要。春秋战国之际私学的兴起，开创了职业教育的全新时代。私人职业教育争取生源的激烈竞争，促使各家不断推陈出新，开发新课程，探索新的教学方式，编写新教材，不仅带动了职业教育的飞速发展，也带来了学术和科技的空前繁荣。齐国的稷下学宫开创了官办民管的新模式，以政府财力广泛吸引各方人才，以民管赋予了官办职业教育更大活力，出现了百家争鸣的局面。宋明书院采取民办官助的模式办学，开放自由的学风全面提升了职业教育的内涵。工场艺徒教育、世袭家传教育、师徒相授等从不同层面满足了社会各阶层的需要，使各种职业技术以一定的载体得以保存、发展和传播。

（五）职业教育做大做强需要政府恰当助推

职业教育发展强调与需求的结合，政府仍需要发挥支撑和引导的作用，以利于职业教育做大做强。民间对生产技术的掌握都是实践中的经验总结，往往是片面而零星的，经过政府主动的提炼、改进，制定技术标准，编写培训教材，职业教育的质量才能得到提升。民间的家庭传袭、师徒相授、艺徒培训等都是局部性的，只有发挥政府作用才能扩大职业技术传播的广度和深度，突破技术家传的束缚，全面提升国家的职业教育水平，推进经济的全面发展。民间职业教育多以市场为导向，以自利为目的，而国家能从国家整体经济发展的需要，主动地、强制性地为人民提供职业教育服务，并将职业教育与救贫、养孤、减灾和发展生产等其他国家职能结合起来，将职业教育的功能最大化。特别是在农业领域，由于历代政府都特别重视农业技术的传播，使中国农业在古代始终处于世界领先地位。

古代国家除了兴办多种形式的职业教育，还通过表彰来鼓励职业教育学习，通过建立国家考评机制，给予通过非官方正规教育渠道获得相应知识和技能的人与接受国家正规教育者同等的地位，拓展了职业教育范围。

国家财政是推动职业教育的重要支撑。古代财政对职业教育的支持，在几千年的实践中，在体制机制上，不断有创新，包括公私合作、多元筹措资金、引入社会力量加强绩效管理等，其中不乏我们今天仍然值得借鉴的地方。国家财政不仅为各级官办职业技术学校提供经费保障，还积极支持民办职业技术学校的发展。最有特色的就是宋代兴起的学田制，政府除了在办学之初给予一定开办费用外，对于学校日常经费主要是赐予一定量的土地，学校通过经营收取租金来补充教学经费，在农业社会里，这种"买田积租"的办法为学校提供了最稳定的经费来源。地方政府经常将罚没土地捐赠给当地学校，增加学田规模。在政府的带动和影响下，社会各界也纷纷捐田兴学，使学校有了充足的运营经费。学校在此基础上，兴办各类企业，不断充实经费规模。在经费的使用和绩效考核上，积极引入社会力量，一般由当地士绅担任监院、监理、掌理、董事等，参与管理。又如，古代国家在技术推广过程中，采用多种财政手段并用的办法，如明代推广棉花种植，政府一方面加强技术培训，另一方面通过减税等手段引导人们自愿学习和种植棉花，使这一外来物种迅速普及，在生产和生活中发挥了重要作用。

第五章　中国职业教育财政发展 70 年的演变

职业教育财政经费投入是职教发展的基础和财力保障，也是牵引职业教育改革的重要力量。自新中国成立以来，纵观 70 年的历程，职业教育的发展历经了起步、辉煌、回落、转型不同的阶段。职业教育的曲折发展以及政策演变浓缩了我国 70 年来经济社会发展各个阶段的时代特征，也是职业教育财政发展的历史呈现。

2019 年，在新中国成立 70 年之际，国务院印发了《国家职业教育改革实施方案》（以下简称《职教 20 条》），标志着中国职业教育发展进入新的历史阶段。这是新中国成立 70 年以来，国家实力提升的体现，也是满足国家经济社会发展需求的必然选择，更是职业教育发展里程碑式的事件。回顾 70 年，职业教育发展经历了巨大起伏，经历了规模从小到大、层次从低到高、参与从少到多、能力由弱变强、贡献由微到著的发展历程，这其中，财政通过经费投入这一主线，牵引了职业教育的改革发展，在促进职业教育的发展中发挥了重要的基础作用。

一、我国职业教育发展的演变历程

（一）新中国职业教育的发展（1949—1977 年）

新中国成立之时我国工业发展十分落后，国民经济水平很低。面对百废待兴的局面，我国制定了"一五"计划，第一代领导人确立了恢复工业生产，提出"要在相当长一段时间内，逐步实现国家的社会主义现代化"，而工业化建设需要大量的专业技术人员，迫切需要建立起我国的职业教育体系。因此，在这一时期，与职业教育相关的各项政策的提出都旨在重建职业教育体系。

1. 适应社会需求建立新中国职业教育体系（1949—1955年）。新中国成立之初，国家经济处于恢复阶段，具有专业技术技能的人才奇缺。这期间颁布的《中国人民政治协商会议共同纲领》，明确提出要大力发展技术教育，在组织方式上，借鉴苏联经验，建立起支持工业化的技工教育和培训工人的教育制度。由此，我国形成了以管理权属为区分标志的两种形态的职业技术教育。一种由教育行政部门主管的以学校为主体的职业教育，另一种是由人社部门主管的技工教育和职业培训。这一时期关于职业教育的改革政策都是围绕着中等职业教育的调整展开的。20世纪50年代初全国中等技术学校中医药卫生类职业学校占绝大多数，工业类比重较小。并且工业类学校中缺少与工业基础相适应的专业，新建的学校缺乏规划。因此，从1951年开始我国对职业教育进行制度上的建设和改造。

第一，初步构建职业教育体系。1951年召开的第一次全国中等教育会议提出了要对中等技术学校进行调整和整顿，以培养大批掌握基本知识和现代技术的中级技术人才。同年，政务院颁布了《关于改革学制的决定》，提出建立起新学制，明确规定了中等技术学校在学校系统中的地位，将职业学校改成为中等专业学校，并规定了修业年限和招生条件。1952年教育部颁布的《中等技术学校暂行实施方法》对中等专业学校的办学目标、培养方案以及教师管理等方面进行了明确的规定。随着国民经济的恢复，职业教育正式被纳入到学制体系中，各项管理制度不断完善。

第二，多种方式发展职业教育。由于国家经济建设需要大量的技术人才，但是中等专业学校的招生人数有限，在质量和数量上都无法满足国家建设的需要。因此发展技工学校，培养具有技术知识的技工人才成为职业教育的重要任务。从1953年开始全国技工学校都由劳动部门进行综合管理。1954年《技工学校暂行办法（草案）》提出初步建立我国的技工教育制度，明确技工教育的教学工作，规定教学工作的标准由主管部门统一管理，按照国家技工培训计划设立相应工种。

这一时期的特点是，职业教育在新中国成立初期得到了恢复和发展，职业教育的发展与社会主义工业化密切联系。为培养各项重点工程需要的专业技术人才，国家配套建设了一批中等技术学校和技工学校。各项政策的出台都印证了国家把职业教育放在教育体系中的重要位置。并且通过相关制度的完善，不断建立起职业教育体系，为新中国成立初期国家的建设提供了人才保障，并为"一五"计划的完成和向社会主义的过渡提供了先进的劳动力，也为后来职业教育的发展奠定了基础。但是这一时期对苏联经验的照搬缺乏整体设计，没有考虑国内的实际特点，不利于职业教育的后续发展。

2. 职业教育的曲折发展（1956—1966年）。1956年开始我国将经济重心转移到满足人民日益增长的物质文化需要和实现国家工业化上来。1956—1957年工业迅速增长取得了重大成就。1957年第一个"五年计划"的完成促进了社会经济全面发展。在此期间，国家鼓励职业学校进行适度、合理的调整，处理好办学质量和办学规模的关系，职业教育得到了一定程度的发展。

从1958年开始，"大跃进"在全国展开，在教育上要培养工人阶级知识分子队伍，大规模地开展了一场"教育革命"。具体内容有：第一，提倡半工半读制度。1958年3月，教育部提出要大力举办农业中学、工业中学和手工业中学，教育要与生产劳动相结合。提倡学生勤工俭学，半工半读成为当时职业教育的主要形式。全国各地出现了工厂、公社大办学校，学校大办工厂和农场的现象。半工半读是根据当时我国经济发展条件而提出的，为家庭困难的学生解决了读书存在的困难，因此半工半读学校的学生大量增加。但是在三年困难时期，这类学校没能进行下去。第二，提出教育权力下放并鼓励多种方式办学。教育权力的下放客观上促进了"大跃进"的开展。从原来的中央部门和教育部门办学为主转变为中央部门、地方产业部门、企事业单位多种形式办学。在这过程中，农业中学是职业教育的一种新形式。农业中学面向农业生产、门槛较低并且能够迅速普及，在这一时期为农村提供了大量的专业人才。

但是"大跃进"盲目追求高指标和高速度使职业教育的发展进入误区，教育质量严重下降，技工学校大规模扩张。针对这些问题，教育部在1961—1963年连续召开了三次调整会议，并且通过出台管理制度调整职业教育中存在的问题。首先对中等学校进行规模调整、压缩。与此同时，规范职业教育合理办学，20世纪60年代劳动部颁布《技工学校通则》《技工学校人员编制（草案）》以及教育部颁布《关于制定全日制中等专业学校教学计划的规定（草案）》等一系列文件，这些文件对中等专业学校以及技工学校的规范办学进行明确规定，有利于恢复职业教育的正常办学秩序，一定程度上提高了职业教育的质量。

这一时期的特点是，忽视了职业教育的发展规律，职业教育面临曲折发展，短时间内数量的增加并不利于教育质量的发展，政策的快速调整影响了职业学校办学的稳定性。但是职业教育相关政策的出台提高了职业教育的质量，使我国职业教育重新呈现出繁荣的局面。

3. 职业教育陷入前所未有的低谷（1967—1977年）。经过新中国成立初期全面建设社会主义的不断探索和改革，职业教育已经取得了一定的发展，初步建立了较为系统的体系。但是随着"文化大革命"在全国范围内展开，职业教育陷入了前所未有的低谷。

在此期间，半工半读学校全部停办，中等技术学校一部分被改造成工厂，一部分学校也在停办的边缘。大量农业院校下放到农村，管理较差、秩序混乱、办学主体不明。国务院有关部委的直属中等职业学校都被下放到地方，大部分都停止招生甚至停办。到1969年技工学校、职业学校、半工半读学校所剩无几。与此同时，职业教育的教师严重流失，在校生数量也大量缩减。因为学校停办、教师下放、学生离校、大量的校舍被占用，这对后期职业教育的恢复形成了重大阻碍。

"文化大革命"后期职业教育经历了艰难的恢复。1971年7月全国教育工作会议召开，有关部委和地方代表强烈要求恢复中等专业学校，强调"中等专业学校和技工学校是我国普及科学技术的一支重要力量，要认真办好"。国家相关部委逐渐艰难地恢复职业教育，1971—1976年，中等职业教育得到了一定程度的恢复和发展，半工半读学校也得到了恢复。但受到当时形势的影响，各地区面临的状况也各不相同，恢复难度巨大。

这一时期的特点是，职业教育全面停滞，新中国成立的职业教育体系遭到破坏。职业学校无法正常招生和发展，规模缩减进而陷入低谷。虽然"文革"后期开始逐渐恢复职业教育，但是由于教育体系长期受到破坏，恢复工作举步维艰。

（二）改革开放以来职业教育的发展（1978—2019年）

改革开放后，为了适应经济的发展，建立现代工业体系需要大量的生产人员，与经济建设密切联系的职业教育需要快速发展。与此同时，普通高中毕业生的升学面临压力，大多数毕业生要面向农业生产。为了培养这些不能升学又缺乏劳动技能的毕业生成为劳动后备力量，需要调整中等教育的结构。改革开放以来分别有四个阶段，第一个阶段是职业教育恢复与黄金时期（1978—1995年），第二个阶段是职业教育低迷与滑坡时期（1996—2002年），第三个阶段是职业教育转型发展时期（2003—2008年），第四个阶段是职业教育全面提高质量时期（2009年至今）。

1. 职业教育恢复与黄金时期（1978—1995年）。

(1) 职业教育的恢复时期（1978—1984年）。1978年4月22日，全国教育工作会议召开，提出要着重研究中等教育的结构调整问题。会后，地方开始了中等教育结构改革试点工作，职业高中也得到了发展。职业教育进入全面恢复阶段，以中等教育改革为切入点，发展职业高中，对中等教育机构进行调整和改革。在这一时期，开始探索高等职业教育改革，并且发展农村技术教育，使职业教育得到了快速的恢复。

第一，中等职业结构的调整。当时，由于承担职业教育的机构主要是中等专业学校和技工学校，因此改革主要是针对这两类学校。1980年国务院提出在城乡鼓励各行业广泛举办职业学校，经过调整要使各类职业学校的在校学生数在全部高级中等教育中的比重大大增长。第二，发展高等职业教育。在新中国成立之初高等职业教育就已经开始起步，但是一直没有得到持续稳定的发展。1980年开始，在一些经济发达的城市，传统的人才培养模式已经无法满足经济建设的需求。国家先后对全国中等职业技术学校进行了评估，将一些原来办过大专和本科院校的中专学校升格为大专。① 随着改革的不断深入，高等职业教育整体布局逐渐发生变化，涌现出不同的高等职业教育形式，其中包括职业技术学院、职工大学、城市职业大学、五年制高等职业教育、管理干部学校。第三，发展农村职业技术教育。1982年教育部、农业部、共青团中央、中国科协联合召开了第二次全国农民教育工作会议，确定农民教育的奋斗目标就是提高中等农业技术水平，具体任务是要广泛开展技术教育。

(2) 职业教育的黄金时期（1985—1995年）。1985年召开的全国教育工作会议是十一届三中全会教育领域的一次重要会议。会上指出教育体制改革的迫切需求。同年5月，《中共中央关于教育体制改革的决定》颁布，《决定》中指

---

① 方展画、刘辉、傅雪凌：《知识与技能——中国职业教育60年》，浙江大学出版社2009年版。

出社会主义现代化建设需要大量受过良好职业培训的初级与中级技术人员、管理人员、技工和劳动者，因此要继续大力发展职业教育，并且重点提到了要发展高等技术学校，将其定位为区别于高等教育并与行业配套的教育。

1986年，召开了第一次全国职业技术教育工作会议，会议旨在通过总结和交流经验，确定下一个时期职业教育改革的重要措施和实施方案。1991年，第二次全国职业教育工作会议召开，会上提出了职业教育的发展任务，提出"办好现有的各类职业技术学校，扩大招生规模，特别扩大中等职业技术学校的规模"。这次会后文件中再次强调要根据我国经济和社会发展的需要，使新增劳动力可以接受职业技术训练进而适应岗位需求，并且对职业教育基础建设方面进行了规定，合理规划职业学校的布局和专业设置，突出实践性教学环节。

这一时期的特点是，在一系列政策的鼓励下，我国职业教育进入黄金时期，成就显著。教育的层次向高等职业技术教育延伸，同时学历教育与非学历教育都得到了发展。"八五"和"九五"期间，我国职业教育发展达到了历史最高水平，与经济社会发展相适应。中职学校的学生总人数突破了420万人，职业教育的繁荣发展为我国社会主义市场经济建设输送了大量人才。但是在中职教育的快速发展过程中，也产生了新的问题，如某些地区教育主管部门把条件差或办学中问题较多的普通学校改为职业高中，同时，未配备相应的经费和实训装备，这些直接影响了职业高中的办学声誉和质量。

2. 职业教育低迷与滑坡时期（1996—2002年）。20世纪90年代开始我国开始向市场经济全面转型，经济运行发生了巨大的变化，在市场经济的刺激下，产业结构得到快速升级。在这样的背景下，职业教育稳步发展。1996年《中华人民共和国职业教育法》颁布和实施，该法明确了职业教育的法律地位，即"职业教育是国家教育事业的重要组成部分，是促进经济、社会发展和劳动就业的重要途径"。这一时期，召开了职业教育发展三次工作会议。职业教育法的出台，有力保障了职业教育发展及财政对职业教育的投入。但是，此阶段宏观环境发生了巨大变化，东南亚金融危机爆发，对我国经济产生了较大的冲击，我国针对经济形势的变化实行扩大内需的战略选择。适时采取了积极的财政政策和稳健的货币政策，并出台了发展经济、促进就业的系列举措。其中，高等教育扩招是重要手段，但高校的扩招对职业教育产生了较大的负面影响，中等职业学校招生急剧下降，社会认可度降低，而高等职业学校因定位模糊，就业前景也表现不佳。

这一阶段的特点是，经济社会处于从计划经济体制到市场经济体制的转型期，在教育体系上，高校大规模扩招等因素的影响，我国中等职业教育面临着前所未有的困顿和危机，突出表现为招生难。同时中职占高中阶段的招生比例也快速下降，1996—1998 年，这一比例下降到创纪录的 58%，而到 2002 年这一比例下滑到 38%，4 年期间，中职教育从高峰走向低谷。中职存在的合理性甚至受到了较多质疑。2001 年全国人大教科文卫委员会调研报告指出，职教发展存在三大问题：一是职业学校在校生规模滑坡、生源质量下降和职业学校资源流失；二是对职业教育认识不足、政府的作用没有充分发挥；三是职业学校主动适应市场变化的力度还不够。因此后续改革的重点是调整职业教育的布局结构，提升教育质量，探索多种模式招生。

3. **职业教育转型发展时期（2003—2008 年）。** 2002 年，东南沿海地区发生了"用工荒""技工荒"，引起了全国的广泛关注。同时，伴随着中国现代化建设进入一个新的发展期，与经济发展直接相关的职业教育，得到国家的高度重视。2005 年召开了第五次全国职业技术教育工作会议，提出了大力发展职业教育的决定。

第一，采取一系列措施，中央财政加大对职业教育投入。具体包括，一是实施"四大计划"，即职业教育实训基地建设计划、职业教育示范性院校建设计划、职业院校教师素质提高计划、县级职教中心专项建设计划等。二是启动"四大工程"，即国家技能型人才培养培训工程、成人继续教育和再就业培训工程、农村实用人才培训工程、国家农村劳动力转移培训工程。中央财政的投入有利于激发地方院校的办学积极性，也不断提高职业教育的质量。第二，完善人才培养模式。为了培养高素质的人才，国务院发布文件提出职业教育要面向人、面向全社会，使人能够找到发展空间，提倡职业教育面向市场、面向就业，不断调整办学模式和人才培养模式，提高教育质量。第三，建设中国特色职业教育体系。2005 年 11 月，第六次全国职业技术教育工作会议召开，提出要大力推动校企合作、工农结合的人才培养模式，逐步建立起半工半读制度，这种基本教学模式的建立具有重大意义，标志着中国特色职业教育的培养模式基本形成。随后又提倡职业学校要依靠行业办学，加强校企合作，建立起学校与企业之间长期稳定的联系，同时注重人才培养，提倡工学结合，教学模式要以企业岗位为出发点，鼓励学生到企业实习的半工半读的教学形式，形成以学校为主、企业和学校共同管理的培养模式。

这一时期的特点是，我国职业教育进行转型发展，借鉴了德国的双元制职业教育等多种先进职业教育模式，明确提出以市场为导向、提高培养人才的质量，摸索出"工学结合、校企合作"的培养方式。改革开放30年，中国职业教育发展成为"发展速度世界第一，发展规模世界第一，发展体系世界第一"的现代职业教育体系，形成了由初中阶段的初等职业教育，高中阶段的中等职业教育和高等阶段的高等职业教育组成的完整的职业教育体系。职业教育在世纪之交得到了重塑和壮大。

4. 职业教育全面提高质量时期（2009年至今）。2008年金融危机引发全球经济衰退，我国经济社会发展也受到了一系列的影响。出口增幅下降，经济发展需要通过扩大内需来拉动，整体经济进入"转方式，调结构"的阶段。面对国际和国内的经济形势，职业教育需要进行深入改革。这一时期着重建设现代职业教育体系，2010年国务院颁布的文件中提出到2020年形成现代职业教育体系，更好地满足人民群众接受职业教育的需求，满足经济社会对高素质劳动者和技能型人才的需要。党的十八大也提出"加快发展现代职业教育"，"加快职业技能培训，提升劳动者就业创业能力"。深化产教融合是这一时期职业教育发展的核心主题。

第一，注重产教融合。在这一时期，如何深化产业融合并且发挥职业教育对产业结构优化升级的引导作用是职业教育改革的重中之重。在人才培养方面提倡校企育人机制，明确强调企业的主体地位，鼓励职业学校和企业联合招生，建立联合培养的现代学徒制度。2015年发布的《关于深化职业教育教学改革 全面提升人才培养质量的若干意见》提出要完善校企合作、工学结合模式，发挥职业教育对产业结构转型升级的促进作用，产业部门要加强对职业学校课程的服务和引导，形成协同育人的机制。2017年发布的《关于深化产业融合的若干意见》也再一次强调协同育人这一机制的目标、原则和实现方式以及保障措施。在双师队伍建设方面提出多方面提升教师的专业化，党的十九大进一步对职业教育进行了全面部署并且再一次强调产教融合和校企合作。

第二，中职学校学生资助的改革。职业教育学生的资助问题一直受到国家的高度重视，财政投入力度不断加大，制度不断规范化合理化。中职教育建立起免学费、国家助学金为主、学校和社会资助为辅的资助政策体系。早在2006年已经初步描绘了国家资助中职学生的基本框架。2009年决定对公办中职学校农村家庭困难学生和城市涉农学生逐步免除学费。2010年决定将城市困难的中职学生也纳入到免学费范围。2012年提出对公办中等职业学校全日制正式学籍在校生中所有农村学生、城市涉农专业学生和家庭困难学生免学费,并且进一步完善国家助学金制度。截至2016年底,全国已经有22个省份实现了中等职业学校学生全部免学费。

这一阶段的特点是,我国职业教育进入全新发展阶段,并逐步构建起多主体参与、多元共建的职业教育发展体制机制,以适应经济社会发展的需要。完善现代职业教育体系,产教融合是关键、校企合作是桥梁,推动现代职业教育体系的建立才能满足产业结构调整的新需求。

二、我国职业教育经费来源及支出特征

与职业教育发展相适应,财政对职业教育的支持也呈现了阶段性特征。在不同经济体制和教育体制下,教育经费政策不断调整以适应教育发展的需要。改革开放以前,我国高度集中的计划经济体制决定了教育经费的政府投入模式为单一的政府财政投入模式,使职业教育能在短期内快速发展,为经济建设初期输送了大量的专业人才,但是在改革开放过程中逐渐暴露出政府压力过大、资金短缺以及使用效率不高等问题。改革开放以后,职业教育的财政政策随时代变化面临一定的调整,这集中体现在教育经费的来源和支出结构上。[①]

(一) 职业教育经费规模占比及来源特征

1. 职业教育经费总投入快速增长,但在教育经费中的占比呈下降趋势。新中国成立以来,我国职业教育财政投入不断增加,职业教育经费实现了快速增长,从新中国成立初期不到1亿元,提高到2017年的4300多亿元。尽管数据口径随时代变迁有所不同,但并不妨碍我们对这种巨大变化的直观感知。回顾职业教育财政70年,我们以新世纪为分水岭,大致观察前后两个时间段职业教育经费投入及占比情况。

---

① 占小梅、马树超:《我国职业教育经费投入政策发展的阶段性特征》,《职教论坛》2015年第4期,第19—24页。

（1）1952—1989 年中专技校经费投入管窥。在对职业教育改革历程回顾中我们可以看到，新中国成立后相当长时期内承担职业教育的机构主要是中等专业学校和技工学校。因此，通过对国家财政预算内教育经费中用于中专技校经费的考察，可以大致管窥我国财政对职业教育支持的概貌（见表 5-1）。从 20 世纪 50 年代中专技校经费占国家财政预算内教育经费比重来看，除 1952 年情况特殊，其余年份占比全部超过 10%，1956 年最多时达到 22.68%。进入 60 年代占比有所下降，但基本也保持在 10% 以上，直到"文化大革命"开始出现严重下滑，甚至落至"冰点"。20 世纪 80 年代后，我国财政对教育经费的支持出现重大变化，1980 年教育经费规模首次过百亿，从 1981 年开始教育经费占财政总支出比重也稳稳站在了 10% 以上的水平，1989 年超过了 14%。与之相适应，职业教育在改革开放之后也有了较大的改观，1976 年"文化大革命"一结束，中专技校经费占比就从之前的 3% 左右提高到超过 6%，1989 年超过了 8%。

表 5-1　　1952—1989 年我国预算内中专技校经费支出及占比情况

年份	国家财政预算内教育经费（亿元）	各部门事业费中用于中专技校经费（亿元）	中专技校经费占预算内教育经费比重（%）	国家财政预算内教育经费占财政总支出比重（%）
1952	11.62	0.11	0.95	6.75
1953	19.98	2.80	14.01	8.66
1954	20.12	2.44	12.13	8.24
1955	19.02	2.45	12.88	7.24
1956	25.75	5.84	22.68	8.63
1957	27.47	4.94	17.98	9.28
1958	25.51	3.12	12.23	6.37
1959	32.48	4.33	13.33	5.98
1960	46.22	7.21	15.60	7.18
1961	33.44	4.67	13.97	9.39
1962	28.01	2.95	10.53	9.50
1963	29.87	3.06	10.24	9.00
1964	34.92	4.06	11.63	8.87

续表

年份	国家财政预算内教育经费（亿元）	各部门事业费中用于中专技校经费（亿元）	中专技校经费占预算内教育经费比重（%）	国家财政预算内教育经费占财政总支出比重（%）
1965	35.90	3.87	10.78	7.80
1966	40.00	3.85	9.63	7.44
1967	36.44	2.85	7.82	8.28
1968	28.16			7.87
1969	27.45			5.22
1970	28.02			4.31
1971	34.57	0.69	2.00	4.72
1972	41.30	0.84	2.03	5.39
1973	46.42	1.38	2.97	5.74
1974	50.81	1.66	3.27	6.43
1975	53.26	1.78	3.34	6.49
1976	57.16	3.44	6.02	7.09
1977	59.91	3.61	6.03	7.10
1978	76.23	5.00	6.56	6.79
1979	93.16	6.94	7.45	7.27
1980	113.19	8.45	7.47	9.21
1981	122.22	8.68	7.10	10.74
1982	137.20	9.16	6.68	11.15
1983	154.72	9.66	6.24	10.98
1984	180.14	11.41	6.33	10.59
1985	224.89	13.54	6.02	11.22
1986	267.30	15.83	5.92	12.12
1987	276.57	16.61	6.01	12.23
1988	330.91	18.00	5.44	13.28
1989	397.72	32.23	8.10	14.08

资料来源：《新中国五十年统计资料汇编》，中国统计出版社1999年版。

(2) 21 世纪之后全口径职业教育经费投入考察。经费投入规模上，2005 年职业教育经费投入总量为 939.25 亿元，到 2017 年增长到 4345.41 亿元，增长了近 5 倍，年均增幅为 13.62%，高于同期名义 GDP 年均增幅 13.10%。其中，中职教育经费总投入从 2005 年的 568.72 亿元增长到 2017 年的 2320.15 亿元，年均增幅 12.43%；高职教育经费从 2005 年的 370.54 亿元增长到 2017 年的 2025.26 亿元，年均增幅 15.20%，高于职业教育经费总投入的年均增长幅度。

虽然职业教育经费投入快速增长，但职业教育经费在教育经费的占比呈现出下降趋势。2005—2017 年，以 2009 年为拐点，职业教育经费占教育经费的比值呈先上升后下降的倒"U"型特征。2005 年职业教育经费占教育经费的比值为 11.16%，到 2009 年达到最高值 12.85%，之后开始回落，2017 年占比为 10.21%，较 2009 年下降了 2.64 个百分点（见图 5-1）。职业教育经费主要来源于国家财政性教育经费和事业收入，职业教育投入占教育经费投入比重的下降意味着职业教育经费投入增速相较于其他各级各类教育来说增速较慢。由于从 2009 年开始中职教育逐渐实施免学费政策，免学费的覆盖面不断加大，而学费收入是职业教育的重要收入来源，这是导致 2009 年之后职业教育经费占教育经费总量的比重回落的重要原因之一。

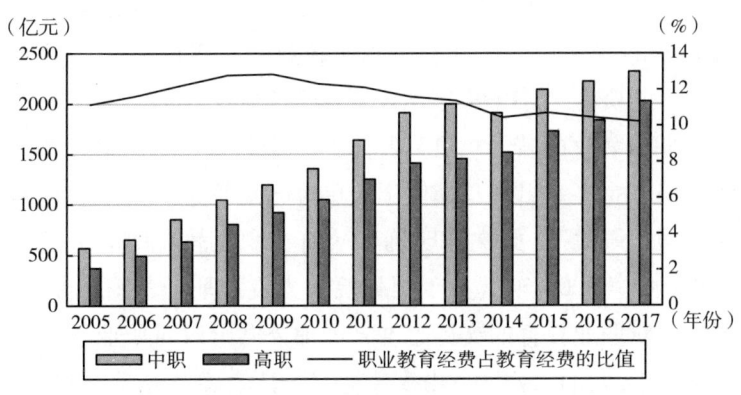

图 5-1 中职和高职教育经费总投入

从中职教育和高职教育投入占职业教育总投入的比重情况来看，中职教育经费投入一直占据主导地位，但是所占比重总体呈现下降趋势。2005 年中职教育投入占职业教育投入为 60.55%，到 2017 年已经下降到 53.39%，而高职教育经费投入所占比重总体稳步上升，从 2005 年的 39.45% 上升到 2017 年的 46.61%（见图 5-2）。

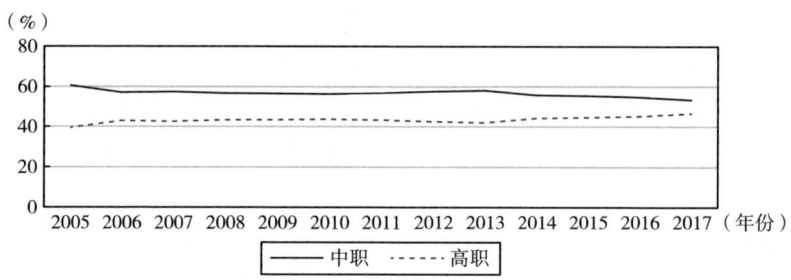

图 5-2　中职和高职教育经费占职业教育经费的比值情况

2. 职业教育经费来源结构多元化，但财政性教育经费仍占主导①。职业教育经费从政府单一投入到投入主体的多元化，是我国职业教育经费投入机制的重要特征。1985 年颁发的《中共中央关于教育体制改革的决定》中第一次提到教育经费要多种渠道投入。1993 年颁布的《中国教育改革和发展纲要》提出"中等及中等以下的教育应在国务院领导下，由地方政府管理"并建立多渠道筹措教育经费体制。并确立了"逐步建立以国家财政拨款为主，辅之以征收用于教育的税费、收取非义务教育阶段学生学杂费、校办产业收入、社会捐资集资和设立教育基金等多渠道筹措教育经费的体制"的目标。对于职业教育来说，1996 年颁布的《中华人民共和国职业教育法》提出了"通过多种途径筹集发展职业教育的资金"。1998 年国家教委等发布的《关于实施〈职业教育法〉加快发展职业教育的若干意见》提出"职业教育经费应通过各级政府财政拨款，行业组织、企事业组织及其他用人单位合理承担，举办者自筹，受教育者缴费等多种渠道筹集"。此文件明确了政府在职业教育中的责任，同时指出要多渠道筹集经费。2005 年《关于国务院大力发展职业教育的决定》提出了各级政府要加大对职业教育的支持力度，增加公共财政对职业教育的投入。职业教育经费逐渐形成由国家财政性教育经费、社会团体办学经费、社会捐赠、事业收入以及其他收入的经费来源结构。

我国职业教育经费来源具有多元化的特征，但财政性教育经费仍是职业教育经费的主要来源，其次是事业收入。2005 年职业教育财政性教育经费为 425.86

---

① 国家财政性教育经费是指中央和地方各级政府及其所属企业、学校等投入各级教育的经费总额。

亿元，到 2017 年增长到 3349.59 亿元，年均增长 18.75%（见图 5-3）。职业教育中财政性教育经费占比呈逐年攀升的态势，由 2005 年的 45.34% 增长到 2017 年的 77.08%，提高了约 32 个百分点。其中，中职教育财政性教育经费占比由 2005 年的 54.02% 逐年增长到 2017 年的 87.88%，高职教育财政性教育经费占比由 2005 年的 32.01% 增长到 2017 年的 64.72%（见图 5-4）。职业教育过于单一的经费来源，给政府带来了沉重的压力，一定程度上也不利于职业教育质量的提高。

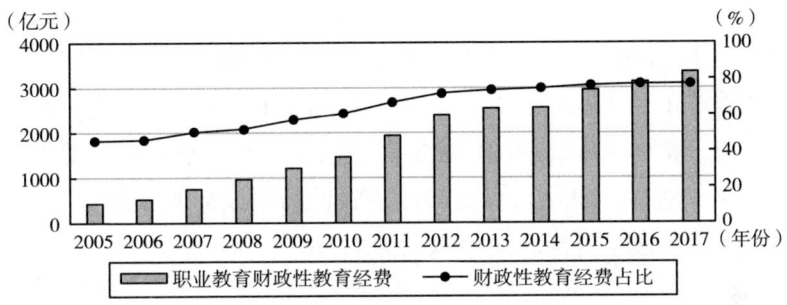

图 5-3　职业教育经费中财政性经费占比情况

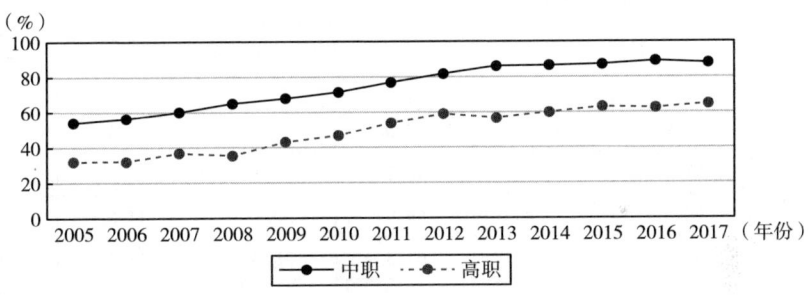

图 5-4　中职和高职教育经费中财政性经费占比情况

（二）职业教育经费支出特征

1. 职业教育经费主要用于事业性支出。职业教育支出结构的变化可以反映出职业教育政策发展方向和目标的变化。从职业教育经费支出结构来看，事业性支出是职业教育经费支出的主要方向。以中等职业教育为例，2005—2017 年事业性支出占教育经费支出比重保持在 90% 以上，事业性经费支出占比仅在 2006 年、2009 年、2012 年和 2016 年下降，其他年份都呈现稳定上升的状态。而基本建设支出所占比重持续下降，由 2005 年的 7.2% 下降到 2017 年的 1.9%（见表 5-2）。其中，事业性支出主要用于教师工资及福利待遇和对学生个人和家庭的补贴。2005—2010 年，教师工资和福利所占比重降低，进入 2011 年，教师工资和福利比重逐渐提升。这可以看出，经费主要支出方向重点是教师的工资和福利。

2. 职业教育经费注重对人的投入。无论是中等职业教育还是高等职业教育，职业教育经费支出主要是事业性经费支出，更多的用来维持教师的工资和福利以及正常教学，而在职业学校的基础建设方面包括校舍以及实训基地的建设投入相对较少。21 世纪的职业教育改革更加倾向于职业教育的内涵建设。2006 年《关于提高高等职业教育教学质量的若干意见》，对高等职业教育的专业建设、课程改革、实践能力培养、实习基地建设、专业教师队伍建设提出了许多支持措施，整体上给高职的快速发展指明了道路。从教育经费支出结构可以看出，相比于硬件，职业教育更加注重软件的建设，尤其是对于人的投入，这也代表职业教育改革逐渐转向"以人为主"。

表 5-2　　　　2005—2017 年中等职业教育经费支出结构　　　　单位:%

年份	事业性经费支出	个人部分	工资福利支出	对个人和家庭补助支出	公用部分	基本建设支出
2005	92.8	56.7	97.0	3.0	43.3	7.2
2006	91.7	55.8	96.2	3.8	44.2	8.3
2007	96.3	55.4	69.9	30.1	44.6	3.7
2008	96.8	56.8	61.5	38.5	43.2	3.2
2009	95.3	57.0	60.9	39.1	43.0	4.7
2010	95.9	54.9	60.1	39.9	45.1	4.1
2011	97.3	51.8	60.5	39.5	48.2	2.7
2012	95.9	49.8	61.6	38.4	50.2	4.1
2013	95.9	48.8	62.6	37.4	51.2	4.1
2014	98.0	49.9	66.5	33.5	50.1	2.0
2015	98.2	52.4	68.2	31.8	47.6	1.8
2016	97.7	55.1	70.6	29.4	44.9	2.3
2017	98.1	57.5	72.8	27.2	42.5	1.9

资料来源：根据 2005—2017 年《中国教育经费统计年鉴》相关数据计算所得。

三、总结和启示

职业教育在改革中发展、在曲折中奋进。教育规模从小到大,学校数从最初的几千所发展到上万所(其中,中职 10300 所、高职 1418 所、职教本科 15 所),学生总数从最初的百万人规模发展到世界第一(2019 年,2700 多万人),职业教育院校与普通高中比例大体相当。办学层次从低到高,从初期的中等专业教育、技工教育、农业中学(职业中学)相结合的中等职业教育制度,到改革开放后普通高中转型的职业高中、高职、新时代的职教本科,教育重心逐步上移,形成了中高职衔接的梯形教育结构。社会参与从少到多,从政府办学到企业办学、社会办学,形成学校、企业和社会三元职教体系。办学能力由弱变强,由百人弱校发展到万人大校,通过示范骨干学校建设,以及高职"双高"计划,涌现出一批国家级职教名校,推动鲁班工坊走出国门,赢得国际声誉。职业教育的发展过程不是孤立的,其背后既是经济社会发展的结果,也是财政改革发展的推动。

(一) 职业教育发展的轨迹与经济社会发展紧密相关

回顾 70 年的发展历程,我国职业教育经过了起步、辉煌、回落、转型与提质的不同发展阶段,但总的来看,职业教育发展的轨迹与经济社会发展联系紧密。新中国成立初期,国民经济处于恢复和重建阶段,经济建设对专业技术人才的需求较为迫切。这一时期,通过包括财政在内的一系列政策举措,职业教育体系逐步得到了恢复和发展,为新中国建设提供了人才保障。改革开放以来,我国经济社会得到了飞速发展,1978—2018 年国内生产总值年均增幅达 14.74%。与此同时,职业教育的发展在经历短暂的回落后逐步步入正轨,在职业教育的发展模式上进行积极的探索实践,并从传统职业教育发展模式向现代职业教育体系进行转变。特别是党的十八大以来,诸多与职业教育相关的政策文件的出台,为我国职业教育高质量发展夯实了基础,以适应新时代经济发展方式转变及产业结构调整对人才的需求。职业教育 70 年的发展历程表明,经济社会的健康发展需要有完备的人才体系做支撑,而职业教育是多层次人才队伍建设极为重要的一环。

(二) 职业教育繁荣发展最终还需通过改革创新不断提升社会地位

我国职业教育经过 70 年的发展，正稳步回归到其本来的职能定位，在经济社会中的作用也越来越明显。通过政府引导与市场力量的共同作用，职业教育取得了较大的发展。以中等职业教育为例，1978 年中等职业教育学校数仅为 2760 所，到 2017 年学校数达到 10671 所，是 1978 年的 3.87 倍；1978 年中等职业教育在校学生数为 212.8 万人，2017 年为 1592.5 万人，是 1978 年的 7.48 倍[①]。虽然职业教育发展取得了较好的成效，但由于起步低、基础弱，我国职业教育发展仍存在发展质量不高、与经济社会的匹配性较差、社会认可度不高等问题，这严重制约着职业教育的进一步发展。职业教育的繁荣发展仍需要通过改革创新来实现。一是理顺职业教育的体制机制，正确处理好职业教育发展中政府与市场的关系。二是创新职业教育发展的模式，逐渐向现代职业教育发展模式转变，注重职业教育与经济社会发展的匹配性与融合度。三是促进职业教育的高质量发展，不断提升职业教育的社会地位。职业教育在社会上的认可度较低，这是多年来制约我国职业教育发展的重要原因。只有进行内涵式发展，提高职业教育的质量，逐步打破社会对职业教育的固有"偏见"，职业教育才能实现促进社会主义现代化建设的重要使命。

(三) 职业教育发展离不开政府更好地发挥作用

职业教育作为国民教育序列的重要组成部分，在积极运用市场力量促进职业教育发展的同时，离不开政府给予的保障。无论是新中国成立初期职业教育体系的恢复与重建，还是改革开放以来职业教育的快速发展与体系重塑，都离不开政府职能作用的发挥。一是通过立法保障职业教育的法律地位。《中华人民共和国职业教育法》的颁布和实施，从法律层面对职业教育的属性、职业教育发展体系及其实施与保障进行了明确。二是通过一系列的规章制度引导和规范职业教育的发展。职业教育的发展与经济社会发展紧密相关，同时职业教育具有一定的公共物品属性，如果仅依靠市场力量则会导致供给不足，会制约多层次人才队伍建设。因此需要政府"补位"，弥补市场的不足，促进职业教育健康有序发展。职业教育的发展实践表明，政府在职业教育发展中扮演着重要

---

① 数据来源于《中国统计年鉴》。

角色。历次职业教育政策的重大变化,都是政府根据经济社会发展所处的阶段性特征做出的调整,目的在于使职业教育能更好地适应经济社会发展对人才的需要。

(四) 财政是职业教育发展的基础和重要支柱

政府在职业教育发展中作用的发挥,财政是重要抓手。职业教育通过提高受教育者的知识和技能水平对社会具有较强的外溢效应。同时职业教育不具有明显的排他性和竞争性特征,任何人都可以平等地接受职业教育。因此,职业教育具有较强的公益属性。公共物品通常由政府来提供,政府提供公共物品需要以财政作为支撑。从我国职业教育发展的过程来看,新中国成立初期职业教育体系的恢复,以及改革开放以来职业教育的发展,特别是进入21世纪后职业教育的转型与高质量发展,其背后都是以财政投入作为保障,可以说财政是职业教育发展的基础。从职业教育经费来源总量看,中等职业教育财政性教育经费从2005年的307.24亿元增加到2017年的2038.92亿元,年均增幅17.08%;高等职业教育财政性教育经费从2005年的118.62亿元增加到2017年的1310.67亿元,年均增幅22.16%。虽然职业教育经费来源日趋多元化,但财政仍是职业教育发展的重要支柱。

第六章　技工院校发展演变及其政策分析

按管理权属划分，当前我国的职业教育管理有两种形式，一种是由教育行政部门主管的职业教育，另一种是由人社部门主管的技工教育。其中技工教育是借鉴苏联模式形成，其目的是开展技术工人培养工作，加快工业化进程。随着社会环境变迁，技工教育与职业教育的管理权属几经调整，历经了并行不悖、合并停滞期、竞争发展期三个阶段，至今已经形成了共生关系，有效推动了我国职业教育整体发展。技工教育是国民教育体系的组成部分，非学科教育，不依靠学历，也不追逐学历，不以学生升学为目标，而注重学生的职业技能和职业素养培养。

本章重点探讨职业教育中的技工教育政策的有效性问题。通过对158家技工院校校长进行了问卷调查，试图更准确判断我国技工院校的发展现状，评价职业教育相关政策及其问题。调查结果显示：当前技工院校乃至职业教育面临着社会认可度低、招生困难和经费短缺三大问题，究其原因在于当前社会对于职业教育发展的定位不清、职业教育行政管理缺乏统筹、治理能力低。为此，本章提出如下建议：进一步明确职业教育定位；加强行政管理统筹；加强职业教育体制机制改革；以PPP模式为突破口，大力推进职业教育的多元化办学。

一、技工学校的发展演变

技工教育是职业教育体系中的重要组成部分，与经济社会的联系十分密切。从新中国成立之初,国家就提出要重点发展技工教育,技工教育经历了体系初建随后在一段时期内陷入低谷,到改革开放之后的逐渐恢复和转型,再到市场经济体制下的质量提升。技工教育为了适应时代发展不断进行改革,在这个过程中国家出台的政策对其发展也起到了重要的促进作用。

(一) 新中国成立初期技工教育体系初步确立

新中国成立初期,国民经济发展需要大量熟练的技术工人,"一五"计划明确提到"国民经济各部门和国家机关 5 年内需要共 100 万各类高等和中等学校毕业生,工业、农业、林业、运输业等部门需要补充 100 万的熟练工人。"[1]但是当时我国大部分的工人欠缺专业的技术知识,与经济建设需要存在较大差距。因此,发展技工学校、培养国家需要的技术工人成为职业教育发展的重要任务。

技工学校是培养技术工人的主要方式之一,国家在专业培训班的基础上建立起一批技工学校。在学习借鉴苏联技工学校模式的基础上,创办了培养企业技术工人的学校,逐步发展成为真正意义上的技工学校。1953 年国家将技工学校的管理权交给劳动部门,由其统一管理。1954 年,劳动部制定《技工学校暂行办法(草案)》,初步确立了我国的技工教育制度。1955 年召开了全国工人技校校长会议,通过了《关于提高教学工作质量的决议》。1958 年中共中央、国务院在关于教育工作的指示中明确指出:"办技术学校,工厂和农业合作社办学校,当地政府应向其提供原料,并派技术工人去传授生产技术,最终培训大批工厂和农业合作社自己需要的人才。"

通过不断地调整,技工学校在 1960 年得到了飞速发展,当时技工学校有 2179 所,招生人数 33 万人,在校生人数 51.67 万人[2]。总体来看,这一时期的技工教育占中等职业教育的比例不断扩大,在校生人数、学校数和教职工人数都在不断增加。为了进一步加强对技工教育各项工作的管理与统筹,1964 年国务院明确指出技工学校的管理工作由劳动部转为教育部,要求劳动部协助教育部共同发展技工教育。1971 年,在全国教育工作会议上,国务院表达了强烈要

---

[1] 陈伟、黄大乾、李姿:《技工教育发展三题:历史、逻辑及定位》,《职教论坛》2017 年第 22 期,第 18—23 页。

[2] 杨近:《中国工业化进程中职业教育体系发展研究》,上海交通大学出版社 2016 年版,第 96—98 页。

求恢复并办好技工学校的意愿。1973年《国家计委、国务院科教组关于中等专业学校、技工学校办学几个问题的意见》规定:"全国技工学校要对自身规划和布局工作及时调整,并积极开展招生工作,根据现实需要和实际条件,对其进行适当的发展。"由于技工教育结构单一化,教学质量严重下降,降低了职工队伍的水平,严重影响了经济社会发展。为了对技工教育实行进一步的恢复和整顿,1978年对技工学校的综合管理工作进行了改动,由教育部转为国家劳动总局主管,中央和地方恢复了技工教育的行政管理机构,调整了学校领导班子,恢复并建立学校内部管理制度,建立了正常的教学秩序。

这一时期的特点是,从新中国成立初期到改革开放前,技工教育经历了初步建立,技工学校在学校数量和招生人数上都迅速发展,为我国经济建设提供了大量的专业技术人才,解决了技术工人短缺的问题。但是在"文化大革命"时期,技工教育发展受到阻碍,直到改革开放前才得到了一定程度的恢复。

(二) 改革开放技工教育逐渐转型发展

1978年,我国实行改革开放,面对经济发展的需要。在教育部召开的全国教育工作会议上,提出改革中等教育结构的问题,强调农业中学、中等专业学校的比例要在不同程度上有所扩大,技工学校也要扩大比例。随后国家劳动总局召开全国技工培训工作会议,会议报告提出"要大力整顿、充实、提高现有技工学校,要全面规划有计划地发展技工学校",并且指出了今后各行各业也要有计划地开办技工学校,加强培训工作。在改革开放初期,加工制造业为主的产业结构的优化调整需要大量的有一定技能的熟练技术工人,因此国家开始正式着手恢复发展技工学校教育。1979年,国家经济委员会国家劳动总局联合发出《关于进一步搞好技工培训工作的通知》,宏观上提出了当时技工学校存在的主要问题,并立足于国民经济发展的高度,针对当时全国技工学校的建设与发展提出了指导性规划,并提出具体性指导意见。

1980年教育部发布《关于中等教育结构改革的报告》,强调可将普通高中改为技术学校或者农业中学,办学主体既可以是各职业(技术)学校,也可以是个人。这一政策突破了之前只有国家才可以办学的限制,扩展了技工教育的办学方式。1986年,《技工学校工作条例》规定"技工学校的办学规模应适当扩大,并且之前已经批准开办的技工学校不允许改为任何其他性质的学校",

这保证了技工学校的整体规模。这一阶段可以说是技工教育快速发展的时期。随着我国产业技术装备逐渐升级，国民经济各部门对高级技工的需要日益迫切，技工教育更加注重质量的提高。这一阶段技工教育的发展有以下特征。

第一，培养目标逐渐清晰，技工院校从建立之初，就与国家经济发展和劳动者就业紧密结合，以满足经济发展和企业对技能工人的需求为宗旨。技工院校的培养目标到20世纪80年代后被定性为培养中级技术工人的学校。20世纪90年代以后开始创办高级技工学校，培养高级技工。这一转变是为了提高技术工人的素质来适应经济转型发展的需要。

第二，校企合作有了初步的发展，主要特征是以厂办技校的形式来体现的。政策要求厂办技校必须为所属企业服务，学校培养目标要根据企业需求制定，最终培养能快速适应企业岗位需求的技术工人。而且劳动部门管理的技工学校还具有一些优势，在生产实习过程中能够实现勤工俭学、勤俭办学。但是这一时期的校企合作是所有者部门之间的合作，由于其必须遵从国家调配的计划，不能依据市场的需要进行合作。

第三，规模和质量并重。进入20世纪90年代后，技工学校继续发展。1990年9月劳动部颁布《技工学校招生规定》将技工学校的招生工作与国家劳动工资挂钩，可以看出，当时招生即招工，工作岗位的稳定在一定程度上促进了技工学校的发展。1991年国务院《关于大力发展职业技术教育的决定》强调要努力办好职业教育，使全国高中阶段职业技术学校的在校生人数超过普通高中的在校生人数，要加强技工学校和职业中学的建设，改善办学条件提高教学质量。

第四，毕业生分配制度的改革。1983年以前实行的是国家对技工学校毕业生统一分配的制度，这有利于稳定技工学校发展，但不利于调动学生学习的积极性。1983年开始实行"有条件地统筹安排、择优分配、不合格者不予分配"的制度。1988年国家又规定技工学校毕业生分配到企业当工人的实行劳动合同制、分配当生产实习指导教师的实行聘任制①。

这一时期的特点是：随着我国经济步入了新一轮的快速增长周期，技术引进和技术开发都离不开技术工人，从而形成对技能型人才需求高速增长的态

---

① 王连英：《我国技工教育的回顾与反思》，《太原城市职业技术学院学报》2006年第5期，第90—91页。

势。技工教育经历了恢复进入了快速发展阶段,为了适应经济的转型,技工教育也逐渐开始转型,在数量和质量上都有了一定程度的发展,再到20世纪90年代中期,全国技工学校达4500多所,在校生达到190多万人,成为技工学校发展的一个高峰期。

(三) 市场经济下技工教育注重提高质量

1992年,我国开始进入社会主义市场经济。技工学校的不包分配政策严重打击了技工教育的发展。因为技工学校面向市场办学,一些企业办学的技工学校面临资金困难、生源和师资不足的问题。另一方面,高校的扩招也在一定程度上影响了技工教育的发展,技工学校的招生规模迅速缩减,陷入了严重的低谷。

进入21世纪,我国逐渐成为制造业大国,对高技术人才日益增长的需求更加迫切,一度出现了"高级技工荒"的现象,面对这样的问题,2000年劳动和社会保障部颁布《关于加快技工学校改革工作的通知》,指出在招生政策上,逐步改革技工学校招生办法,适当放宽年龄、身份等限制条件,在继续招收初中毕业生的同时,面向社会,多种形式招生。这一时期改革主要集中在以下几个方面:

1. 技工教育具有新的历史使命。新时代,技工教育的性质与定位决定了其必须进一步大力发展,它有别于中、高职院校的职业教育。2014年,全国职业工作会议召开,随后发布《现代职业教育体系建设规划(2014—2020年)》提出"根据高等学校制度规定,将符合条件的技师学校纳入高等学校序列。"文件的出台为技师学院的发展开辟了道路,技师学院的发展为技工教育拓展了新的道路,为高技能人才队伍建设和产业工人队伍建设提供了条件。国家相继出台了一系列的政策促进高级技能人才队伍建设,并且开始试办技师学院。习近平总书记指出,"工业强国都是技师技工的大国","作为一个制造业大国,我们的人才基础应该是技工",要求"大力培育支撑中国制造、中国创造的高技能人才队伍"。2017年《新时期产业工人队伍建设改革方案》提出"大力发展技工教育,支持技师学院建设"[①]。

---

① 荀凤元:《技工院校在国家职业教育改革中面临的机遇和挑战》,《职业》2019年第15期,第18—21页。

2. 建立现代技工教育体系。在市场化办学环境中，逐渐发育形成了以技师学院为龙头、以高级技工学校为骨干、以技工学校为基础的现代技工教育体系。技工院校培养目标非常准确，那就是培养满足经济建设和企业生产实际需求的一线技能劳动者，为企业输送中级技工和高技能人才。2010 年颁布《关于大力推进技工院校改革发展的意见》指出，国家、社会、各行业企业、个人要充分意识到加强技工教育的重要性，不断深化技工院校教学改革。并且提出要提高工人待遇，2018 年 3 月，国家相关部门首次印发《关于提高技术工人待遇的意见》。《意见》要求，加强终身职业技能培训，深入实施高技能人才振兴计划。《意见》为技工院校教育教学和人才培养模式改革明确了思路。技工院校作为技术工人培养的主阵地，必须深化改革，创新技术工人技能培养模式和方式，为提高技术工人的待遇提供坚实的技能保障。

3. 大力推动技工教育产教融合。早在 2014 年，习近平总书记就明确指出，职业教育要"坚持产教融合、校企合作，坚持工学结合、知行合一"。技工院校经过几十年"校企合作、产教融合"的技能人才计划培养供给和市场化办学发展，形成了自己独到的校企合作、产教融合办学特色。党的十九大提出，"完善职业教育和培训体系，深化产教融合、校企合作"。技工教育不断发展壮大，逐渐成为现代职业教育体系中的重要组成部分，新时期提出"高端引领、校企合作、多元办学、内涵发展"的发展方向。国务院办公厅印发的《关于深化产教融合的若干意见》为我国职业教育提出了向"产教融合"和"培养技能人才"转型发展的客观要求。"大力发展校企双制、工学一体的技工教育"，不断完善在市场化办学条件下日益发育成熟的技工教育体系，以先进的技工教育体系引领职业教育的产教融合和校企合作。2018 年《职业学校校企合作促进办法》，要求各级人社部门采取措施，加强技工院校与企业人才的双向流动，制定本地区技工院校教师企业实践工作管理办法，出台鼓励支持政策，推动技工院校教师到企业实践工作。[①]

这一时期的特点是：允许各行各业办技工学校，其办学主体包括中央、地方、产业部门、劳动部门。大力发展各级各类技工院校，特别是加快发展技师学院和高级技工学校，充分发挥高端引领作用，在加强后备高技能人才培养的

[①] 吴晓波：《新时代背景下技工教育创新发展的路径选择》，《湖南广播电视大学学报》2019 年第 2 期，第 8—12 页。

同时，进一步加大企业职工技能提升培训力度，不断扩大培养规模，提高培养质量。这一时期技工教育会不断根据市场的需要进行完善和提高，形成一批学校规模大、教学质量高的大型技工学校。

二、技工院校的财政投入情况

近年来，党中央国务院高度重视技工教育。习近平总书记多次指出技工教育的重要性。2013年4月30日，习近平总书记在与全国劳模代表座谈时强调："工业强国都是技师、技工的大国。我们要有很强的技术工人队伍。"2014年5月22日，习近平总书记在上海听取来华外国高层次专家发言时点评："作为一个制造业大国，我们的人才基础应该是技工。"2014年6月24日，全国职业教育工作会议在北京召开。习近平总书记批示："要弘扬劳动光荣，技能宝贵，创造伟大的时代风尚"，"努力培养数以亿计的高素质劳动者和技术技能人才。"2018年1月23日，习近平总书记主持中央深改组第二次会议，审议通过《关于提高技术工人待遇的意见》。其目的就是着力改变技术工人社会地位偏低现状，坚持全心全意依靠工人阶级的方针，并提出"技高者多得、多劳者多得"等一系列创新性政策，集中体现了习近平总书记的技能人才待遇观。2019年8月20日，习近平总书记在甘肃张掖市山丹培黎学校视察时强调："我们国家现在缺少的就是大量的合格的技能工人、技师。职业学校就朝这个方向在这方面输送人才。大有前途。"同时，李克强总理要求职业院校"加快培养高素质劳动者和技能人才。培养大批怀有一技之长的劳动者"。2019年8月19日，李克强总理在黑龙江牡丹江技师学院视察时的讲话："把所有技工院校纳入职教扩招平台。技能是最重要的。技工是社会大众最需要的。我们全国虽然就业有很大压力，有不少难处，但职业技能人才全国差2000万。国家拿出刀刃上的钱放到培养专业技能人才，包括在岗职工的技能培训上。"对于技工教育，财政也不断加大投入。

（一）技工学校经费投入总量及占比

总体上看，技工教育经费投入从2005—2017年一直持续上升。2005年的经费投入为58.5亿元，到2017年经费投入上升到306.3亿元，年增长率为14.8%，上升幅度较大。同时，技工教育经费投入占职业教育经费比重一直呈现波动上升的态势，由 2005 年的 6.23% 上升到 2017 年的 7.05%。技工教育经费投入占中职教育投入比重由 2007 年的 10.28% 上升到 2017 年的 13.2%，上升了 3% 左右（见表 6-1）。可以看出，政府近年来加大对技工教育的投入力度，通过建设国家级示范校、示范基地，大力推进工学一体化改革，推广创新技能人才培养模式，从而在一定程度上提高了技工教育地位，但是相对于其他职业教育，技工教育所占比重仍然较低，需要不断提升技工教育的整体实力，加强全社会对于技工教育的重视程度。

表 6-1　　技工学校经费占职业教育经费比重

年份	职业教育经费投入总量（万元）	中职教育经费投入总量（万元）	技工学校经费投入总量（万元）	技工学校投入占职业教育投入比重（%）	技工学校投入占中职业教育投入比重（%）
2005	9392515	5687150	584841	6.23	10.28
2006	11408545	6517609	691113	6.06	10.60
2007	14833751	8517983	994454	6.70	11.67
2008	18520332	10492435	1148415	6.20	10.95
2009	21199858	11988675	1462059	6.90	12.20
2010	24087990	13573099	1696444	7.04	12.50
2011	28892922	16385030	1854712	6.42	11.32
2012	33197435	19093076	2228198	6.71	11.67
2013	34502639	19978691	2158568	6.26	10.80
2014	34242870	19065200	2288798	6.68	12.01
2015	38640602	21378010	2751619	7.12	12.87
2016	40589288	22228987	2864732	7.06	12.89
2017	43454110	23201469	3063201	7.05	13.20

（二）技工经费收入来源结构

从技工教育经费来源来看，技工教育经费来源单一，主要依靠政府的教育投入。财政性教育经费持续不断上升（见表 6-2），仅在 2014 年和 2017 年略有下降，总体上升趋势明显，从 2007 年的 52.18% 上升到 2017 年的 79.47%，总体上升了 27%。社会投入比重总体较小，从 2007 年的 0.81% 下降到了 2017 年的 0.33%。事业收入占技工教育经费投入比重较大，仅次于财政性教育经费占比，但近年来一直不断下降，从 2007 年的 42.74% 下降到了 2017 年的 15.27%，下降幅度较大。其他收入占比呈现先下降再上升的趋势，总体上由 2007 年 4.27% 上升到 2017 年的 4.93%，上升幅度较小（见表 6-3）。由于中职教育免学费政策的范围扩大，原来教育经费的主要来源之一的学杂费不断减少，因此事业收入一直不断下降。此外，社会投入与其他收入占比较小，优质高端教育资源整体不足，多元化办学模式尚未有实质性的发展。当前国家鼓励探索不同的办学模式，鼓励民营资金的注入。目前由于技工学校的社会认可度较低，企业本应该是技工教育的重要承担主体，但是当前社会资本对技工教育的投资却较少，不利于技工教育的长期发展。因此需要充分发挥市场机制，积极引导社会力量参与办学，提高技工教育的质量。

表 6-2　　　　　　　　技工经费收入来源总量

年份	财政性教育经费（万元）	社会捐资（万元）	事业收入（万元）	其他收入（万元）
2007	518894	1027	425050	42495
2008	640771	800	465315	37990
2009	878354	2678	524512	48876
2010	1070922	461	537846	76692
2011	1236388	1757	522612	86597
2012	1638473	810	501785	82346
2013	1688022	3710	386114	77330
2014	1787086	1325	398484	98657
2015	2163026	1730	435414	141915
2016	2296263	1255	432685	128798
2017	2434414	1790	467744	150983

表 6-3　　　　　　　　技工经费收入来源结构

年份	财政性教育经费占技工经费收入比重（%）	社会捐资占技工经费收入比重（%）	事业收入占技工经费收入比重（%）	其他收入占技工经费收入比重（%）
2007	52.18	0.10	42.74	4.27
2008	55.80	0.07	40.52	3.31

续表

年份	财政性教育经费占技工经费收入比重（%）	社会捐资占技工经费收入比重（%）	事业收入占技工经费收入比重（%）	其他收入占技工经费收入比重（%）
2009	60.08	0.18	35.87	3.34
2010	63.13	0.03	31.70	4.52
2011	66.66	0.09	28.18	4.67
2012	73.53	0.04	22.52	3.70
2013	78.20	0.17	17.89	3.58
2014	78.08	0.06	17.41	4.31
2015	78.61	0.06	15.82	5.16
2016	80.16	0.04	15.10	4.50
2017	79.47	0.06	15.27	4.93

（三）技工学校支出结构

从职业教育的支出结构来看（见表6-4，表6-5），事业教育占比持续上升，仅在2012年和2015年略有下降，从2007年的92.18%上升到2017年的98.17%。基本基建支出所占比重较小且持续下降，从2007年的7.82%下降到2017年的1.83%。因为随着技工学校的办学条件得到了很大的改善，相比于硬件设施来说应该更加注重技工教育的软实力。从事业费内部结构来看，事业性经费又分为个人部分和公用部分，个人部分比重波动上升，从2007年的49.02%上升到2017年的53.79%，而公用部分占比从2007年的50.98%下降到2017年的46.21%，个人部分占比和公用部分占比基本处于均衡的状态。但是近3年来，个人部分占比均要大于公用部分占比。这表明，国家对技工教育中教师和学生的重视。个人部分中，工资福利支出比重先下降再上升，2012年工资福利支出占比达到最低值61.48%，而对个人和家庭支出占比先上升再下降，2012年达到最高值38.52%。总体上来看，技工教育支出主要集中在事业性教育支出上。

结合我国政策来看，2010年颁布的《国家中长期教育改革发展规划纲要（2010—2020年》对如何保障教育经费投入提出了明确的要求，提出保证教师工资和学生人均公用经费逐步增长，各地制定并逐步提高区域内各级学校学生人均经费基本标准和学生人均财政拨款基本标准,《纲要》也提出了要以"双师型"教师成为学校提高人才培养质量的关键。2011年发布的《教育部财政部关于实施职业院校教师素质提高计划的意见》提出,发挥政府在发展职业教育中的主导作用,各级财政要加大对职业院校教师队伍建设的投入力度,充分调动职业院校、培训机构、行业企业和教师个人的积极性。在学生资助方面,技工院校的学生多来自于社会底层,需要国家进行一定程度的资助。2012年,教育部联合财政部颁布《关于扩大中等职业教育免学费政策范围进一步完善国家助学金制度的意见》,明确规定技工学校适用免学费改革。明显扩大了中职免费的对象和中职国家助学金资助对象,进一步完善了中等职业教育免费政策和国家助学金制度。因此2012年前后,随着中职教育免学费的政策不断深化,对于个人和家庭的补助占比达到最大值。但是对于技工教育来说,学校建设和设备设施完善仍需加大资金投入,因此基建支出应该适当增加,同时应加强技工学校的规范化、科学化管理,在专业建设、教学改革、师资培养、内部管理等内涵发展需要不断加强。

表6-4 技工学校支出情况

年份	支出总计（万元）	事业性教育支出（万元）					基本基建支出（万元）
		合计（万元）	个人部分（万元）			公用部分（万元）	
			合计（万元）	工资福利支出（万元）	对个人和家庭的补助支出（万元）		
2007	986268	909137	445655	323771	121885	463482	77131
2008	8377970	777708	417833	260669	157164	359875	60089
2009	1449841	1347007	679683	4362290	243454	6673240	1028333
2010	1647335	1541115	790059	490247	299813	751056	1062200
2011	1781766	1732900	856623	533108	323514	876278	48865
2012	2140917	2005176	992929	610471	382458	1012248	135741
2013	2063816	19758500	1012125	6367380	375387	963725	87966
2014	2250805	2222111	1090963	747256	343707	1131148	28694
2015	2729482	2684028	1348439	929120	419319	1335588	45454
2016	2210006	2147838	1162383	809708	352674	985455	62169
2017	3056325	3000518	1614074	1177668	436406	1386443	55808

表 6-5　　　　　　　　　技工学校支出结构

年份	事业性教育支出占比（%）	个人部分占事业支出比重（%）		公用部分占事业支出比重（%）	基本基建支出占比（%）
		工资福利支出占个人部分比重（%）	对个人和家庭的补助支出占个人部分比重（%）		
2007	92.18	49.02	72.65	27.35	50.98	7.82
2008	92.83	53.73	62.39	37.61	46.27	7.17
2009	92.91	50.46	64.18	35.82	49.54	7.09
2010	93.55	51.27	62.05	37.95	48.73	6.45
2011	97.26	49.43	62.23	37.77	50.57	2.74
2012	93.66	49.52	61.48	38.52	50.48	6.34
2013	95.74	51.22	62.91	37.09	48.78	4.26
2014	98.73	49.10	68.50	31.50	50.90	1.27
2015	98.33	50.24	68.90	31.10	49.76	1.67
2016	97.19	54.12	69.66	30.34	45.88	2.81
2017	98.17	53.79	72.96	27.04	46.21	1.83

三、问卷调研对象的基本情况

虽然技工教育是职业教育中的重要组成部分，但现实中，"职业教育在教育体系中处于弱势地位，技工院校发展属于弱势的弱势"的观点颇为盛行。为了解职业教育发展中面临的主要问题，客观、真实反映我国职业教育改革发展现状，掌握职业教育相关政策的落实情况，探讨职业教育未来发展的方向，2016年5月29日，利用第三届全国技工院校校长论坛的机会，我们对来自全国158所技工院校，共335名代表以发放问卷的形式对职业院校改革发展问题进行了调研，从技工院校管理层角度获取关于职业教育发展改革的一手资料。本次共发放问卷183份，收回有效问卷177份。

此次参与调研的学校均为技工、技师类院校，从管理体制上隶属于人力资源和社会保障部综合管理。截至2015年底，全国共有技工院校2545所，在校生321.5万人，占中等职业教育的比重分别为23%和19%，技工院校已成为我国职业教育体系中重要的力量。但是，由于管理体制的不同，技工院校与职业院校相比，在整个职业教育体系中处于弱势地位，因此，技工院校的发展情况和面临的问题更值得关注。

从参与调查人员学校地理位置来看（见图6-1），东部地区占40.68%，中部地区占21.47%，西部地区占29.38%。从办学体制来看（见图6-2），公办学校占调查样本的80.23%，企业办学校占比10.73%，民办学校为7.91%。结合区域属性来看，东部地区被调查对象中公办学校占90.28%，中西部地区这一比例为78.89%。从学校层级来看，被调查样本中国家示范校超过一半，占比57.95%，省级示范校比例为22.73%。分区域来看，东部地区被调查样本中国家示范校占比50%，省级示范校占比27.78%，中西部地区国家示范校占比59.55%，省级示范校占比21.35%，在此次调查样本中，东部地区与中西部地区省级示范校以上层级的学校占比较为均衡。从被调查的对象来看（见图6-3），被调查者中有55.93%从事职业教育工作在20年以上，83.62%在10年以上。本次问卷发放的对象大多有多年从事职业教育工作的经历，经历了我国职业教育转型变革与快速发展时期，对我国职业教育发展的历程，发展中面临的问题与挑战，以及职业教育未来发展的思考上更有发言权，这为本次调研所获取相关资料的权威性奠定了基础。

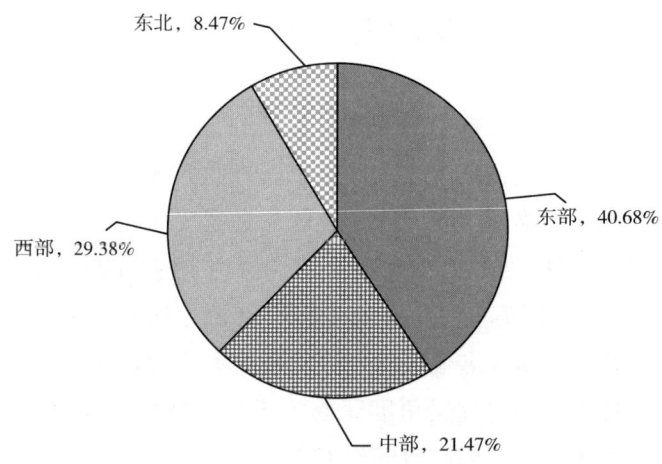

图6-1 被调查样本分布情况

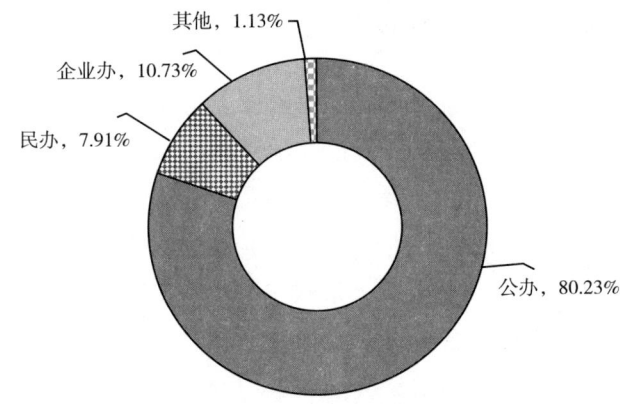

图 6-2 办学体制

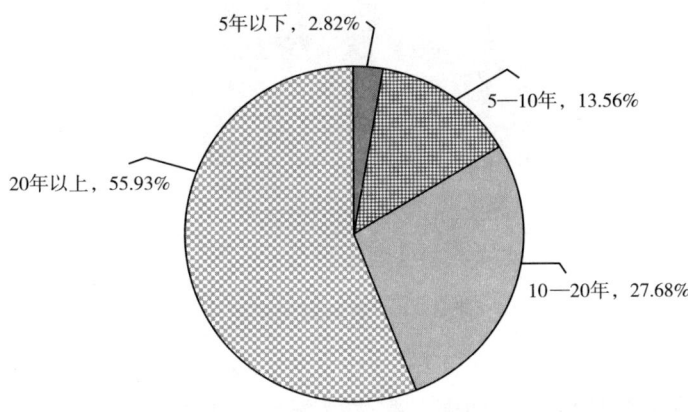

图 6-3 从事职业教育工作的年限

四、当前我国技工院校发展状况分析

从调研结果看，当前技工院校基本现状是以公办学校为主，办学形式相对单一，多元化办学机制尚未形成；技工院校发展不均衡，整体发展水平不高；校企合作覆盖面较广，部分企业参与积极性仍待提升，存在"学校热企业冷"的现象。

(一) 技工院校发展以政府投入为主,多元化办学机制尚未形成

从办学体制和经费来源看,现阶段我国技工院校仍以政府投入的公办学校为主,公办、民办有机结合的技工院校办学格局尚未形成,多元化的职业院校经费筹集机制仍未取得实质性进展。调查结果显示(见图6-4),78.53%的经费来自政府财政,16.95%的学校采取自收自支的方式筹措经费,来自企业集团的资金仅为3.39%,其中企业投入形式主要集中在捐助仪器设备、提供实习实训场所、提供学生就业机会等方面。

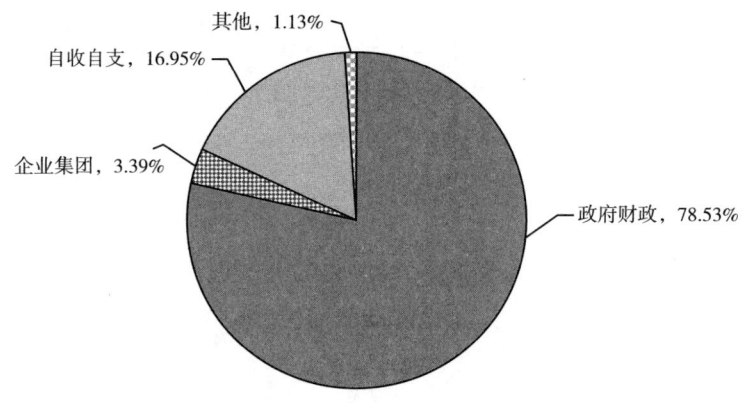

图6-4 教育经费来源

(二) 技工院校发展不均衡,整体发展水平不高

在经费总额的分布情况中(见图6-5),69.16%的技工院校年度教育经费在5000万元以下,1亿元以上的仅为8.41%,教育经费金额较大的技工院校均为公办,并且其办学层级基本为国家级示范校,层级越高的学校得到的教育经费越多,这在一定程度上也体现了现阶段我国职业教育经费投入仍处于集中力量扶持重点学校的阶段,各层级学校间均衡发展目标的实现需要教育财政资源在各层级院校间有一个合理的分配。

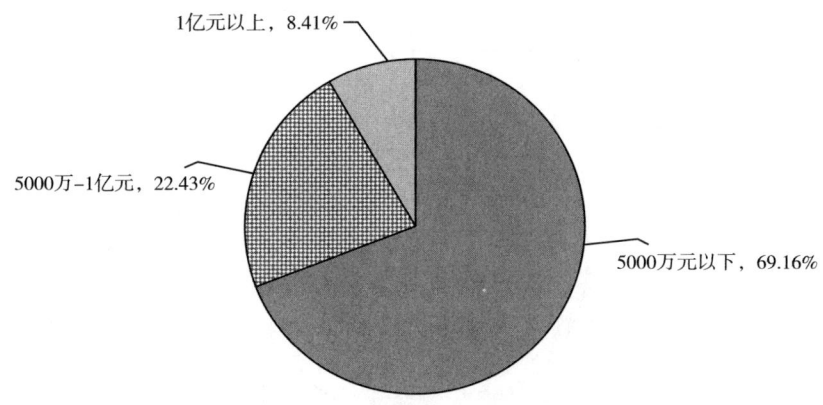

图 6-5 教育经费分布

（三）校企合作深入人心，部分企业参与积极性仍待提升

校企合作是职业教育的精髓，更是技工教育的生命力所在。其本质是通过技工院校、企业和政府这三者的合作，实现资源共享、优势互补又彼此制约，缔造利益共同体。校企合作模式架通了技术理论与实践之间的桥梁，作为一种有效的培养方式已深入人心，82.49%的被调查者比较了解校企合作模式。94.92%的学校采取了与企业合作办班的方式进行校企合作（见图6-6），合作企业的规模以大中型企业为主，且企业的积极性都比较高，占到被调查样本的61.31%，但我们发现仍有38.69%的被调查者认为企业对与校企合作模式的积极性并不高（见图6-7），存在"学校热企业冷"的现象。

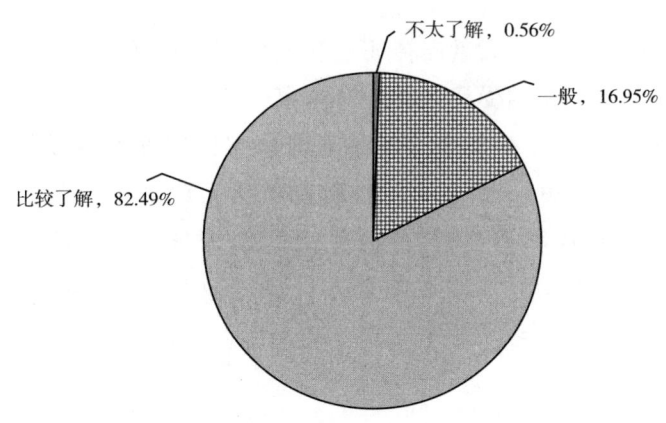

图 6-6 对校企合作模式的了解情况

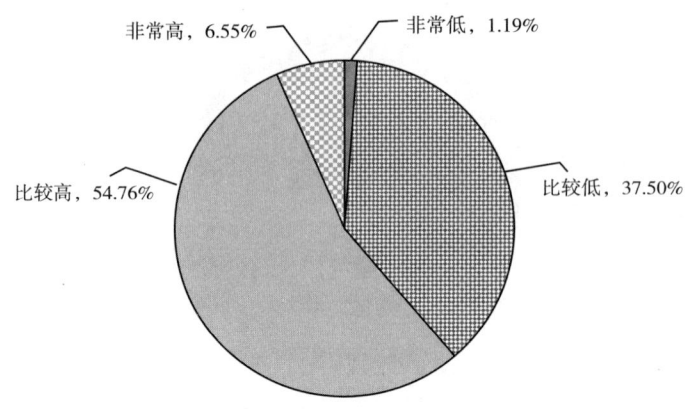

图 6-7 合作企业的积极性

五、支持技工院校发展的政策效果初步评价

我们还对近年来国家出台的一些支持职业教育发展和技工院校的政策及执行情况进行了分析,总体的情况是部分政策落实不到位,具体来看,中职免学费政策覆盖面广,效果积极但与预期存在偏差;政府与社会资本合作模式(PPP 模式)推进缓慢,办学体制改革难度较大;职业资格证书制度有待进一步优化。

(一)职业教育扶持政策存在落实不到位

近年来,国家出台了大量支持职业教育发展的政策,关于政策实施效果(见图 6-8),74.01% 的受访者表示对国家扶持职业教育的相关政策比较了解,但在政策的运用上不熟悉。而对于国家支持职业教育发展的政策落实效果情况(见图 6-9),51.41% 的调查者认为应加大支持力度并重在落实,支持力度大但效果不理想的比例占到 38.98%。对于当前职业教育政策落实到位情况,87.57% 的被调查人员认为政策落实不到位,政策落实效果不理想。

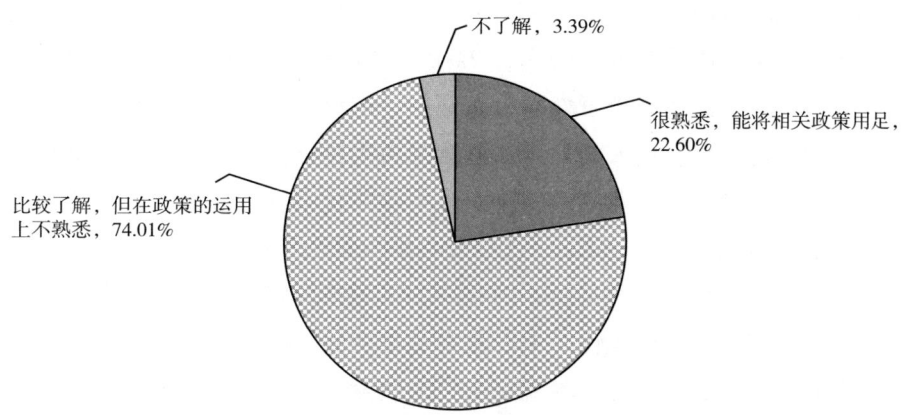

图6-8 对国家扶持职业教育相关政策的了解情况

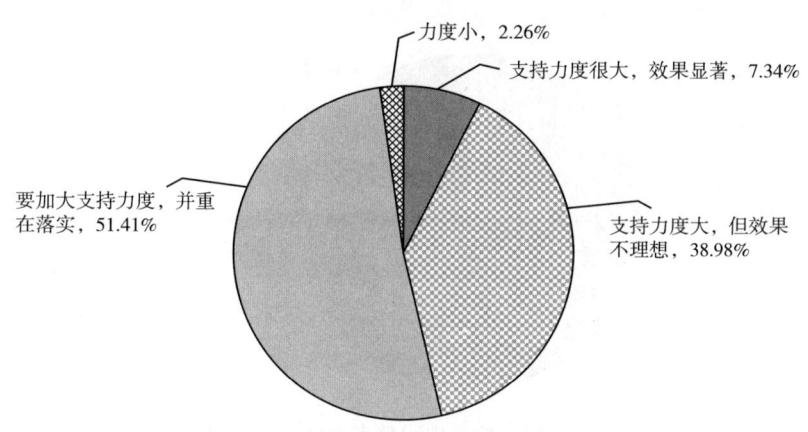

图6-9 职业教育发展政策效果情况

（二）中职教育免学费政策与预期效果存在差异

调研显示（见图6-10），参与调查学校享受中职教育免学费政策的比例高达94.92%，部分享受的占到4.52%，即中职教育免学费政策在此次被调查样本中基本实现全覆盖，国家对中职教育的支持力度不可谓不大。进一步分析发现，整体看，约68%的受访者认为中职教育免学费政策对学校发展具有积极影响，影响不大的占到24%左右，约8%认为具有负面影响。结合办学体制来看免学费政策的实施效果（见图6-11），享受免学费政策的公办学校中有66.90%的被调查者认为免学费政策对学校有积极影响，影响不大的占比为

24.46%，不过仍有8.63%的公办学校认为免学费政策具有负面效应。而享受免学费政策的民办或企业办校中高达74.07%的学校认为免学费政策对学校具有积极效用，这一比例高于公办学校，这在一定程度上也呼应了多年来民办学校希望能加大对其财政投入的呼声，财政投入为民办学校的经费之困提供了较好的解决之道。享受免学费政策的民办或企业办校中认为影响不大和负面效应的比例分别为18.51%、7.40%，这与公办学校对免学费政策的看法基本一致。也即无论办学体制是公办还是民办仍有约1/3的被调查对象对免学费政策的实施效果不满意甚至表现出担忧。中职教育免学费政策的支持力度之大与实施效果之间未能形成良好的契合，不管是从中职教育免费政策本身出发还是从政策具体实施结果来看都值得我们总结和反思。

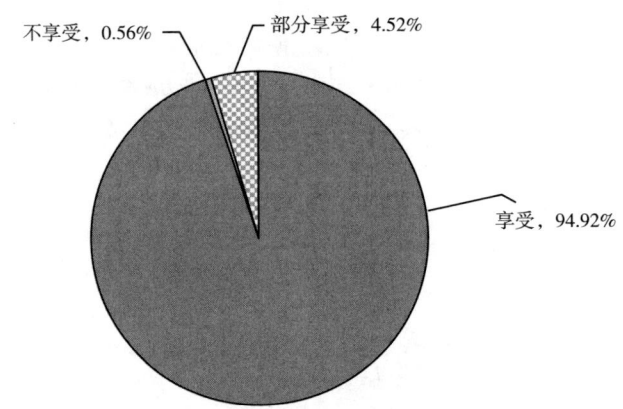

图6-10　享受中职教育免费政策情况

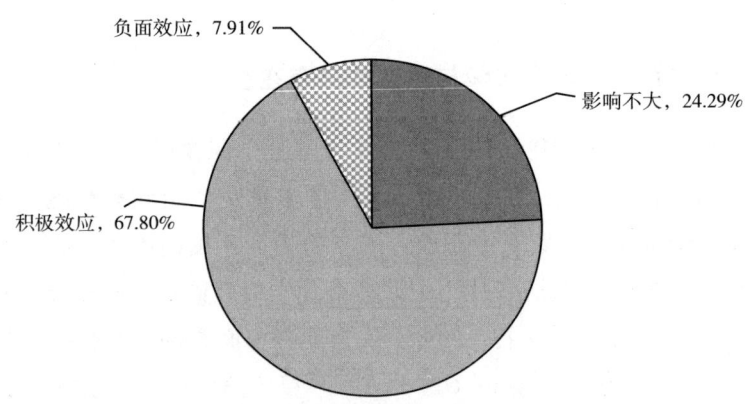

图6-11　中职教育免学费政策效果

(三) 办学体制改革难度大

从全国范围看，我国职业教育办学体制基本以政府为主，公办中职学校和民办中职学校的占比大体为70∶30。但是在运行中，民办教育存在不少困难，主要是民办教育的扶持政策尚未得到落实，难以享受同等的法律地位和权力。如全国中职示范性学校建议项目，入围建设项目都是公办学校，对民办学校存在歧视。政策理念的歧视、政策适用对象的不统一，导致职业教育办学体制改革难以推进。

2015年9月，国务院发布了《关于在公共服务领域推广政府和社会资本合作模式的指导意见》，明确要求在教育领域广泛推行政府与社会资本合作模式，而调查显示（见图6-12），71.19%的受访者对政府推进的政府与社会资本合作模式并不了解或不知道，了解的比例仅为28.81%。从这点看，在职业学院和技工学院的实践中推行PPP模式还是存在较大障碍。

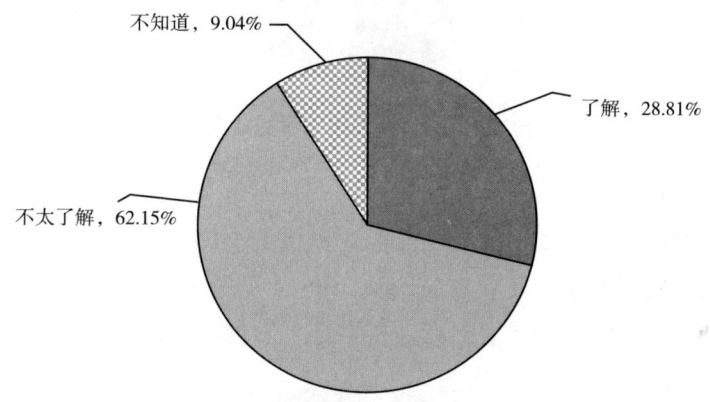

图6-12 对PPP模式的了解情况

(四) 职业资格证书制度的再认识

职业资格制度是各国普遍采用的旨在加强职业管理、提升职业教育质量的重要手段。97.74%的被调查者认为，职业资格证书制度对职业教育的发展具有促进作用（见图6-13）。但是，当前我国的职业资格证书制度执行中也遇到了挑战，截至2016年上半年，国务院分6批共取消319项职业资格许可和认定事项，占国务院部门设置职业资格总数的51.6%，从取消的职业资格看，主要有两个大的特征，一是与当前社会经济水平和时代发展脱节，二是没有法律依据，由相关部门或行业协会自行设置。一方面当前职业资格改革并不意味着废除该项制度，而是通过对职业资格制度的整理和规范，优化和减少重复、过时的职业资格，提升整个社会对职业资格制度的认可度，增加其含金量。另一方面，职业资格评价机制从政府审批制转向完全市场化，容易产生技能水平评定标准不统一、评估成本增加的问题，且目前大多数职业院校和技工院校实行的是"学历证书+职业资格证"双证书制，职业资格证是对学生管理的一种有效手段，其导向性使得学生主动学习专业知识，一旦全部取消，职业学校需探索新的管理模式。

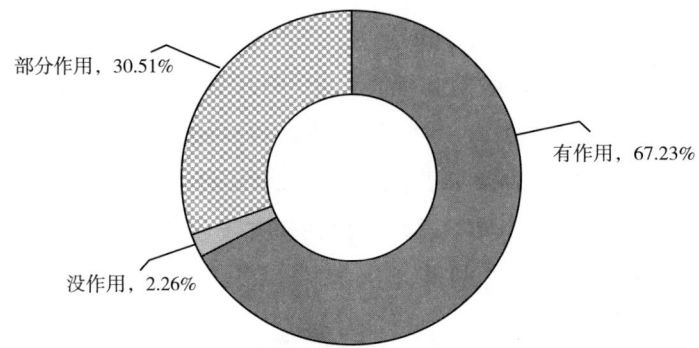

图6-13 职业资格证书制度对职业发展的作用

关于当前职业资格制度存在问题，调查显示（见图6-14），54.63%的被调查人员认为社会认可度不高是当前职业资格证书制度存在的主要问题，对于职业资格证书制度未来的发展方向，66.10%（见图6-15）的被调查人员认为应该基于经济社会发展的需要对职业资格证书制度进行改革优化。

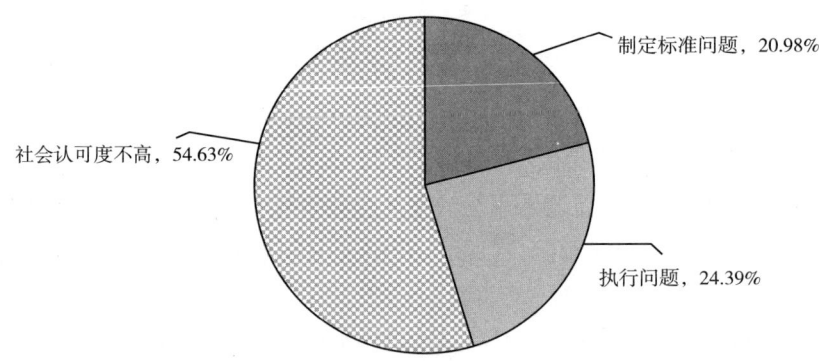

图6-14 职业资格证书制度存在的问题

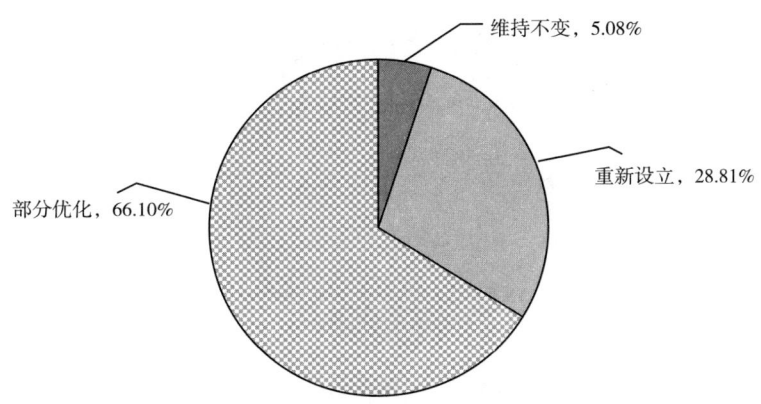

图 6-15 职业资格证书制度未来的方向

六、技工教育发展面临的问题及原因分析

（一）面临的主要问题

1. 职业教育社会认可度低。调研显示，职业教育社会认可度低是当前技工院校发展面临的主要问题，41.49% 的受访者赞同该观点。较低的社会认可度使教育需求者不愿意在职业教育上进行投资，另外也产生了职业教育发展中所存在的逆向选择问题，优质的生源都不愿接受职业教育，选择职业教育的学生大多是所谓的"问题"学生，在面向社会时无法满足企业的用工需求，这又进一步加剧了职业教育培养学生质量不高的现状，形成恶性循环。

2. 技工院校招生困难。招生问题是职业院校发展面临的难题，相比职业院校，技工院校的招生情况更不容乐观。就所调查的样本来看（见图 6-16），60.45% 的技工院校招生存在困难，招生特别困难的占到 21.47%，仅 18.08% 的学校招生不存在困难。另外，由于体制不同，招生政策的不统一导致绝大多数省份技工学校无法列入中职招生计划，技师学院无法列入高职招生计划，甚至在高考的时候查不到学校的招生代码，使得原本就很难招到人的技工学院在生源问题上更加捉襟见肘。在这一环境下，技工院校的招生质量也堪忧，业内人士描述：绝大多数技工院校的招生都是在"兜底""捞渣"，甚至连"刀枪不入"的生源也抢。即使如此，技工院校的就业率奇高。

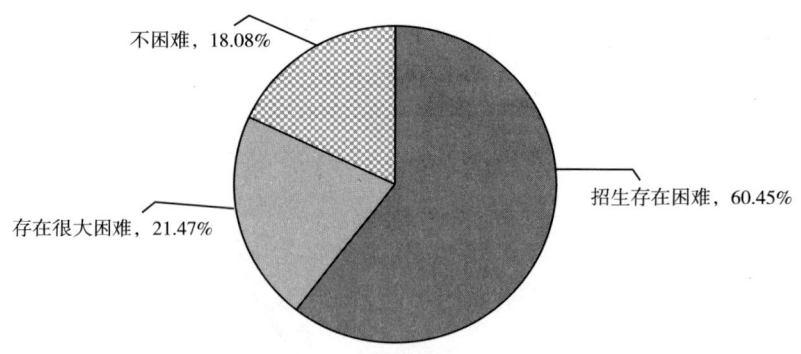

图 6-16 学校招生情况

3. 技工院校经费短缺。调研显示，23%的受访者认为当前技工院校面临的主要问题是经费短缺。职业学院普遍缺少资金进行基础设施建设和购置设备，特别是技工院校。比如当前全国 31 个省（市、区）均制定了高职生均拨款标准，22 个省（市、区）均制定了中职生均拨款标准，由于体制不同，技工院校被排除在生均拨款标准外，无法享受到同等层次职业院校的经费支持政策，技工学校教师培养经费、职业培训资金等都存在较大困难。

（二）原因分析

1. 政府在职业教育发展中定位不清。技工学校发展面临的诸多问题，其源头在于目前我国职业教育发展的定位不清晰。政府在职业学校发展中职能定位不清（见图 6-17），75.14%的受访者认为政府在职业学校发展中存在缺位和越位情况，没有发挥好政府应有的职能作用。

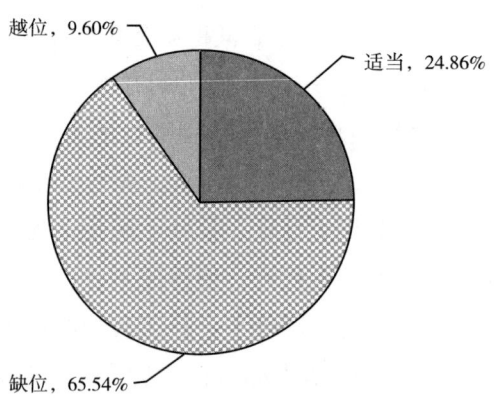

图 6-17 政府在职业学校发展中发挥作用情况

长期以来，职业教育和普通教育的关系没有理顺，很多人将职业教育作为普通教育的补充和辅助，职业教育被认为是二流教育种类，在社会上普遍形成了"重普教，轻职教"的观念。如果说职业教育处于弱势地位，那么技工学校更是弱势中的弱势。反映到政策上，人社部门举办的技工学校与教育部门举办的职业院校都存在较大的差异，突出表现在办学资金、办学场地、教学设施等多方面。由于定位模糊，进入职业教育序列学习的学生被下意识地认为是普通教育的失败者，导致了招生难问题；由于定位模糊，政府决策层仍然将职业教育作为普通教育的一种必要的补充，在其面对教育问题做出决策时，往往首先考虑到的是普通教育问题，而且在具体的政策和支持力度上，也几乎总是向普通教育倾斜；由于定位模糊，职业教育投入相比普通教育仍处于一个相对较小的规模，办学条件仍然普遍薄弱，技工院校的经费短缺，生均建筑面积、师生比都未能达到国家标准。

2. 职业教育行政管理缺乏统筹、治理能力亟待提升。调查数据显示（见图6-18），高达83.62%的受访者认为职业教育中政府管理部门职能划分模糊不清与有待改进。从职业教育管理机构设置角度看，总体实行的是由教育部门履行综合管理职能，技工学校和职业培训归人力资源与社会保障部门管理，卫生部、农业部、交通部等部委分管各自相关领域的职业技术学校，职业教育多头管理导致职能交叉、责任不清，政府各部门之间协调不好，各自为政，出台的政策缺乏统筹，导致人社部主管的技工院校与教育部主管的职业院校，民办院校与公办院校之间在招生、财政投入、就业等方面的政策不统一，技工院校、民办院校与职业院校、公办院校之间存在较大的发展差距，使得本就处于弱势的职业教育在结构上更不均衡。

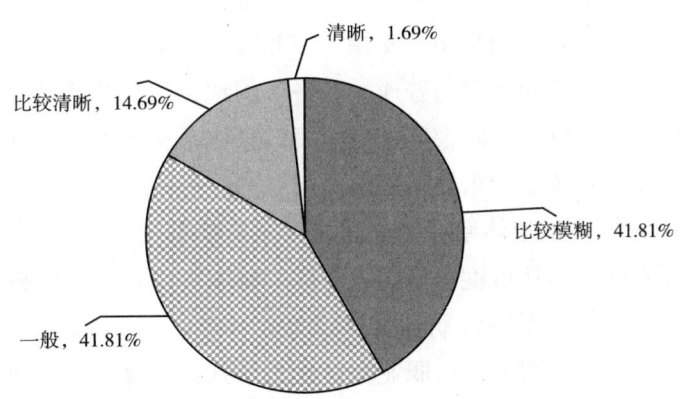

图6-18　政府管理部门的职能划分情况

七、几点建议

通过以上分析，我们认为，当前职业教育发展中存在的很多问题只是表征，其实质还是由于在理念上对职业教育的定位认识不清，导致一些政策难以落实或是政策效果不佳，而解决之策应从理念出发进一步深化体制改革。

（一）进一步明确当前我国职业教育的定位

1. 从立法层面明确职业教育与普通教育的关系。当前从政府到社会大众，对技能人才的重要性已经有了深刻的认识。在市场上，技工院校就业率远远高于普通高校，技工特别是高级技工的收入水平已经大幅超过普通高校毕业生。技工，特别是高级技工人才的缺乏日益成为我国制造业转型升级的瓶颈。近年来，国家对职业教育的重视也达到空前的程度，甚至上升到国家战略层面，出台大量政策。但是理念的转变甚至重塑，并非朝夕之功。教育的"三六九等"也早已内化到各类法规和制度安排之中。首先必须从立法层面明确职业教育与普通教育的关系，明确技工教育与职业教育的关系。

从职业教育的目标看，职业教育是"以就业为导向，以服务为宗旨"，旨在通过职业的发展实现人的可持续发展，而普通教育并未提出明确的就业目标，其强调的是知识的存储和未来研究探索能力；从职业教育在教育体系中的地位看，职业教育应与普通教育的地位平等并重，不应成为普通教育的附庸和辅助性的教育形式。职业教育培养的技能或技术应用型人才，应与普通高等教育培养的学术和技术研发型人才处于同层次且等价。因此，建议从法律层面明确职业教育与普通教育之间是相互支持、相互补充的关系，而不是普通教育的特殊形式，明确赋予职业教育与普通教育平等的地位。在此基础上，进一步深化职业教育职能。明确技工院校同样是国民教育体系和人力资源开发的重要组成部分，是职业教育体系的重要组成部分。

2. 建立国家资格框架体系。尽快建立国家资格框架制度，提升职业教育，特别是技工教育的社会认可度。国家资格框架制度可以将职业资格和学历学位等值等价起来，即每获得一级职业资格证书，就等同于相应的学历层次证书，打通职业教育和普通教育，使得职业教育真正受到社会尊重。职业资格制度是职业教育发展的有益补充，成熟的职业资格制度对我国职业教育的定位具有明显的支撑作用。目前应基于经济社会发展的需要对职业资格证书制度进行优化。

(二) 建立国家职业教育协调管理机构，加强部门间统筹

职业教育兼具职业和教育两种属性，而且包括技工教育、培训教育等同种教育形式，使得劳动人事部门与教育行政部门在职业教育和职业培训管理职能上的存在交叉，导致职业教育多头管理的局面。解决这个问题，必须从顶层设计上考虑，从国际做法看，日本职业教育的行政管理是以厚生劳动省为主体，由日本文部科学大臣、厚生劳动大臣、经济产业大臣以及经济财政相当大臣共同推进，而瑞士、澳大利亚和德国均在国家层面设立了职业教育协调管理机构，以统筹国家职业教育资源。因此，建议我国择机建立国家职业教育机构，例如国家职业教育委员会、国家职业教育总署等，其职能是主要制定职业教育和职业培训的战略发展规划，制定职业教育标准和职业技能标准，统筹教育行政部门、劳动人事部门和各部委、行业协会及企业的相关资源，协调促进各类职业教育发展。

(三) 加强职业教育体制机制改革

职业教育政策是各类职业院校发展的推进器，其公平性主要体现为政策不因为所有制和主办者的不同而在制定和落实上存在不公。当前，职业教育的不公平地位，技工院校在职业教育内部中的不公平地位，很大程度上源于政策和制度安排造成的。因此在职业教育政策的制定上应注重公平，同时进一步提升政策有效性和财政资金的效率，促进职业教育政策实现公平与效率的融合。

1. 以公平为目标，统一各类职业教育政策。调查数据显示，66.10%的受访者认为，不再显著区分公办与民办的混合办学模式将是未来职业学院和技工学院发展的趋势，公办与民办各取所长、优势互补，是提升职业教育质量和社会认可度的重要举措。不应区分所有制，无论是公办还是民办，在政策安排和支持力度上应大致相当；不应根据职业院校主管部门的不同而区别对待，教育部门主管的职业院校和人社部及其他部委、行业协会主管的各类职业院校理应得到大致相当的平等待遇。

2. 资金投入应强调绩效理念，注重改革而不是资金保障。单纯地加大财政

资金保障不可取，应以改革为先导，以提升效率为目标，加大财政投入力度。如前文所述，免学费政策之所以到位是因为财政承担支出责任，有财政保障；而引入社会资本的多元投资模式推进较慢，是因为需要政策实施需要通过改革来实现，需要探索、创新，费时费力，而且很可能不讨好，这导致各地落实中动力不足。建设现代职业教育，应不断加大改革力度，提升政策效率，包括去行政化改革、赋予职业学校发展的自主权、建立完整科学的职业学校绩效评价体系等。

（四）以 PPP 模式为突破口，大力推进职业教育的多元化办学

政府和社会资本合作模式（PPP 模式）是公共服务供给机制的重大创新，在职业教育领域，特别是技工教育中推广 PPP 模式有利于职业教育转变政府职能，充分发挥市场机制作用，提升职业教育的供给质量和效率。从产品属性上看，职业教育一般被认为是准公共物品，一方面，职业教育具有发展社会公共价值的一面，对促进教育结构平衡和社会就业，以及普通教育的协调发展，有着十分重要的外部效应；另一方面，它又具有发展个人职业技术能力的一面，而且个人对它们的享用具有一定的排他性。一些人享受了教育，意味着另外一些人减少职业教育的享用。因此职业教育，特别是技工教育具备准公共物品的性质。职业教育内部，不同层级的教育，其属性也有较大差异。一般来说，教育层级越低，接受教育的人均年龄越小，其公益属性越高，中等职业教育公益属性高于高等职业教育，也意味着政府的责任越重，但政府责任不一定必须政府提供，可以由政府、社会、市场共同提供。职业教育 PPP 模式作为一种突破所有制局限的创新教育服务供给机制，整合了政府与市场的优势，有利于政府与市场在职业教育领域形成合力，在当前追求公平与效率融合的背景下是值得大力提倡的，因此，还要进一步加大在职业教育领域，特别是技工教育中推进 PPP 模式的力度。从目前看，推进 PPP 模式的切入点一是要在职教领域加大对于 PPP 模式的宣传和推广力度，突出 PPP 模式是创新的公共管理模式和公共服务供给机制，而非狭隘的项目融资模式；二是要通过设计合理的机制和模式使得社会资本能积极主动地参与进来，包括风险分担机制、定价机制、收益保障机制和项目退出机制；三是扩展 PPP 模式在职教领域的适用范围，从基础设施建设等非教学领域向核心教学功能扩展，促进校企合作。

第三篇
现实考量与调查思考

从中央与地方关系看,职业教育发展事权主要在地方,支出责任自然也在地方,且主要集中于市县级政府。从政策权属分工看,我国普遍遵循中央制定政策、地方执行政策。由此判断职业教育政策效果如何,暴露的问题有哪些,主要要看地方;职业教育发展中典型经验和做法,也来源于地方。为此,对地方的调研显得尤为重要。为此,我们选择了浙江、湖南、云南以及河南等地进行了调研。职业教育发展中存在着缺乏系统性、支出责任不到位、校企合作政府热企业冷等问题,带有较多的普遍性,给予我们很多的思考。

第七章 协调政府社会市场关系 创新职业教育体制机制
——基于浙江调研的启示

> 浙江作为我国经济先发地区,职业教育发展也处于全国领先地位。近年来,浙江积极优化职业教育布局,调整专业结构,促进校企合作,服务产业转型升级,极大推进了现代职业教育体系建设。财政在加大投入力度的同时,也不断推进体制机制创新。调研中我们也发现,职业教育发展中存在一些突出问题:一是职业教育投入快速上升,挑战地方财政的可持续性;二是免学费政策对中职教育发展反而带来了一些负效应,一定程度上制约了职业教育的发展;三是校企合作虽形式多样但深度不够,与社会需要还有很大差距。其症结在于缺乏现代职业教育治理理念,职业教育发展以政府直接举办学校为主的模式,未能有效协调好政府、市场和社会三者关系,没能激活相关各方的内在动力。

创新驱动与"中国制造2025"是我国当前的重要战略任务,任务的落实离不开大量多层次、高素质的技能型人才,这既为现代职业教育提出了更高的要求,同时也为现代职业教育发展提供了重要机遇。2014年,国务院出台了《关于加快发展现代职业教育的决定》(国发〔2014〕19号),加强财政支持力度,政策效果怎样,职业教育发展还存在哪些问题,症结是什么,是我们调研和思考的重点。为此,我们选择浙江省嘉兴市和金华市东阳县的几所不同层次、不同类型的职业学校进行了调研。

一、浙江职业教育发展的主要做法及成效

浙江省作为我国经济发达省份，职业教育无论在理念，还是相关政策上都始终处于领先状态。无论中等职业教育，还是高等职业教育；无论硬件建设，还是软件建设，在全国的影响，都排在前列。浙江职业教育伴随着地方经济的飞速发展，得到迅猛发展，在服务地方经济转型升级、校企合作等方面都走在全国前茅，为浙江经济社会发展提供了强有力的人才保障。

（一）整合资源、创新机制，职业教育发展水平全国领先

浙江不断加大职业教育体制机制改革力度，职业教育取得较好成绩。具体包括：

1. 整合资源，构建浙江现代职业教育体系。近年来，浙江省相继颁布《浙江省中长期教育改革和发展规划纲要（2010—2020年）》《浙江省人民政府关于加快发展现代职业教育的实施意见》等文件，积极推进"体制机制创新、办学层次合理、中高职衔接贯通"的现代职业教育体系建设。一是优化布局。对各县市职业教育资源进行整合，中职学校数量从600多所减少到375所。如嘉兴市将原有37所中职学校整合为18所，改变了过去"多、杂、小、散"，特色不鲜明，专业重复，无序竞争的情况，基本实现了"一综一特"或"一综二特"错位发展的格局（见图7-1）。二是打通职业教育内部和其他教育体系的联系。构建中高职"立交桥"，扩大向中职毕业生的招生规模；联通中职和普高，实现学生可互相转学；沟通职业教育与自学考试，为职

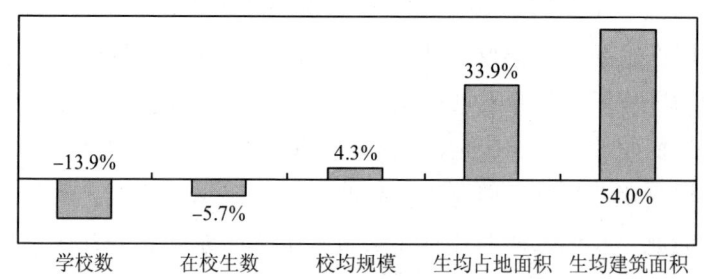

图7-1 浙江省中职学校布局、规模及办学条件变化情况（2011—2013年）

业教育提供多元化的发展空间;推动应用型本科建设,目前已有浙江师范大学、浙江中医药大学、浙江科技学院等41所普通本科院校(含独立学院),进行了应用型学科的先行先试。三是推动多元办学,加强职业教育与行业企业的联系。

2. 推进专业结构调整,服务浙江经济转型升级。为引导职业学校紧贴地方经济社会发展需要、服务产业转型升级的要求,近年来,浙江省坚持把专业建设作为职业教育改革的牛鼻子,采取有力措施引导职业学校增设本地产业转型升级急需专业,加快培育发展与现代工业、现代农业、现代服务业,特别是与海洋经济、战略性新兴产业相关的专业,加大与区域经济、社会、文化和教育发展需求密切结合的专业建设力度。各级职业院校,主动对接区域产业集聚区和开发区,增设急需紧缺专业、优化专业结构。目前,浙江省服务一、二、三产业的中职教育在校学生占比分别为2.4%、24.4%和73.2%,高职为3.5%、46.3%和50.2%(见图7-2)。

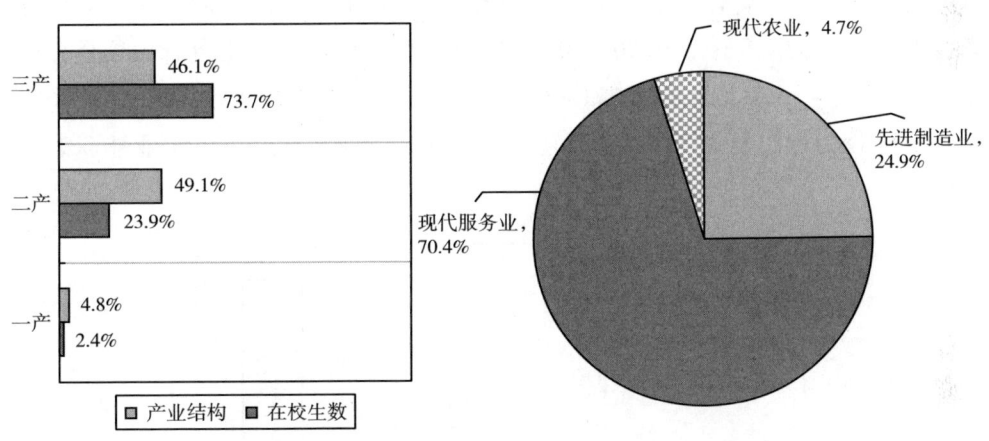

图7-2　浙江省中职学校专业布点及主体专业情况

3. 改善制度环境,支持和引导校企合作。近年来,浙江省把职业教育摆在优先发展的战略地位,积极支持和引导校企合作,《浙江省中长期教育改革和发展规划纲要(2010—2020年)》《浙江省人民政府关于加快发展现代职业教育的实施意见》都提出要强化企业、学校职业教育的共同责任,实现产教深度融合,推动学校、企业、社会多元办学,鼓励探索运用股份制、混合所有制改造已有职业院校。2010年以来,浙江省财政投入5亿多元,扶持建设职业示范学校、产学研联合体和省级实训基地。各地也积极行动,如嘉兴市设立校企合作专项经费,2011年至今累计下拨专项经费2580多万元,有效降低了企业参与职业教育的成本,调动了行业企业参与合作的主动性与积极性。

浙江省各级政府还积极在体制机制上进行创新,为校企合作消除体制障碍,如完善技术技能人才引进制度,放宽年龄、学历等条件,鼓励支持行业企业管理人员、专业技术人员和能工巧匠到中职学校从教,鼓励民间艺人、技艺大师和非物质文化遗产传承人担任教学名师等。宁波市还率先颁布了《宁波市职业教育校企合作促进条例》及实施办法,这一条例的颁布实施,为明确职业院校、企业和政府部门职责,预防学生在实习期间意外伤害事故,保护企业商业秘密,推动职业院校和企业联手培养高素质应用型人才,促进校企合作持续、健康发展起到了保驾护航的作用。

在政府的积极引导下,职业教育校企合作取得了初步成就(见图7-3)。2013年底,浙江省建立职业教育集团128个,比2011年增加34.7%;与中职学校签订长期校企合作协议的企业8489个,比2011年增加23.4%;设立专业教学指导委员会429个,比2011年增加130.6%;各设区市出台有关校企合作文件377个,比2011年增加371.3%。合作企业为学校投入设备和资金8604万元,学校为合作企业订单培养学生4.2万人,专业教师积极下企业挂职锻炼5796人,参与企业技术研发和相关服务2721人。

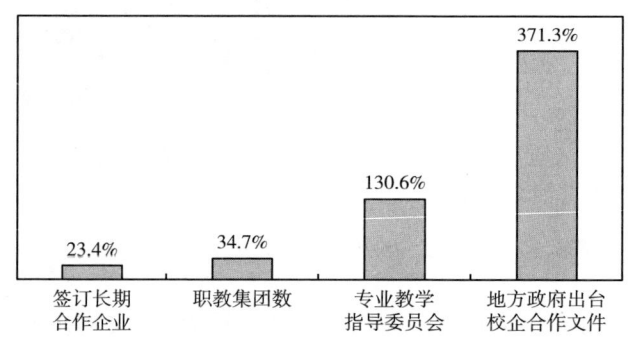

图7-3 全省中职学校校企合作相关指标变化情况(2011—2013年)

(二)不断探索创新,多种校企合作模式初步形成

浙江省在校企合作的形式上不断创新,力求加强职业院校和企业之间的融合规模和深度,在以往的订单式培养、顶岗实习、共建实训基地、员工培训、

技能鉴定和继续教育等形式上，努力打破"买方—供应商"式的联盟，让企业更多参与到学校管理和学生培养上来，共同制订教学计划、共同组建教师团队、共享教学资源、共同管理培养质量；学校也积极为企业提供技术支持，参与企业研发。在合作形式上，主要有集团化办学、股份制合作等探索。

1. 集团化办学。浙江省通过组建职业教育集团，将职业院校、企业、行业协会等各类资源进行了整合，为校企合作提供了平台，有利于优势互补，发挥教育资源功能，强强联合，做大做强校企合作，产教结合。嘉兴欣禾教育集团（见图7-4）是嘉兴规模最大的、专业最齐全的综合性大型职教集团，共集合了高职院校2家、中职院校12家、行业协会12家、科研机构2家、企业153家、园区管理机构2家、政府部门13家。集团设有理事会和常务理事会，及各类产学合作委员会，建有成员单位共享的专业建设指导委员会、应用技术研发与服务等机构，极大促进了校企合作，已成为全国职业教育集团化办学的典范。

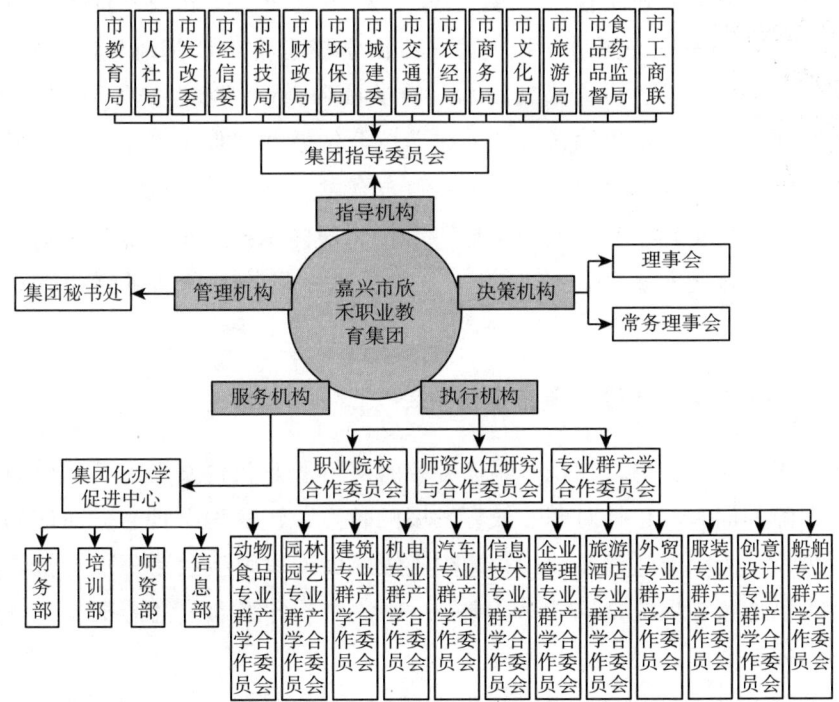

图7-4 嘉兴欣禾职业教育集团组织结构图

此外，浙江省还成立了专业性比较强的职业教育集团，如嘉兴发起成立的嘉兴建设职业教育集团，联动32家建筑骨干企业，组成全市建筑类专门化人才培养的高效机构。嘉兴市建筑工业学校还积极"引企入校"，共同开展教学、培训和生产，并和城建委合作创建了12个特殊工种职工培训鉴定基地。

2. "股份制"实训基地。"股份制"是管理体制的一次重大改革，使作为技术教育重要载体的实训基地，在管理方式上摆脱目前"纯学校式"管理，走"企业化管理、市场化运作"之路。在"产权清晰、权责明确、政企分开、管理科学"的现代企业管理制度下，实现了学校与企业合一、实训与生产同步、育人与创收共赢"三位一体"的基地运行模式。"股份制"也成为浙江省职业教育发展"十三五"规划中推动职业教育校企合作的重点探索方向。

3. 不断拓展深化订单式培养、共建实训基地等传统模式。如订单式培养发展出"工学交替"（学生学习与实习或工作交替进行）、"2+1"（学生在学校学习两年，到企业实习和工作一年）等形式。再如，共建实训基地的合作也更加多元化，一方面职业院校"筑巢引凤"，利用空间优势和技术优势，将企业的"车间"和研发中心搬进学校；另一方面学校也将实训基地直接建到企业，为企业购置最新设备，带去最新技术，使学校和企业"零距离"接触。此外，为中小企业量身定制培养输送人才，在学校合作创办项目工作室，以项目开展合作，既能为企业合作培养学生，也能联合开发技术。东阳汽车技术学校通过创办修理厂，将实训中心与"校中厂"合一，对内承担汽车专业学生的实训实习，对外承接各类车辆的维修保养，学生在对外服务中学到过硬的汽车专业技能。

（三）财政支出保障与制度创新并举

近年来，浙江省财政在积极跟进省政府支持职业教育发展的各项政策，加强财力保障的同时，也针对职业教育发展的特点，转变理财理念，在体制机制上不断创新，力求通过简政放权，减少省级层面通过财政政策干预干扰学校办学行为，不通过专项资金搞"一刀切"，让各市县各级学校都能根据自己的实际情况，安排财政经费，弥补短板。

1. 财政投入持续增加，办学条件大幅改善。一是财政投入大幅增加。据统计，2011—2013年浙江省各级财政共投入职业教育经费353.18亿元（高职106.73亿元，中职246.45亿元），年均增长16.04%，其中2013年投入140.6

亿元，比 2006 年增加了近 6 倍；2013 年起，实施中职教育免学费及国家助学金政策，初步建立了生均经费保障机制。2014 年，高职生均经费比 2013 年增加了 29%，高出全国平均水平 45%；中职生均经费比 2013 年增加了 14%，高出全国平均水平 54%。二是职教建设工程稳步实施。"十一五"期间，浙江省组织实施"职业教育六项行动计划"，投入经费超过 120 亿元。"十二五"期间，开展"中职教育现代化建设工程"，目前初步统计，已投入超过 150 亿元。初步形成了财政为主、多元投入的经费保障体制，有效地改善了办学条件。在加大公办职业院校经费保障水平的同时，浙江省一些地方也加大了对民办职校的补助力度，如金华市对民办职校免学费部分给予全额补助。嘉兴市对民办中职学校按照生均事业费的 15% 给予补助。

2. 以生均经费为抓手，建立职业教育保障机制。打破"基数+增长"的预算模式，建立生均经费保障机制。通过建立生均经费制度，有利于考察办学经费状况，也有利于分析各院校经费差异，以便于制定更为公平合理的政策，改善财政管理。浙江省 2011 年开始尝试建立职业教育生均经费保障机制，到 2015 年，高职已经全部实现按生均经费来安排预算经费，中职已经有一半县市实现了生均经费制度。从中职的情况看，生均经费已经高出普通高中 20% 以上。在嘉兴，中职生均经费已达到普通高中的 1.5 倍。

3. 以绩效挂钩补助为抓手，发挥市县和学校积极性。改变过去通过大量专项，如精品课程专项、教材专项、资源库建设专项等直接引导学校办学的办法，建立多元的指标体系，将绩效考核与奖补结合起来，让学校根据自身发展的需要，选择发展重点目标，补齐短板。考核内容具体包含事业发展成效、学校布局和专业结构调整、实训条件建设、教师队伍素质提升、学生综合素质提升、深化校企合作、成人继续教育和经费保障等 8 个部分，共计 28 项考核指标。在指标体系的设计上，充分考虑各级各类学校发展的需要，既有基础性指标，又有发展性指标，不仅充分发挥市县和学校积极性，也极大提高了财政资金的使用效益。

4. 以重点项目为抓手，推进职教内涵建设。对各类教育项目专项进行清理整合，统一为教育发展专项，按因素法分类，实行清单式管理。将专项严格定位在现阶段的重要工作，发挥专项资金的强制性直接性的特点，引导各级职教院校加强内涵建设，如骨干教师支持、省级实训基地建设等。从 2011 年起，省级财政每年安排 1500 多万元，组织高职院校教师到行业企业实践锻炼，通过努力，目前全省职业院校"双师型"比例达到70%以上。全省高职院校以优势特色专业建设为抓手，实现学校错位发展，做大做强。

5. 引入功能因素，核算专业成本。职业教育专业类别众多，培养成本差异很大，由于现行会计核算制度，无法掌握专业办学成本，使经费管理经常脱离实际，无法实现精细化管理。浙江省从2012年开始实行职业教育会计核算制度改革试点，即在不改变现行政府支出经济分类基础上，根据教育行业特点，结合中等职业学校教育教学特点和专业差异，在现有经济分类核算的会计科目中引入功能因素，将中职教育支出分类科目和中职专业类别分别设置，作为辅助核算项目在同一套会计账务处理系统中进行核算。支出分类改革一方面归集了学校各项支出，强化了中职学校成本管理意识，为加强学校经费管理、提高教育经费使用绩效提供重要数据依据；另一方面能较精细地反映学生培养成本，为财政部门科学、合理确定生均经费标准和生均财政拨款标准提供了参考数据，有利于合理配置教育资源，控制教育成本，提高财政资金的使用效益。嘉兴市在中职教育分类成本核算改革试点基础上初步建立了中职生均经费制度，按专业差异设置生均经费标准。如加工制造类10500元/年、信息技术类和土木水利工程类10000元/年、财经商贸类和旅游服务类8500元/年。

二、浙江省职业教育发展中存在的突出矛盾及原因分析

浙江省职业教育虽一直走在全国前列，但与社会需求相比，还有不少差距，大部分职业院校与企业、产业、行业的结合尚未形成真正意义上的突破，形式大于实质。

（一）存在的突出矛盾

1. 职业教育投入快速上升挑战地方财政的可持续性。近年来，国家对职业教育高度重视，浙江省也把职业教育摆在优先发展的战略地位，先后出台了一系列政策，每项政策都需要财政跟进，这也使政府教育刚性支出不断加大。职业教育政策的高目标与当前新常态下增长乏力的财政现状存在矛盾，直接影响了地方财政的可持续发展。如2012年开始实施的中职免学费政策后，海宁、桐乡每年增加公共预算支出4000万—5000万元，加大了地方财政压力。2014年财政部、教育部下发《关于建立完善以改革和绩效为导向的生均拨款制度加

快发展现代高等职业教育的意见》，提出 2017 年各地高职院校年生均财政拨款水平应当不低于 12000 元。嘉兴市 2012 年为 4300 元，2015 年提高到了 6400 元，增长了 48.83%。2016 年预算预计提升到 9500 元，比 2015 年增长 48.44%。如果 2017 年要提到 12000 元，意味着还要增长 26.32%。近几年，每年职教支出增幅都在 40% 以上，而同期当地财政收入增幅都在 10% 以内，2014 年嘉兴市职教支出已经占到当年财政支出的 1.89%，职教支出连年持续的高速增长，给地方本来已经增长乏力的财政带来很大压力。

2. 职业教育校企合作中"政府热、企业不热"。实行校企合作、工学结合是职业技能型人才培养的根本途径，也是职业教育最核心最关键的问题，但也是目前职业教育最难推进的部分，虽然政府大力引导，也有了形式多样的尝试，但校企合作仍停留在较低层次，深度融合还存在障碍。我们在调研中听到最多的词就是"剃头挑子一头热""政府热、企业冷"，在谈到职业教育发展最大的困难是什么问题时，校方提的最多的就是校企合作困难，企业不积极。从企业端来说，校企合作没有显著的利益契合点，往往停留在"买方—供应商"式的浅层合作，学校只能通过让企业优先录用优秀学生、订单式培养专门人才和培训员工等，换取企业参与校企合作，参与实训中心建设或顶岗实习机会等。学校目前的技术人才和力量，还很难为企业提供生产、经营、工艺流程上的帮助，无法跟上企业技术转型升级的需要。如嘉兴技师学院等一些校企合作较为深入的案例，也是因为学校是在原来企业办学基础上转型过来的，有着天然的联系。而政府新办的职业院校，由于少了天然的联系，还无法靠自身技术优势吸引到企业参与。

3. 免费政策对中职教育发展产生了一些负效应。出于促进公平的考虑，我国中职教育推行了免除学费政策，应该说减轻了学生家长的负担，对困难家庭尤为明显。但是，在调研中，我们发现，"一刀切"的中职免费政策在一定程度上制约了职业教育的发展，有一种费力不讨好的感觉。具体为：一是"免费的不好"的偏见认识。对大多数家长而言，浙江属经济发达地区，人民收入较高，学生家长的负担能力较强，对一学年 1300 多元的学费并不在乎，而免费反而给人造成了"不要钱的东西不是好东西"的印象，认为免费服务在质量上也会打折扣，加深了社会对职业教育的偏见。受此影响，学校对学生的生源缺乏选择权，上不了学的或是家庭困难的学生才选择职业学校，严重影响了中职学校的生源质量。有中职学校校长反映，其分数线在免学费政策出台后，有了很大下降，甚至形同虚设。二是在一定程度上抑制了职业学校的发展。据一些职业学校负责人反映，免收学费后，财政对职业学校的支出总量没有同步增加，而是进行了结构性调整，相应减少了对学校的基础设施类的项目支出。此外，该政策还在一定程度上影响了教师的福利，以前学校有收费，根据政策部分可以用于对师资的绩效补助，取消收费后，这部分支出相应取消。除此之外，取消收费政策对民办中职影响更大，据了解，政策实施后，民办中职学校普遍存在萎缩状态。与此同时，由于财政对民办学校免学费部分进行了不同比例的补助，如金华甚至是全额补助，这又在一定程度上影响了这些学校的结构升级。免费政策前部分运行不佳甚至濒临停办的民办中职学校，由于免费政策获得了财政的补助，使这些学校能够继续勉强维持，但职业学校发展的动力、效率问题都没有任何改进迹象。

4. 政府举办职业教育，行政化色彩浓、效率低。不同主体参与职业教育办学的责任、权利不清晰。目前我国无论是国家层面还是企业层面，都急需推进产业技术的转型升级，而职业教育院校受限于专业设置、师资力量、管理体制等因素，还无法满足因经济转型升级活动而日益增多的服务需求。有调查显示，40.2%和25.3%的浙江本地企业认为，职业院校科研成果"不符合市场需求"和"技术上不成熟"。在对职业院校教师的调查也显示，很少或从未服务过的人数占到59.5%。专业对应产业的人才的供给也不适应，以嘉兴市为例，该市2014年职业教育专业对应的三次产业的招生人数比1.60：28.83：69.57，专业设置主要集中在制造大类、财经大类和电子信息大类，这与当前嘉兴产业发展的方向严重不符，嘉兴需要的新兴产业、重点产业和品牌产业发展需求的材料与能源、环保气象与安全、生化与药品等专业培养的人才明显不足。

（二）深层次原因分析：政府市场社会的关系不协调

长期以来，由于过于强调职业教育的公共属性，认为是公益事业就必须政府来办。但随着社会经济的发展，单纯或主要由政府提供职业教育的负面影响越来越显著，一是财政承受力以及由此带来的职业教育发展的可持续性面临巨大压力；二是政府提供职业教育的质量和效率也越来越受到质疑，包括：受行政化干预，政府主导的学校运行效率低，同时，作为社会需求的重要组成部分，政府举办学校培养的人才与经济社会发展需要严重脱节。而完全民办，以私有化为主导的职业教育，文化功能和育人的功能就可能被办学者忽略，职业教育过分偏重就业导向，甚至出现"唯就业"倾向。此外民办学校出于成本考虑，会集中于成本较低的财会、文化创意、服务等专业，而不愿意开办成本较高的高端技术类专业，这将明显不利于国家产业转型升级的需要。基于此，反思当前我们的职业教育发展模式，其根本症结在于政府、市场与社会三者关系不协调。将职业教育的责任由政府或市场任何一方单独承担，对职业教育的发展及对高素质的技能型人才培养都是不利的。

1. 缺乏现代职业教育治理理念，导致政府赤膊上阵。传统的政府直接举办教育理念在很大程度上还影响着职业教育的发展，国家财政性教育经费和财政预算内教育拨款是职业教育经费的最主要来源。在思想认识上，教育系统和学校层面更希望依赖财政补助，而对引进企业深入参与学校教学和管理意愿不高。在思想上存在对企业参与办学的偏见，认为企业办学必然短视，追求利益，不能全面培养人才，没有积极去调动企业培养人才的责任意识。在校企合作上，主要是依赖财政补助来吸引企业。如学校通过财政资助购买先进的技术设备，兴建高端的实训基地，无偿让企业使用，或者直接安装在企业供企业使用，以换取企业提供学生实习的机会。学校无法在教学理念和技术创新上领先，使目前的一些合作形式只能停留在国家级或省级示范学校，很难推广和持续。一些职业教育集团虽然规模巨大，但往往是政府主导的"拉郎配"，一般是职业院校唱独角戏，行业、企业是"被参与者"，深入介入的少。作为民营经济大省的浙江，民办职业教育虽然起步较早，取得良好的发展。但是近年来，民办职业教育，特别是中职教育却出现萎缩。2013年民办中职学校从2009年的127所下降到88所，占中职学校的比重下降了3.5个百分点。招生规模从9.8万人下降到7.7万人，占中职总招生数的比重下降了3个百分点。

政府直接举办职业学校，由于缺乏有效的监管，习惯于供给式办学，办学活力不足、效率不高，存在办好办坏一个样的心理。其深层次原因，在于行业、企业、学校在校企合作中权利义务缺少法律制度的约束。如就业准入制度不健全、门槛低、覆盖面小且执行不严等。

2. 缺乏内在驱动力导致劳动市场需求方的企业未有效发挥作用。职业教育是市场化发展的产物，劳动市场的需求和导向决定了职业教育的发展方向和进程。市场需求驱动本应是职业教育发展的重要目标，但是当前其市场属性未能发挥作用。这主要与我国企业的发展模式有关。从企业可持续发展角度，技术人才始终是企业的生命线，与之相适应，培养技术人才也应是企业内在发展的需要。但长期以来，我国企业的发展模式存在着对传统的粗放式发展的路径依赖，缺乏技术、知识和人才的积累，竞争方式习惯了模仿创新、低价竞争策略。这样的发展模式直接导致企业对技能型人才的整体素质要求不高，内在驱动力弱，注重企业发展的短期效益，更希望"搭便车"，从而导致校企合作局限于形式，无法切实深入到教学和科研领域。仅靠目前政策铺路，财政搭桥的模式，很难让学校有动力进行内涵建设，加大力度提升自身技术水平，改进培育学生的方式，来全面吸引企业参与到学校的教学和科研上来。

3. 社会功能缺失制约职业教育地位提升。我们在调研中发现，大家谈得多的是学校和企业的关系，而对社会功能关注仅限于社会对职业教育认可度不高。职业教育的社会认可度不高，也正说明职业教育的社会功能和价值没有被有效揭示和彰显。目前，职业教育虽然形式上已经承担了具有社会属性的利益相关者的连接平台的作用，但这个平台主要是基于政府行政驱动，而不是基于各利益主体的内生动力形成的社会需求的合力。学校是为了实现政府的考核指标，企业是为了短期用工需求和得到政府补助。所以在访谈中，学校主要围绕指标建设讨论，而企业多是要求进一步增加补贴和提高税收减免幅度。就学生而言，也往往是因为家庭困难和成绩较差被迫选择职业学校，而不是基于兴趣爱好和职业理想的追求。职业教育在从计划经济向市场经济转型过程中，急需建构有利于职业教育的社会文化环境，让各利益相关者从自身长远发展中形成内生驱动力，形成利益的契合点，打造职业教育"共建、共享、共担"的社会共同体。就浙江省的具体情况而言，中小企业占到浙江工业企业的99%以上，民营经济占GDP的比重基本稳定在60%以上，从经济结构看，制造业占据绝对主体地位，在工业经济中，总产出和增加值的比重始终保持在90%以上，这都决定了对职业教育的需求一定是多元的。此外，目前浙江正处于产业转型升级阶段，对技能人才需求很大，对技术转型升级的要求也很高，这不是政府、市场、企业任何一方能够独立应对的，必须建立社会合作平台协力推进。

4. 中央与地方政府间事权履行中责任不清晰。1996年颁布的《中华人民共和国职业教育法》明确了职业教育分级管理、地方为主、政府统筹、社会参与的管理体制，应该说事权是明晰的，职业教育属地方事权，但现实中却仍然存在责任不清晰的地方。中央层面出于社会公平、经济转型需求、重点产业发展、环境保护等因素的考虑，不断推出各项政策，虽对促进职业教育起到了积极引导作用，但也导致地方相关事权及相应的支出责任不断增大，给地方财政带来困难，即使较为富裕的浙江省也有吃不消的压力感。在跨区域教育问题方面，职业教育不只是地方的责任，也有中央的责任，而中央在这方面的缺位，给地方造成很大压力。对于浙江而言，作为经济发达省份，吸引了大量外地务工人员子弟和周边省份学生到当地就学。由于现行各项优惠政策都是普及所有在校学生，而上一级财政并未安排相应的外地就读学生的经费，这就造成了输入地财政的负担。职业教育在管理体制上还有一个特殊性，就是条块分割。除了教育系统主管的职业院校外，还有行业部门主管的职业院校，这类院校虽然很多属于自收自支的事业单位，却被认定为民办学校，身份尴尬，也不利于其发展。就校企合作而言，也存在学校和企业分属不同的管理部门，导致很多合作机制无法有效联通。

三、协调好政府与社会、市场三者关系，进一步深化职业教育体制改革

基于上述分析，我们认为，进一步深化职业教育体制改革，应协调好政府与社会、市场三者的关系，加强各利益相关主体的合作，并构建有利于合作的内在机制。

（一）政府重在营造良好的职业教育发展环境

在政府层面，应该改变职业教育必须政府办的理念，逐步完成从兴办者向监督者的角色转换，避免将所有事情都大包大揽到自己身上。在进一步健全经费保障制度的基础上，着力营造好有利于职业教育发展的制度环境。

中央财政应以中期财政预算管理为抓手，加强职业教育政策的前瞻性、系统性研究。考虑到职业教育领域多是刚性政策，补助、免费等政策一旦确定，很难调整的特殊性，中央政府在职业教育政策设计上，应注重顶层设计，充分考虑到地域差异、需求差异，提出系统改革思路。在支出责任的划分上，要充分考虑职业教育发展的需要和地方财政的负担能力，制定系统性的长期政策，同时要评估其宏观经济、社会效应。只有如此，才能增强地方政府统筹协调能力，增强政策的执行力，促进中央政策更好落地。

确保效率与公平融合发展。改变目前以项目为主的拨款方式，在全国层面推行生均经费拨款制度，为各级职业院校提供最基本的经费保障。注重绩效，

通过绩效考评奖补的办法，发挥地方和学校的积极性，引导职业学校的内涵建设。与国家创新发展战略相适应，加强事权改革，适当上收部分中央职业教育事权，加强中央对职业教育的统筹管理。继续完善我国职业教育分级管理、地方为主、政府统筹、社会参与的管理体制，打造好职业教育资源整合平台，更多引导社会力量来参与职业教育。同时，对于跨区域教育问题，在职业教育事权和支付责任归地方的基本框架下，适当通过建立由中央、输出地和输入地分摊费用机制化解。

（二）建立激发市场内生动力的约束和激励机制

现代社会在社会主义市场经济体制下，应该着力发挥市场在职业教育资源配置中的决定性作用，充分利用市场机制提高职业教育资源配置的效率和效益，协调好政府和市场的关系。不仅要让市场信号在资源配置中切实发挥作用，激发职业院校和企业加强校企合作的内在驱动力，而且要在培养模式上积极引导职业教育从计划培养向市场驱动转变，让市场在资金筹措、专业结构、生源组织、过程监督、效果评价等方面都起到积极作用。要让市场成为连接行业、企业、院校和社会力量之间的纽带。在市场发挥决定性作用的同时，也要更好发挥政府的作用，积极从直接管理向宏观引导转变，可通过体制机制的设计对职业教育的发展方向进行指导和控制，努力弥补市场失灵，实现市场与政府的良性互动。

国家在通过税收减免、政府配套等政策，鼓励企业尤其是大中型企业参与到职业教育校企合作的同时，还应考虑建立一定的约束机制。激励企业主动参与到职业教育，承担应担负的职业教育责任，避免其"搭便车"。切实落实现行的企业教育培训经费提取制度，并参考德国的职业教育抵扣制度进一步完善相关制度，使其发挥更大作用。充分激发企业培育技术人才的责任意识，调动企业参与职业教育的内在动力，在体制上和机制上创造条件，让企业深度参与到学校的教学和科研上。

（三）强化社会功能提升职业教育的价值

当前随着中国社会转型、产业升级的深入，职业教育被赋予了重大使命和热切期待，为职业教育带来前所未有的发展机遇，也为职业教育带来了前所未有的挑战。为了应对社会对技术人才要求的多元化、多样化、多层化，职业教育应以市场为导向,以服务为宗旨,切实提高服务市场、服务行业、服务区域、服务社会的质量,为社会转型、经济发展,为"中国制造2025"建立坚实的支撑。建立现代职业教育体系,不仅要打通职业院校升学上的"上升通道",与普通教育的"联通通道",更要打通技能职业的"上升通道",与产业升级的"联通通道"。在调研中,一位职业院校校长一句"绝不能让分流变成分层"深深打动了我们。无论是教育部门,还是职业院校都普遍反映职业教育社会总体认可度不够高,重普通教育、轻职业教育的现象是影响职业教育发展的一个重要原因。提高对职业教育的社会认可度是一个长期的综合性的工作,不仅是领导说说而已,不是"本本主义",写写而已,而是要推动职业院校切实强化社会服务功能,以此提高职业教育的价值,长期潜移默化地改变社会认同,同时需要在体制机制上创新,让个人、学校、企业、行业、政府各方从自身发展中形成对职业教育的内在需求,形成社会合力,共同营造重视职业教育的社会文化氛围。

(四) 加快推进职业教育领域政府和社会资本合作

鼓励和引导社会资本进入职业教育领域,充分发挥社会资本的能动性和创造性,通过政府与社会资本合作(PPP)模式,提高办学效率,加快职业教育发展,更好提升社会服务功能。这种合作方式是通过法律合同的方式,强调社会合作,以市场机制为纽带,但不以营利为主要目的。它区别于我们通常说的股份制办学,更区别于民办学校。建议选择条件较好的地区及职业学校开展PPP示范试点工作,通过公开透明的遴选机制,选择有实力的教育企业,让专业的人作专业的事,提升教育管理水平。国家可通过建立全国性的职业教育PPP模式法规,从制度上为私人部门进入职业教育领域创造条件,建立相应的监督管理制度、利益保障和补偿制度、利益分享和风险分担制度、争端处理和退出制度。从国家层面,提升职业教育的影响力,加大对社会资本的吸引。通过税收优惠、保障社会资本的合理收益(如生均事业费其他补助方式等),加大对社会资本参与的动力。成立专业化、独立的发展促进机构,统筹协调全国职业教育PPP工作,并指导各地工作开展。在各地,探索多种PPP发展模式,让社会资本能深入地参与到职业教育的教学和管理中,有效提高职业教育的教学和管理水平。

第八章　建设现代职业教育急需推进系统性改革
——基于湖南的实践

本章总结了湖南创新发展现代职业教育的做法及成效，分析了湖南乃至全国加快发展现代职业教育面临的深层次问题及其成因，诸如社会认同度不高、办学基础薄弱、经费投入长期不足、校企合作难以深入等。基于此，我们认为，职业教育的发展不能就职教谈职教，更不能就投入谈投入。建设现代职业教育是个系统工程，需要多部门分工合作，推进系统性改革，改革目标是形成有利于职业教育发展的法律环境、社会环境；政策上加强统筹协调，创新政府支持方式。具体包括：修订《职业教育法》，出台《校企合作法》，优化法规环境；加快体制机制改革，创造公平的就业、升学环境；加大职教资源统筹力度，加强政府和社会资本合作，创新政府支持方式；加强职业院校去行政化的改革等。

职业教育是国民教育体系和人力资源开发的重要组成部分，建设现代职业教育可以为实现"两个一百年"奋斗目标和中华民族伟大复兴的中国梦提供坚实人才保障。职业教育发展有助于发展经济、促进就业、改善民生、精准扶贫，职业教育发展的地位和作用不断提升和拓展。如何加快发展现代职业教育，抢抓"中国制造2025""大众创业、万众创新""转方式、调结构、促升级"的历史机遇，更有效地服务中国经济社会发展，既是近几年理论界关注的重大课题，也是实践领域的工作重心。为此，我们调研了湖南职业教育发展的实践与面临的困难与问题。

一、政府在职业教育发展中积极作为

近几年，湖南在物质投入相对有限情况下，加强制度创新、加强基础骨干学校建设、优化学校和特色专业布局，注重示范引领带动、信息建设推动等，努力实现现代职业教育的"后发赶超"，有很多好的做法，在全国多地推广。

（一）探索建立湖南现代职业教育发展的制度框架

为破解湖南省职业教育发展的体制性障碍，湖南省委、省政府先后出台了《关于大力发展职业教育的决定》《关于大力发展农村中等职业教育的意见》《关于推进终身教育和学习型社会建设的意见》《关于加快发展现代职业教育的决定》，省直有关部门创新实施了职业教育督导评估、教师编制标准、生均经费标准、专业技能抽查、企校合作办学等新制度，这一系列政策制度相互配套，明确了对接区域优势特色产业，构建具有湖南特色现代职业教育的路径与方向。各市（州）、县市区和职业院校也据此陆续出台了贯彻落实的政策与措施。

（二）对接湖南发展需求调整优化职业院校布局结构

一是推动主要行业和每个市（州）办好一所高职院校和若干所中职学校，每个县重点办好一所中等职业学校。目前，在湖南省招生的65所高等职业院校中，政府举办的有50所（占76.9%），企业举办的有5所（占7.69%），民办10所（占15.38%）。在湖南省招生的385所中等职业学校中，政府举办的有179所（占46.4%），行业企业举办的57所（占31.84%），民办149所（占38.7%），基本形成了"政府主导、依靠企业、行业共建、社会参与、协同发展"的多元办学格局，促进职业教育与社会需求紧密对接。

二是调整优化高中阶段学校布局。湖南紧密对接区域产业发展需求，积极推动市（州）调整优化高中阶段学校布局，对一些规模小、条件差、质量低、无特色的中等职业学校进行了撤并。湖南省招生的中等职业学校由2010年的552所调减到2015年的385所，校均规模由2010年的1520人提高到2015年的1745人，高中阶段职业教育结构得到进一步优化。

三是加快建设与区域现代产业发展相适应的职业教育特色专业体系。"十二五"以来，针对湖南优势、特色、基础产业发展对技术技能人才的需要，尤其是湖南十大千亿产业和七大战略性新兴产业的人才需求，湖南省对职业院校专业结构进行了战略性调整。全省共新增中职专业49个，高职专业512个；调减中职专业63个，高职专业586个。目前，湖南省中、高职院校分别设置专业155个、377个，基本覆盖了全省优势产业、基础产业、地方特色产业和战略性新兴产业的主要岗位与工种。与此同时，为紧密对接区域优势特色产业发展需求，湖南组织实施了职业教育"特色专业体系建设计划"，突出加强建设示范性特色专业（群）和品牌专业。目前，全省已建设精品专业212个、示范性特色专业（群）150个、特色专业158个。"对接产业办专业，办好专业促产业"成为绝大部分职业院校的共识。一批基础较好、密切对接产业的职业院校示范性特色专业（群），从对接、服务产业发展，逐步走向了引领、提升产业发展。以湖南工艺美术职业学院改造"新湘绣"产业发展的探索实践为例，2008年，该校牵头联合75家规模以上企业、50所中高职院校和研究机构、11个行业协会，成立了湖南工艺美术职教集团。依托职教集团平台，通过校企深度合作，致力湘绣人才培养、技艺传承、产品创新研发，着力打造"新湘绣"，引领产业发展。以此为依托，到2014年已培养培训湘绣人才3600多名，创新研发新湘绣系列产品300多项，推出新工艺新技法16项，被湖南省挂牌为"国家级非遗项目·湘绣传承与保护基地"和"国家级非遗保护研究基地"。为传统湘绣带来了蓬勃生机，推动湖南湘绣产业年产值翻了两番多。

（三）构建职业教育骨干体系，夯实基础服务能力

为根本改变职业教育发展基础薄弱的状况，提升职业教育服务经济社会发展的能力与水平，在积极参与申报建设国家职业教育重点项目的同时，湖南组织实施了"职业教育'十五'基础能力建设计划""职业教育'十二五'服务能力提升专项计划"，以及到2020年的"四大计划"。目前，湖南省已建有国家示范骨干高职院校9所，国家中等职业教育改革发展示范校38所。遴选立项了省级卓越高职院校8所，卓越中职学校13所；省级示范骨干高职院校41所，示范性中职学校110所，示范性县级职教中心61个。

与此同时，湖南各市州、县市区和大部分职业院校也加强了本级职业教育重点项目建设。2009年投资14.8亿元的"长沙职教基地"建成投入使用。规划投入100亿元的"湖南（株洲）职教科技园"已完成投资近90亿元。全省

国家、省、市、县、校五级职业教育示范（骨干）体系初步建成，职业教育服务经济社会发展的能力明显提升。

（四）着力推动校企合作、产教融合

现代职业教育是"教学做合一""理论与实践并重"的教育，强调"知行合一"，注重学生的动手操作能力的培养培训。职业院校要培养出合格的技术技能人才，绝对不能"闭门办学"，必须"开放办学"，密切加强校企合作、产教融合。为此，2008年以来，湖南以优势产业为依托，以提升产业核心竞争力为目标，以具备条件的高职学院为龙头，以产业领域内的规模企业以及中、高职院校为主体，以项目合作和专业群建设为纽带，以自愿和互利共赢为原则，努力构建产、学、研共生发展的深度协作机制，稳步推进了职业教育集团化办学。目前，全省共有省级职教集团34个，加盟合作单位近3000家，其中省内外规模企业近2000家，几乎覆盖了所有在湘的大中型企业。一些职业院校对接地方优势特色产业，分别组建了湘绣、湘瓷、湘菜、湘茶、湘商学院，进一步创新了校企合作平台。

（五）建设现代职业教育人才培养质量监控体系

人才培养质量是职业教育的生命线，为了保障源源不断培养出适应经济社会发展需要的高素质技术技能人才，近几年来，湖南在全国创新实施了一系列人才培养质量保障机制。

一是探索建立职业院校教师轮训制度。2010年以来，湖南省构建了国家、省、市州和学校四级专业教师培养培训体系，培训中职校长和职业院校教师过万名。二是创新实施职业院校学生专业技能抽查制度。省教育厅负责抽查高职院校，市州教育局负责抽查中职学校。将抽查结果与项目申报、专业建设挂钩，根据抽查情况湖南已责令25所中、高职学校的36个不合格专业停止招生。这一随机抽查制度强有力地保障了专业技能人才培养质量提升。三是创新建立高职院校毕业设计抽查制度。为抓好毕业设计教学环节，严把人才培养出口关，湖南在全省高职院校推行了毕业设计抽查制度。四是积极开展多部门联合的职业教育技能竞赛。省教育厅与省直部门、行业企业联合主办技能竞赛，既扩大了职业教育影响力，又增强了职业教育发展合力。

（六）加快职业教育信息化建设实现后发赶超

近年来，湖南省率先在全国运用"职教新干线"平台进行互联网教学，积极探索了"互联网+"的职业教育信息化建设新路径。截至2016年10月，湖南省职业院校共建设空间教学平台336个，师生个人实名制教学或学习空间160.3万个，发表文章4032.2万篇，发布教学内容视频近523.5万个，师生互动交流近3.7亿人次。通过"专递课堂""名师课堂""网络课堂"等专项计划，初步实现了边远贫困地区职业院校共享优质教育资源，推动了职业教育信息化教学从试点、示范向常态化发展。同时，为进一步推动职业院校规范管理，教育行政管理部门搭建了"职业院校日常管理数据平台""校企合作信息共享网络交流平台"和"中职学校招生管理平台"，运用大数据对职业院校的管理情况、办学水平进行实时监控和综合评价。运用"互联网+"模式开展教学和管理工作，正推动湖南省职业院校教学和管理变革，助推湖南职业教育实现"后发赶超"。

（七）积极落实扶贫政策，鼓励扶持学生自主创业政策

为落实国家扶贫攻坚政策，发挥职业教育"培养一人，脱贫一家"的精准扶贫作用，湖南通过多种渠道。

一是组织全省11所省级示范职业院校对口帮扶怀化市11所农村薄弱中职学校。通过"一对一"的精准帮扶，对受助中职学校的课程设置、师资队伍优化、实训基地建设、教学资源整合、社会服务开展等方面进行全方位的指导与帮助。11所师范职业院校不同程度统筹整合了职业培训资源，联合有关部门开展了技术研发和产品开发，着力拓展新技术的应用创新、推广和咨询服务，开辟了民族传统文化和传统工艺的传承与发展新途径。

二是积极落实国家教育扶贫政策。近年来，湖南积极开展了"一家一"助学就业·同心温暖工程。项目以湖南省武陵山区、罗霄山区等51个扶贫工作重点县为实施范围，以湖南省内职业院校为实施主体，以品学兼优的农村贫困学生为实施对象，以全省民主党派、无党派人士等统一战线成员为参与主体，以公益资助的方式，帮助贫困山区一个家庭有一个孩子学到一门专长，一个家庭有一个孩子就业。截至目前，已有70余家慈善企业和爱心团体成为项目公益伙伴，项目募集资金4900余万元，已在100余所职业院校资助学生近1.2万人。

三是鼓励扶持职业院校学生自主创业。近几年，湖南在职业院校全面开展了创业指导教育，并连续六年举办了"湖南省黄炎培职业教育奖创业规划大赛"。通过该项赛事累计已有 40 多个项目获得了国家专利，30 多个项目成功入驻湖南各大创业园区，500 多个项目进入各职业院校创业孵化基地，创造就业岗位 1 万余个，为湖南省"大众创业、万众创新"工作作出了积极贡献。

二、建设现代职业教育任重道远

尽管地方政府很努力，但是职业教育发展的现实基础还很薄弱，与现代职业教育的要求还有很大差距。

（一）现代职业教育发展的基础还很薄弱

1. 社会认同度低。受用人机制和"学而优则仕"等根深蒂固观念的影响，社会"人才观"存在不同程度的偏差。一些地方热衷兴师动众宣传"高考状元""娱乐明星""亿万富翁"，却很少宣传"劳动致富""技能大赛"优胜者和"能工巧匠"典型。一些县市和部门领导对于当地高考考取几个清华北大的学生如数家珍，对于职业院校的事情却一问三不知。这种现实进一步加剧了家长"望子成龙""望女成凤"的心思，大家都想当"精英"，做"管理者"，不甘做"工匠"和生产流水线上的"螺丝钉"。此外，现在就读职业院校的学生都是中考、高考低分录取的，或者往届初、高中毕业生，大多数来自农村和城镇困难家庭。据抽样调查，湖南中职学校在校学生中 90%以上来自于县乡农村和城市贫困家庭，高职院校在校学生 2/3 以上也来自于农村，社会上不同程度存在"读职业院校低人一等"的观念。职业教育的吸引力不强，领导重视程度和群众认同度亟待提高。

2. 办学基础薄弱。湖南绝大多数高职学院为原来的普通中专合并升格，现有中职学校由原来的薄弱普通高中改制转型而来，发展基础都较为薄弱。而地方政府可用财力有限，职业教育投入长期不足，历史欠账太多，致使湖南省不少职业院校尤其是农村职业院校的实习实训设备简陋，办学条件亟待改善。2015 年湖南省教育事业发展统计显示，湖南省中职教育生师比为 24.88：1，生均校舍面积 13.79 平方米，生均图书 19.18 册，而教育部 2010 年颁发的《中等职业学校设置标准》要求生师比为 20：1，生均校舍面积不低于 20 平方米，生均印刷图书不低于 30 册。湖南有 15 所高职学院生均教学仪器设备不足 3000 元，有 34 所高职学院生均纸质图书不足 50 册，不同程度地低于教育部要求的普通高职院校基本办学条件的指标。

3. 经费投入不足。湖南部分职业院校办学基础薄弱、办学条件简陋的原因是地方财政和学校举办者投入长期严重不足。2014 年，正值湖南地方经济与财政收入持续增长时期，然而湖南省的中职教育发展投入却在大幅度下滑。2015 年底，教育部、国家统计局、财政部公布的《2014 年全国教育经费执行情况统计公告》显示，2014 年湖南省中等职业学校生均公共财政教育事业费 7466.64 元，在全国 31 个省市中位居倒数第 6，相比 2013 年下降了 14.86%，下降幅度全国第 3，相对全国平均水平低 1662.19 元；中等职业学校生均公共财政预算公用经费 2956.99 元，在全国 31 个省市中位居倒数第 6，相对 2013 年下降了 29.97%，降幅全国第 1，比全国平均水平低 723.84 元。2014 年，湖南 GDP 总量与增速均位居全国第 10，湖南一般公共预算收入完成 3629.7 亿元，比上年增长 9.49%，其中地方收入 2259.93 亿元，增长 11.28%（见表 8-1）。

从近 10 年的情况看，湖南中职教育经费投入增长幅度快，但总量偏低。2004—2014 年，湖南投入中职教育公共财政教育事业费增长了 5.66 倍，生均公用经费增长了 32.65 倍，投入增速非常高，但与其他省区比较，湖南对中职教育发展的投入水平在全国基本上位列倒数几位，明显低于全国平均水平。

4. 政策落地不实。近几年湖南推行的一些保障职业教育持续健康发展的制度，虽然社会效应良好，但在部分地方落实还不到位。笔者调查发现，职业院校教师编制标准、城市教育费附加、生均经费标准等在一些经济基础薄弱的地区落实情况并不是很理想。部分财政特别困难的市、县，中职助学金、免学费资金、国家和省职业教育重点项目建设等地方配套经费都难以落实，导致这些地方职业教育发展动力不足，当地的职业学校不愿、不能或者不敢扩大招生规模，普通教育与职业教育发展不平衡问题突出。据统计，2015 年，湖南省普通教育与职业教育分流比、招生比低于 30% 的县市区占到了 1/4，相对国家和湖南省高中阶段教育"普通教育与职业教育大体相当"的要求差距甚远。

5. 校企合作、产教融合层次不高。校企合作、工学结合是培养高素质技术技能型人才的关键，但调研发现，实际操作过程中，校企合作的政策执行力度不够，约束性不足。企业对参与技术技能人才培养培训的积极性不高，校企深

表8-1 2003—2017年湖南省教育事业有关统计表

年度	初中人数(万人)			中职人数(万人)				中职师资情况		教育经费投入情况								
	招生	在校生	毕业	学校数(所)	招生	在校生	毕业	专任教师人数(万人)	生师比	公共财政教育经费支出 经费(亿元)	全国排位	公共财政教育支出占公共财政支出情况 比例(%)	全国排位	中职生均公共财政教育事业费 经费(元)	全国排位	中职生均公共财政预算公用经费 经费(元)	全国排位
2003	129.19	382.2	109.2	668	27.71	57.41	14.42	2.66	21.58:1	106.93	13	18.64	16	1242.77	24	90.57	26
2004	103.25	352.86	118.4	648	30.05	64.92	15.1	2.66	27.79:1	126.07	13	17.52	20	1319.16	23	90.56	27
2005	81.28	297.26	125.2	689	31.78	70.56	18.79	2.6	21.54:1	152.07	11	17.41	19	1361.6	24	137.88	27
2006	72.72	248.91	116.2	712	31.45	75.78	21.59	2.81	22.34:1	180.01	12	16.91	18	1565.24	24	195.37	29
2007	73.36	223.58	94.88	702	33.68	83.06	25.64	3.06	23.42:1	260.93	11	19.23	16	2194.93	28	358.12	28
2008	71.91	214.44	77.42	687	28.05	76.35	26.94	3	22.95:1	338.99	11	19.2	12	3140.7	24	370.99	29
2009	72	214.35	69.33	651	34.89	80.87	27.32	2.95	27.4:1	395.94	10	17.91	14	3483.73	23	598.51	28
2010	73.44	214.92	69.75	552	30.29	76.48	28.29	2.8	25.62:1	443.55	10	16.41	18	3963.3	24	837.71	28
2011	73.49	216.34	69.27	490	27.99	77.88	22.55	2.8	26.22:1	497.36	12	14.13	22	4419.99	28	1151.22	30
2012	74.25	211.11	68.87	450	25.31	73.42	25.15	2.73	26.9:1	712.44	10	17.3	19	7493.77	14	3610.8	8
2013	76.65	214.28	66.65	421	22.87	65.07	23.71	2.48	26.21:1	800.72	7	17.07	13	8769.85	15	4222.49	14
2014	74.54	220.63	65.24	402	22.71	64.48	20.51	2.51	25.68:1	823.67	7	16.42	15	7466.64	24	2956.99	27
2015	73.86	222.41	69.98	386	23.78	64.8	20.41	2.6	24.88:1	913.89	8	15.75	18	8316.18	28	3255.69	29
2016	78.01	225.05	73.99	460	25.13	66.09	19.96	2.6	25.8:1	1027.39	8	16.21	16	9722.77	26	4269.57	24
2017	79.20	229.60	73.30	467	25.00	68.60	19.50	2.7	23.06:1	1119.83	8	15.78	17	9931.20	27	3675.52	28

资料来源：各年度教育部、国家统计局、财政部公布的全国教育经费执行情况以及湖南教育事业统计公报，其中中职学校数为当年招生学校所数。

入合作、产教深度融合推进仍然比较困难。职业教育发展状况与地方的产业基础有紧密关系。湖南省统计局发布的统计信息显示，2015年，湖南省有国家级企业技术中心38家，在中部地区低于河南（79家）、安徽（64家）和湖北（45家）；全省签订技术合同成交金额105.4亿元，仅占全国的1.1%，不到湖北的20%和安徽的60%。由此可以看出，湖南科技优势领域与支柱产业发展错位、能支撑产业发展的科技成果有效供给不足，是校企合作、产教融合不够的重要原因。同时，全省科技成果转化率较低，导致湖南职业院校和科研院所的应用科研和各类职业教育相关课题研究多停留在初步理论探索层面，或者以发表论文、评聘职称为最终目标。

6. 职业院校师资数量不足、结构不合理。一是教师数量不足。湖南部分地方和部门的职业院校编制未能落实到位，对53所公办高职院校和158所中职学校抽样统计显示，中高职院校缺编率都达到2/3。《湖南教育事业发展统计公报》显示，全省中等职业学校生师比为24.88∶1，没有达到教育部中职学校设置标准要求的20∶1（不考虑体育、艺术院校）；高职高专的生师比为20.01∶1，相对教育部要求的普通高等学校基本办学条件要求的18∶1（不考虑体育、艺术院校）也有差距。二是结构不合理。一些职业学校文化课教师占比超过50%，既懂专业理论知识又懂实践操作技能的"双师型"专业教师却不足20%；不少"双师型"教师本身也存在专业不对口、实践操作技能持续提升困难的问题；职业院校教师队伍的职称结构、年龄结构存在不同程度的问题，教授、副教授和高级工程师、高级技师明显不足。

（二）症结：政府单方发力，尚未有效调动市场、社会的积极性

1. 宏观社会环境欠佳：职业教育社会认可度低。社会对职业教育的认可度低与传统文化的影响有关，更多地受当前的职业教育体制影响。过去多年，包括湖南在内的不少省市职业教育差不多就是"断头教育"，中、高职应届毕业生进阶学习的比例在10%左右。大部分中职学生参加对口招生、单独招生升入高职院校，极少部分中职学生能够进入本科阶段学习。而这些招收中职学生的本科院校绝大部分又是刚刚升格的民办高校，或学费相对昂贵，或办学质量和声誉欠佳。这对于绝大部分出身农村和城市贫困家庭的职业院校学生来说，努力学习"升学"成为一种难言的痛，间接挫伤了其他职业院校学生学习的积极性，进一步降低了社会对职业教育的认同。

2. 职业院校不具有真正独立法人地位，微观基础缺失。以政府为主举办的职业院校办学模式，政府直接举办、直接投入、直接管理，虽然职业院校名义上具有法人地位，但事实上，独立事业法人地位难以落地，这一点在县市政府举办的中职学校尤其明显。

缺乏用人自主权。如职业院校师资招聘，都是按照事业单位的统一标准，由行政部门组织公开招聘，难以选聘到最合适的专业教师，尤其是职业院校急需的"双师型"教师。

人才培养与实际脱节。从院校管理的角度看，人才培养目标的制定，专业的设置、教学计划的拟定、教学质量的评估等一系列教学管理过程，都是在政府行政管理序列下进行。行业企业参与较少，企业生产一线的真实需求，人才需求的数量、质量、结构如何，政府行政管理部门和职业院校管理者很难及时充分掌握，动态调整适应更是难上加难。

缺乏财务自主权。从财权的角度看，职业院校也不独立。政府与学校间的关系是收支两条线，由政府统收统支，这一定程度上抑制了非政府财政拨款渠道的资源投入，市场化机制难以发挥作用。由于缺乏吸引企事业单位、社会团体和公民个人捐资助学的优惠扶持政策，或者已有规定粗放、不成体系，多渠道筹措经费的长效机制迟迟未能建立。同时，第三方监测机构缺失，难以对职业教育经费在预算分配、使用和效果上进行有效评价和监督。职业教育的绩效考评如果仅仅依靠政府和体制内的力量，很难保证职业教育经费投入的效率性。

3. 各级政府间事权划分不清晰，职业教育发展地区间失衡。在"在国务院领导下，分级管理、地方为主、政府统筹、社会参与"的职业教育管理体制下，职业教育投入的职责主要在地方，其中高职教育的投入职责主要在省、市两级财政，中职教育投入的职责主要在市、县两级财政。国家实施中职免费教育和助学金政策的一部分资金需要地方财政配套，而中西部地区实际可用财力本已非常有限，很多县市本身就是"吃饭财政"，所谓的"配套"不少都是"墙上画饼"。从近10年教育部、国家统计局、财政部公布的全国教育经费执行情况看，东、中、西部省职业教育经费投入差距巨大。东部地区投入水平最高，中部地区投入水平最低，东部、中部省份职业教育投入差距达到10倍左右。由于产业发展水平、职业教育相对弱势等，中西部地区职业院校培养的技术技能人才一半以上流向东部发达地区就业，业内人士概括，东中西部间存在着"穷帮富"的逆向教育投入倾向。此外,职业教育相对普通教育发展重要资金更多面对职业院校基础薄弱、历史欠账过多的情况,"压力山大"的地方财政和职业院校不是有心无力就是消极怠工。不少中西部地区、农村地区和民族地区的职业院校在办学条件简陋、师资不足情况下,不是以牺牲人才培养质量为代价"偷工减料"发展职业教育,就是尽量举办文秘、计算机应用、财会、护理等投入相对较少的专业。

三、系统推进体制机制改革的几点建议

湖南职业教育只是全国的一个缩影。湖南面临的困难和问题在全国尤其是中西部省市都不同程度存在。从全国范围看,还存在诸如职业院校的专业低水平重复建设,职业教育规模、层次、类型、结构不合理,中西部地区、民族地区和农村地区职业教育发展严重滞后、办学条件异常薄弱问题,职业院校办学缺乏特色、资源分散、恶性竞争、缺乏统筹问题等,而诸如此类的问题表面看上去是职业院校和教育部门的事情,但实际上它与社会环境、行政管理体制机制等紧密相关。为此,我们提出以下政策建议:

(一) 优化职业教育发展的法律环境

适时修订《职业教育法》。为适应现代职业教育加速发展的新趋势,1996年颁布实施的《职业教育法》急需更新和完善,建议全国人大修订《职业教育法》,进一步明确职业教育体系架构、基本制度、条件保障、经费保障、统筹协调等关键问题。特别是各级政府及有关部门发展职业教育的事权与支出责任,行业企业举办职业教育的权利等。基本目标是,营造职业教育发展的良好法制环境。

建议尽快制定出台《职业教育校企合作促进法》。校企合作是职业教育发展的特色和生命,高素质技术技能人才的培养培训离不开校企深度合作、产教密切融合。目前,我国还没有校企合作的专门法规,校企合作育人经常是"剃头挑子一头热",或者凭借私人关系维系。职业院校普遍有积极性,但行业企业参与的积极性和主动性不足。职业教育领域的校企合作多停留在初级的"订单"培养学生阶段,少部分校企合作比较好的也只是开展员工培训和教师顶岗实践,深层次的校企共建生产性实训基地、联合开展应用项目攻关、共同开展

专业建设、课程体系建设等涉及极少。建议国家层面尽快出台《职业教育校企合作促进法》，并修订完善《公司法》《企业所得税法》《税收征收管理法》等相关法律有关条款，形成配套法规体系，提升可操作性。从法律层面界定校企合作各方的责、权、利，明确参与企业的税收优惠，切实提高行业企业深度参与职业教育的积极性。其中明确由工信部、人社部、教育部、国资委、发改委联合，以市场为导向，搭建一个全国性的校企合作信息共享平台，国家层面统筹整合技术技能人才供给（职业院校）与需求（行业企业）信息，为行业企业寻找合适的技术技能人才、职业院校调整专业结构、校企协同育人、协同创新奠定基础。

（二）加快体制机制改革，创造公平的就业、升学环境

多路径畅通人才培养"立交桥"。建议遵循职业技能人才成长规律，考虑职业院校学生绝大部分来源于弱势群体的实际情况，国家层面鼓励加强中高职统筹衔接，推动地方引导普通本科高校向应用技术类型高等学校转型发展的同时，支持国家示范性（骨干）高职院校的省级示范性特色专业独立开展四年制本科高职教育试点；要求"985""211"和"双一流"普通高校每年单列部分招生计划招收部分中职学校对口升学或者高职学院"专升本"学生，让职业院校学生同样可以看到人生发展的新空间。

消除就业歧视。目前，在国家公务员招考和国有企事业单位招聘人才时，还存在设置学历等条件限制，歧视中、高职毕业生的现象。建议人社部、国资委及国家有关机构，尽快完善就业和用人保障政策，消除学历、城乡、行业、身份、性别、年龄等影响平等就业的制度障碍和就业歧视，营造公平的就业环境。当务之急，在各级国家公务员招聘中适当取消大专、本科、研究生等学历限制，降低职业院校学生考试门槛。逐步要求国有企事业单位，除非特殊工作岗位要求，原则上不得设置任何学历门槛。

（三）建议加大职业教育资源统筹整合力度

统筹调整职业院校布局。通常情况，职业院校生源情况通过各年度小学和初中入学、毕业学生数量中分析预测。近几年很多地方职业院校生源持续大幅度减少，但不少地方出于各种因素考虑，大力举办民办职业院校，或者热衷学校"升格升级"，将中职中专升格合并为高职高专，将高职高专升格合并成为

本科学校，导致很多职业院校生源严重短缺，陷入各种"招生大战"。以人口大省湖南为例，由于生源短缺和其他政策导向因素，过去 5 年有 300 余所中职学校停止招生。再如经济社会与职业教育相对发达的江苏，由于生源基本下滑到低谷期，而高职学校数量不断增加达到最高峰期，近 3 年就算"无门槛"招收高中毕业生都"僧多粥少"，2016 年江苏 85 所高职学院仅有 11 所能够按计划招满学生。

优化调整职业院校专业结构。近几年经济社会发展急需各种机械制造、数控模具、电子新技术等加工制造或工科类技术技能人才，但从全国和湖南统计数据可以发现，文秘、计算机应用、酒店服务、商务外语、会计等文科类、管理类专业在校生、毕业生却一直位居前列。不能"对接产业办专业"，不仅导致毕业生对口就业率低，也直接削弱了职业教育服务经济社会的能力与水平。

消除地方壁垒和职业学校违规办学。近几年，关于职业院校违规招生办学、非正当竞争的问题不时曝光于媒体，一些地方出台很多"地方保护主义"政策，公开进行生源歧视的问题层出不穷。为此，建议从国家和省级层面，优化调整职业院校布局和专业设置布点，减少职业院校和专业低水平重复设置。消除省市层面存在的各种形式的招生壁垒和生源歧视，让中西部职业教育严重落后地区的孩子们可以一视同仁地享受到东部发达省市优质的职业教育资源，更有效服务"转方式、调结构、促升级"国家战略的同时，保障中西部地区愿意学习职业教育的孩子们能够拥有公平的受教育机会。

统筹安排教育经费。考虑到中西部地区的财政能力弱、职业教育人才的培养具有较强的外溢性等特点，为保证各地区间职业教育服务的协调发展，建议中央财政进一步大幅度提高对中西部地区、农村地区、民族地区职业教育转移支付力度，对于技术技能人才培养规模较大的省市给予倾斜支持。同时，统筹各类财政资金，特别是扶贫资金用于职业教育，让贫困人口彻底脱贫过上好日子。性价比最高、最有效的抓手非"授人以渔"的职业教育莫属。现实中，经常可以看到贫困家庭一旦有子女接受职业教育培训，在城镇稳定就业，那么家庭其他成员进城移民脱贫就会容易很多。

（四）加强政府和社会资本合作，创新政府支持方式

20 世纪 80 年代以来，英、美、澳、新等国的基础教育行政管理部门和中小学之间普遍采用合同制的管理模式。目的在于解决科层制带来的问题，通过

合同方法来改造政府与公立中小学之间的关系。如美国的"特许学校"和"契约学校"、英国的"公办民营计划"、卡塔尔的"独立学校"和哥伦比亚的"租借学校"等。以美国的"特许学校"为例，政府将公立学校的教学和管理以合同的形式委托给私人部门。私人承办者根据合同的规定经营学校，不受传统公立学校规则的约束，拥有相当大的自治权，例如，有自己的董事会、人事权以及工作和管理条例，可以制定自己的财政预算，不必遵循传统公立学校的划片招生以及不受教师协会规章的限制等。

（五）加强职业院校去行政化的改革

取消职业院校行政级别。目前全国普通本科学校大部分是"正厅级"，少部分是"部级"；高职高专学校大部分是"副厅级"，少部分是"正厅级"；中职学校大部分是"科级"，少部分是"副处级"。这种行政级别模式对于规范管理职业院校的确有一定作用，也满足了地方安置"干部"的需要，但是却严重削弱了职业院校教职工专心于教育教学、应用科研的心思，鼓励了"学而优则仕"，限制了"普通本科"转型发展为应用大学和职业大学的积极性，与"三百六十行，行行出状元"的职业精神背道而驰。因此，建议国家层面彻底废除职业院校的行政级别，让学校回归教书育人、学术探讨和应用科研的本位。

赋予职业院校独立事业法人地位，将学校经营权、招生、用人管理权等赋予学校。特别是职业教育的"双师型"教师队伍建设。建议国家层面明确对职业院校"双师型"教师实行"编制到校，定编不到人，动态管理"模式，鼓励支持职业院校根据专业调整发展需要动态聘请行业企业"能工巧匠"担任专职、兼职"双师型"教师；与此同时，在界定清晰"双师型"教师范围标准的基础上，鼓励支持职业院校专业教师到行业企业一线"进修"培训。

第九章 地方职业教育发展中政府的作用
——基于温州的实践

> 温州职业教育在全国处于领先水平,作为全国民办教育综合改革试点城市,温州市积极推进职业教育办学主体多元化、办学机制市场化,探索"校企一体化"办学机制,特别是财政部门主动作为,进行体制机制创新,加大财政奖补力度,建立政府购买服务机制,设立校企合作发展专项资金,落实各项税费优惠政策,落实收费自主权等,极大地促进了温州民办职业教育的发展,积累了丰富的经验,取得了显著的成绩。但总的来看,职业教育仍是温州市教育领域的薄弱环节,其总体发展水平与当地经济社会发展水平还存在差距,本章有针对性地提出了政策建议。

改革开放以来,温州以"敢为天下先"的务实精神,创造了举世瞩目的"温州模式",成为中国市场经济的风向标。温州经济特别是民营经济的超前发展,也带来了职业教育的超前发展。无论在推动社会资本投入职业教育、深化校企合作,还是服务地方经济,温州职业教育都走在全国前列,不仅就地培养了一只技术技能型的产业大军,为温州经济增质提效升级提供了重要的人力保障,也为我们探索现代职教体系建设积累了丰富的经验。

一、温州职业教育发展情况及其做法

近年来,温州市先后出台《促进高等职业教育发展综合改革试点实施方案》《关于加快中等职业教育发展的实施意见》《关于加快高等教育发展的实

施意见》《温州市人民政府关于加快发展现代职业教育的实施意见》等一系列文件,积极落实中央关于加快发展现代职业教育的战略决策,对温州的中高职发展做出了总体的规划,促进了温州各大中高职院校的和谐可持续发展。

(一) 基本情况

2016 年温州全市有中等职业学校 40 所,其中国家级重点职业学校 9 所、国家级改革发展示范校 3 所。中央财政支持实训基地 8 个,省级实训基地 30 个,省级产学研联合体 5 个,省级示范、骨干和特色专业 51 个。全市各级各类中职学校在校生 6.4 万人,在省级及以上重点职业学校就读的学生占 82.8%,毕业生一次就业率始终保持在 96% 以上,专业对口率达 77% 以上。

全市有乡镇成人学校 118 所,社区教育机构 559 个,乡镇(街道)社区学校覆盖面达到 100%,其中国家级社区教育实验区、示范区 5 个,国家级数字化学习先行区 3 个;省级社区教育实验区、示范区 8 个,省级社区教育示范校 5 所;市级社区教育学校占 76% 以上,形成了城市大学堂、温州老年教育、温州学习网等一批全国知名的终身教育品牌,其中温州学习网在线点击率一直稳居全国前三位。中职学校面向企业职工、退役士兵、新型农民、家政服务人员等开展成人继续教育和培训,年均培训量达 11.2 万人。

(二) 主要做法和成效

1. 优化布局结构。目前温州市加快推进了中职校网调整,重点职校建设取得突破性进展。按人口布局(每 30 万左右人口设一所中职学校)和普职比大体相当的原则,全市中职学校已经从 2008 年的 128 所调整到了 40 所,基本按每年调整 10 所的速度推进,单个学校办学规模不断扩大,逐渐改变了"低小散弱"的职教面貌。同时,阶段性专业结构调整基本到位。从 2009 年开始,按"全市范围内中职学校同一主体专业不超过 3 个,同一县(市、区)域内主体专业不重复设置"的原则,对全市中职学校专业设置进行统筹调整,初步形成了与区域经济和产业转型升级匹配程度高,结构合理、错位发展、特色鲜明的鞋革服装、数控机械、电子商务、餐旅、汽修等 18 大类专业群。

2. 进一步深化教育教学改革。一是实行多层次多形式的校企合作模式。如温职专(温州市职业中等专业学校)的"双主体、六合一"模式、瑞安的"五层联动"模式、永嘉的"教学工厂"模式等。组建了 6 个紧密型的职教集团，成立各级各类专业教学指导委员会51个。初步形成了"校企互通、专兼结合、动态组合"的双师队伍。大力推进现代学徒制、工学结合等校企联合育人方式，提升人才培养质量。校企合作一个成功案例，就是推动温州港华集团做大做强，该公司参与校企合作后，4年半时间从一家小公司发展成为拥有8家分公司的连锁企业，年产值突破亿元。二是创新人才培养模式。建立健全就业、升学、创业的多元发展的现代人才培养模式。首创全国地级市中职本科免费师范生培养项目，实现中职到本科贯通培养，近4年招生已达99人。温州职业中等专业学校、温州职业技术学院、亚龙集团在国内率先开办"双元制中高职一体"实验班，形成中职、高职、企业三方共育的中高职衔接人才培养模式。三是全面深化中职课程改革。把课程改革作为整个中职教育改革的重要切入点，形成"五大结合"，即将课程改革和提升办学质量、强化学校内涵建设、构建多元发展的现代人才培养模式、改革办学体制机制、实践现代学徒制相结合，全面提升人才培养质量。此外，温州市有声有色的中职校园文化建设，"适情德育""成功教育"等德育模式以及基于温州人精神的创业教育，在全省乃至全国都有较高的知名度；面向人人的技能竞赛模式受省厅推崇，并在全省推广。

3. 成人教育和社区教育办学模式进一步创新。在经费、师资、工作人员严重缺乏的情况下，成人教育和社区教育走出了多主体、"混合所有制"的办学路子，极具"温州特色"。各地区因地制宜，盘活各类社会资源，有联合文化宫或文体中心或俱乐部办学的，也有老人协会、社区甚至祠堂庙宇等场所办学的，并建有一支志愿者师资队伍，"但求所用，不求所有"，形成了"大社会办大社区教育"的发展模式，充分满足当地群众多样化的培训学习需求，提高就业能力，有力地推动了全民终身学习。

（三）服务区域经济社会发展的能力进一步增强

目前，全市中职有14个专业类别、93种专业、302个专业布点，基本覆盖了温州市电气、鞋业、服装、汽摩配、泵阀等支柱产业。"十二五"以来中职学校累计为社会输送了近10万毕业生，以加工制造、电子商务、汽车维修、餐饮、旅游服务、现代物流、信息服务等行业为例，近年来一线新增从业人员中，中职毕业生占四成以上。中职生毕业升入高一级学校占33%，直接就业占64%，其中在本地就业人数最多，占76.3%；在第三产业就业人数最多，占74.4%；在城镇就业占绝大多数，占89.9%；财经商贸类专业毕业生人数最多，占29%，就业最好，就业率达98%。全市各级中职学校和乡镇成校、社区学校面向企业职工、新型农民、家政服务人员等开展职业技能等继续教育培训，年均培训规模达110万人次以上。职业教育已成为温州市发展实体经济、推进产业结构调整、新型城镇化建设和新农村建设的重要支撑。

二、政府多举措激发职业教育办学活力

温州在职业教育发展上，积极结合当地民营经济较为发达的特点，发挥温州作为全国民办教育综合改革试点城市的优势，重点推进职业教育办学主体多元化、办学机制市场化，探索"校企一体化"办学机制，全面激活职业教育发展机制，着力构建现代职业教育体系，打造温州职业教育"升级版"。

（一）支持各类办学主体多种形式举办民办职业教育

1. 探索分类管理机制。对民办学校按照营利性、非营利性进行分类登记管理。非营利性的全日制民办学校按照民办事业单位法人进行登记管理，营利性的全日制民办学校按照企业法人进行登记管理；非全日制的民办学校按照企业法人进行登记管理，如确属非营利性的，也可以登记为民办事业单位法人。民办事业单位法人由民政部门登记管理，企业法人由工商部门登记管理。法人属性一经确定，没有特殊理由的，一般不予更改。

2. 深化办学体制改革。积极开放教育投资、生产、供给领域，吸引社会力量和民间资本进入教育事业领域，形成不同投资和举办主体公平有序的竞争环境，大幅提升教育公共品的供给能力。支持各类办学主体通过独资、合资、合作、股份等多种方式办学。鼓励行业、企业等社会力量参与公办学校办学，鼓励大、中型企业以职业学校为重点投资办学。鼓励优质公办学校通过各种方式参与、支持民办学校办学，鼓励中外合作办学，探索委托管理等办学形式。

鼓励优质民办教育机构扩大办学规模，实行集团化办学。所属学校分布在各县（市、区）及温州市以外的，可由温州市教育局批准建立教育集团，在县（市、区）域以内的，由县（市、区）教育局批准建立教育集团。各集团学校

实行属地管理。

3. 出台专项优惠政策，加大教育引资力度。结合中长期教育发展规划，推出一批重点项目引进民间资金建设优质学校，培育教育后勤产业。各地要有计划、有步骤推出一批非义务教育阶段公办品牌学校进入教育引资市场，交由社会团体或个人办学，建设全国一流的民办学校。探索通过土地、校舍等要素低租金或者零租金等方式，交由有教育情结、教育经验和经济实力的教育名家或品牌学校通过民营机制办学，建设高端学校。

4. 推进投融资体制改革。

一是完善教育投融资平台，借助温州教育发展投资集团有限公司，探索组建由国资引导、民资参与的教育担保公司，为民办学校提供贷款担保等服务。鼓励民办教育协会组建担保公司，积极开展业务，服务民办学校。

二是鼓励金融机构为民办学校提供用于扩大和改善办学条件为目的的信贷支持。探索登记为民办事业单位法人的民办学校将学校非教学设施作抵押，或将学校学费收费权和知识产权作质押向银行申请贷款的机制。探索登记为企业法人的民办学校将学校设施作抵押，或将学校学费收费权和知识产权作质押向银行申请贷款的机制。

三是探索教育信托投资，支持民办学校依照国家规定利用捐赠资金和办学结余设立教育基金，通过专业基金运营机构运作，实现保值增值，收益用于学校发展。鼓励登记为企业法人的民办学校探索创建教育私募股权投资基金，发展教育产业。

四是各地在风险可控的前提下建立民办学校低息贷款政策，支持民办学校融资。对于办学规范、信誉良好的民办学校，当地政府可建立贴息贷款机制。

（二）支持行业企业举办或参与举办职业教育

鼓励行业企业全面参与教育教学各个环节，引导职业学校根据企业和行业需要构建骨干专业的教育目标、内容和方式，鼓励企业参与骨干专业和实训基地建设，参与课程设置，共同开发校本教材。强化生产性实训和顶岗实习，积极探索校企股份合作、实训室进入企业、生产车间进驻学校等模式，倡导实施"产学研一体"运作方式。要求职业学校建立有行业企业参加的办学咨询、专业设置评议和教学指导机构。支持建设若干个依托中职学校设立、整合行业企业资源、服务地方产业转型升级的产学研联合体或职业教育集团。引导职业学校依托专业集群建设实训基地，充分发挥实训基地的社会培训功能，积极扶持欠发达地区骨干职业学校实训场所建设。

（三）创新职业教育办学模式、推动产教融合、校企合作。

1. 成立职业教育校企合作促进委员会推动校企合作。深化校企合作、产教融合，始终是中职教育改革和发展的方向。2013年，温州市《关于加快高等教育发展的实施意见》要求市、县两级政府分别建立由发改委、经信、教育、科技、财政、农业、人力社保、安监等部门和部分行业协会、企业、职业院校组成的职业教育校企合作促进委员会，推动产教融合、校企合作。2014年温州举办"深化校企合作、培育新型蓝领"校企合作对接签约大会，全市15所中职学校与60多家企业顺利签约，强化校企合作向深度广度发展。目前，与中职学校签订长期合作协议的企业数达769个，校企合作教学指导委员会42个。下一步将积极探索推行"校企一体"办学模式，建立教学工厂，做到专业设置与产业需求、课程内容与职业标准、教学过程与生产过程"三对接"，推进校企、产教深度融合。如2014年温州市职业中专与温州港华集团进行了"双主体"校企合作尝试，职业学校与用人企业并列作为办学主体，双方共同规划、招生、教学、管理、评价、出资，实现量身打造、工学结合、模块教学、理实一体、多元评价的定向人才培养。

2. 设立校企合作发展专项资金。市本级财政每年设立一定数额的校企合作发展专项资金，各县（市、区）根据区域职业院校在校生规模设立校企合作发展专项资金，引导和鼓励职业教育校企合作，主要用于：（1）资助职业院校与企业联合设立职业教育实习实训基地、合作建设实验室或生产车间等校企合作项目；（2）资助职业院校为实习学生统一办理意外伤害保险；（3）资助职业院校聘请行业企业的能工巧匠、劳动模范、首席工人、技术和管理人员担任职业院校专业课程教学和实习实训指导教师；（4）对企业接纳职业院校学生实习发生的物耗、能耗给予适当资助；（5）对与职业院校合作开展职工教育和培训并取得显著成绩的企业给予表彰、奖励；（6）对职业院校参与企业技术改造、产品研发、科技攻关和促进科技成果转化给予资助或奖励；（7）表彰、奖励其他在促进职业教育校企合作中作出显著成绩的单位和个人等。

三、地方财政支持社会力量举办职业教育

在职业教育改革发展中,地方财政主动作为,从提升发展保障水平和创新机制两方面入手,支持职业教育发展。在不断提高职业教育保障水平,提升职业教育生均拨款标准的同时,也积极主动作为,积极引导、鼓励、支持社会力量举办职业教育,使公办、民办学校享有同等的财政支持。

(一) 完善公共财政补助民办教育(包括职业教育)的相关政策

2013年8月,温州市委市政府研究通过了民办教育综合改革2013年升级版"1+14"文件(温委〔2013〕63号),进一步深化民办教育改革试点工作,力争使温州民办教育从"全国试点"迈向"全国示范"。为优化民办教育综合改革的政策环境,提高财政资金使用效率,根据国家民办教育综合改革试点工作有关精神,进一步完善了公共财政补助民办教育的相关政策。

1. 加大财政奖补力度。从2011学年起,市财政每年安排3000万元作为民办教育专项奖补资金,用于全市民办学校升等创优、年检优秀的奖励,全市年度优秀举办者、校长、教师的奖励和民办学校教师培训培养的补助,市本级民办学校教师人事代理、贷款贴息的补助等。各地各县(市、区)也参照公办学校经费拨款水平,结合民办教育规模,设立民办教育专项奖补资金,加大民办教育财政奖补力度。

2. 建立政府购买教育服务机制。从2011学年起,以当地同类公办学校生均教育事业费为基准,建立政府向基础教育阶段民办学校购买服务的经费投入制度。对登记为民办事业单位法人的民办学校,以落实教师社会保障政策,足额缴纳教师社会保险费的单位应缴部分,以及落实当地民办学校教师最低工资制度和相应会计制度为前置条件,根据民办学校在校生人数,按当地上年度生均教育事业费标准给予一定的补助:义务教育阶段补助比例为30%—50%,学前教育、高中段教育补助比例为20%—30%,民办高校补助比例为15%—20%。符合条件的民办学校,政府购买服务资金要求当年到位。并逐步提高补助比例,使公办、民办学校享有同等的财政支持,相关经费由同级财政据实列支。各级政府依法将支持民办教育发展的资金列入同级财政预算,年度教育经费增量统筹考虑公办和民办教育发展需要。

3. 落实税费优惠政策。根据民办学校属性不同依法落实相应的税费优惠政策。登记为民办事业单位法人的民办学校依法享有公办学校同等的税费优惠政策，举办学历教育的民办学校、幼儿园收取的学费、住宿费免征营业税，其名下的土地、房屋免征城镇土地使用税和房产税。民办学校出资人将投资用于办学的土地、房屋过户到学校名下，参照股权转让的方式免征营业税。经县级以上人民政教育行政部或劳动行政主管部门批准并核发社会力量办学许可证的教育机构，其承受的土地、房产权属用于教学的，免征契税。登记为企业法人的民办学校，提供学历教育劳务所得的收入，免征营业税，企业所得税由税务部门先征缴后再予以返还地方所得部分，该项税收优惠政策每所学校享受5年。

个人通过中国境内的非营利性机构用于民办教育事业的捐赠支出，按税法规定，在计算所得税应纳税所得额时扣除。出资人将房产设备投入到民办学校，不征营业税、土地增值税，企业所得税、契税地方所得部分由税务部门征缴后按规定给予返还。企业以税后利润在本市投资办学的，其投资额对应的企业所得税地方所得部分，由同级财政予以返还，全额用于办学。

（二）构建综合政策体系

1. 保障合理用地需求。统筹民办学校布局，各地要按照城镇体系框架和村级组织"转并联"后农村新社区建设的发展要求，将民办学校布点纳入教育布局调整规划。规划部门在统筹规划教育设施布局时，要统筹规划民办学校和公办学校，并与城乡规划和土地利用总体规划做好衔接。国土资源部门每年在安排用地指标时，要优先确保民办学校建设用地，以保障民办教育用地需求。登记为民办事业单位法人的民办学校，可以行政划拨方式提供土地使用权，原以出让方式获得的土地，土地的使用权和教育用地功能均保持不变。登记为企业法人的民办学校原则上以有偿出让方式供地，原以行政划拨方式供地的，分类改革后，其土地作为国有资本保留，需要由划拨改为出让的，按国家《协议出让国有土地使用权规范》规定处理，出让金由原土地使用者支付。在规划许可的前提下，民办学校可以依法依规通过土地置换迁建、扩建学校，做大做强优质资源。登记为民办事业单位法人的民办学校，各项建设规费减免与公办学校享有同等待遇。

2. 落实收费自主权。根据法人属性分类实行优质优价的收费政策。登记为民办事业单位法人的民办学校，收费项目及标准实行政府指导价管理，由民办学校按不高于当地上年度生均教育事业费3倍的标准自主确定（经教育行政部门批准的优质学校，可按不高于当地上年度生均教育事业费5倍的标准自主确定），报价格主管部门备案并向社会公示后执行；民办幼儿园实行学期等级收费。特别优质的民办学校经教育、发改部门批准，可按高于当地上年度生均教育事业费5倍以上的标准收费。登记为企业法人的民办学校，收费项目及标准由学校自主定价，报价格主管部门备案并向社会公示后执行。

3. 依法落实学生的扶助政策。民办学校学生与公办学校学生同等待遇享受国家助学金、励志奖学金、国家助学贷款财政贴息、中职助学金、义务教育阶段免费教科书、困难生资助等省以上财政补助政策。

四、存在的主要问题及原因分析

近年来，温州市职业教育事业取得长足发展，但仍是教育领域的薄弱环节，其总体发展水平与经济社会发展需求还不适应，与群众期盼还有一定差距。

（一）政府服务缺位导致人才培养与经济社会需求不适应

多年以来，政府习惯了借助职业学校这一载体来提供职业教育服务，政策、手段基本上是如何支持学校的发展，直接给钱给物，忽略了职业学校自身功能的有限性，忽略了政府应提供的基本服务。

1. 缺乏政府基本职业教育服务的提供，是人才培养数量、质量与市场和社会需求脱节的重要原因。当前，单纯依靠职业学校对接市场需求的话，信息是不完整的，有短期化、本土化、局部化的特点。职业教育人才培养与市场需求之间缺少互动平台，专业办学规模缺少信息引导与宏观调控。从温州市中长期人才需求与发展数据看，"十二五"期间温州市高素质技能人才需求总量从10.57万人增长到17万人。但温州中职学校办学总体规模明显偏小，年培养能力仅2.5万人，专业规模与当地产业、企业规模匹配不够。从学校来说，一些职业学校也并不了解行业企业对人才的需求，仅仅根据自己的现有条件来办学，专业课程与生产实践脱节，课程和人才培养还不符合企业岗位、一线生产实践的要求。这些问题的存在，与学校与市场需求的信息不对称直接相关。

2. 专业结构与产业结构还不十分适应。目前温州市中职学校面向三次产业的在校专业学生分别占 0.4%、12.8%、86.8%，与全市三次产业结构比例（2.7∶47.6∶49.7）还不十分吻合，各专业的办学规模与产业人才需求量之间，存在一定错位，中职学校会计、计算机应用、学前教育专业在校生数在位居全市前三位，各县（市、区）均有开设，显然与产业人才需求结构失衡。其主要原因在于，部分学校专业设置缺乏充分的市场调研和严谨的科学论证，甚至为了便于招生以及降低专业建设成本，盲目增设学前教育、电子商务等专业并扩大招生规模，造成区域内职业学校专业重复设置过多，不仅浪费有限的教育资源，而且导致毕业生就业压力增大，学校专业优势不明显、失去办学特色。

3. 专业设置难以满足温州市新兴产业发展的需要。目前温州市中职院校专业基本覆盖五大支柱产业，但温州市十大新兴产业中的激光与光电、临港石化、通用航空、新材料等产业，与之对应的专业设置还处于"空白"。其主要原因在于，一是中职学校专业设置缺乏前瞻性，很少主动对接温州产业转型来设置新兴专业，造成学校人才培养和社会紧缺人才需求"两张皮"的现象，此外中职学校师资和实训场地投入不足，无法开设与新兴产业对接的新兴专业；二是政府部门在引进新兴产业，比较注重投资及高级人才引进，忽视了产业工人的培养，很少主动与中职学校对接，产业规划缺乏依靠中职教育培养产业大军的意识。

（二）缺乏有效的治理机制，校企合作有待深化

校企合作是职业教育发展的重要组织形式，也是我国建设现代职业教育体系建设的重要内容和特征。但目前，校企合作中，企业主动性、积极性尚未有效释放。

1. 校企合作顶层制度不健全。校企合作的开展在新型工业化时代，对高技能人才培育有着重要作用，也是促进职业教育面向市场办学、激发办学活力的重要途径。但校企合作的相关法律与政策不甚健全。如温州市 2013 年出台了《关于促进职业教育校企合作的实施办法》比较宏观和笼统，对责、权、利的规定比较模糊，加上政府在出面统筹协调校企合作、联合办学等方面的作用缺位，造成企业、学校开展校企合作的积极性都不高，校企合作多数都停留在顶岗实习、推荐就业等浅层次合作，而校企共建实训基地、开展现代学徒制培养

等深层次合作举步维艰。深入开展校企合作的关键在于地方政府出台扶持校企合作的优惠政策,以宁波为例,宁波市政府颁布了《宁波市职业教育校企合作促进条例实施办法》,通过政府专项资金、支付学生实习报酬和办理保险、搭建校企合作公共网络服务平台等举措,明确了政府、企业、学校在校企合作中的权责和义务,破解了经费保障不足、教师互聘不畅、校企供需信息不对称等校企合作中长期存在的难题。

2. 校企双方利益保障机制相对缺乏。学校的目标是培养人,而企业的目标是利润,需要创造经济效益,企业在校企合作方面的投入与回报往往失衡。关键在于政府对企业支持职业教育的税收优惠、购买服务、经费补偿政策不够完善,不能给予企业合理回报。以企业接收职业学校学生实习为例,企业需要配备专门的指导教师,工作的质和量可能会受影响,有些企业还要承担学生因技术不熟练而损坏机器设备或发生安全事故等风险。另外,温州多是规模较小的民营企业,企业老板为了成本考虑,更愿意招聘农民工而不愿参与培养自己所需的人才,一些企业有培养学生成为长期员工的意愿,但温州许多家长不愿自己的孩子当技术工人,也使企业开展校企合作育人的积极性受挫。学校方面,国有资产管理难以突破,引企入校共建实训基地,往往被理解成"国有资产流失",校长、专业负责人由此存在"廉政风险"。特别是学校与企业进行合作生产,产生的营利性收入,在学校"收支两条线"的体制下,只能上交地方财政,参与的教师不能多劳多得。还有专业师资力量不足,无法派遣足够的老师入驻企业指导学生实习实训或与企业开展技术合作等,即使派遣,老师增加了工作量,按绩效工资政策却不能给予额外的报酬。

(三) 师资队伍建设体制不顺与职业教育质量提升要求不相适应

大多数职业学校属于公办事业单位,用人体制缺乏自主权,师资队伍与职业学校需求存在不衔接的问题。

1. 师资数量和质量不足,能工巧匠"进不来""留不住"。教师来源单一,新入职教师多是学历高、技能低的高校毕业生,且面临有编不补的问题,师资到编率仅为76.2%,"双师型"教师比率为76.4%,由于专业课教师少,致使一些适应温州经济社会发展的专业不能开设或开设不足。教育部门和学校在招考教师方面缺少话语权,难以突破年龄、学历等政策条件制约来引进社会上的"能工巧匠"担任专业课教师,如温州第二职业中等专业学校向社会引进美容美发师，现行教师招聘政策多要求是本科学历，但社会上本科学历的美容美发师凤毛麟角。学校即使聘用"能工巧匠"，也无法给予应有的职称和工资待遇，像泉州华侨职业中专学校聘用在酒店年薪 20 万元的大厨做兼职教师，却只能按代课教师每年 2.5 万元的标准支付薪酬。

2. 缺少一支富有开拓精神和改革魄力的管理队伍。一是中职校长的选拔机制、梯队建设还有待进一步完善，特别是缺少"领军人物"。"想干事、肯干事、敢干事、能干事、干成事"的校长不多，校长领导课程教学的能力、优化内部管理的能力、调适外部环境的能力都有待加强。部分校长职业倦怠，认为干好干坏一个样，特别是学校成功创建省级、国家级项目后，在师资、经费等资源上却没有得到更多的倾斜，使其办学积极性受挫。部分校长从普高或者其他部门"空降"过来，对职业教育认识不到位，办学思路不开阔，甚至关起门来办学，偏向"普高化"，造成学校专业优势不突出，缺乏办学特色和吸引力。二是各县（市、区）职成教干部的管理水平亟待提升。三是职教教研员数量不足，特别是没有设立成教教研室以及配备成教教研员。

（四）职教资源配置失衡

1. 普职资源配置失衡，重点职校建设缓慢。普通高中和职业高中（简称普职）比例长期失衡，当前普职招生比为 62.6∶37.4，远远达不到国家提出的"普职大体相当"的要求。据 2014 年统计数据，全市有普通高中 107 所，在校生 12.5 万，生均占地面积 47.86 M2/生，相对应的，职业高中只有 40 所，在校生 6.0 万，生均占地面积 30.34 M2/生，职业高中资源配置远远落后于普通高中，在全省也处于末尾。特别是重点职校建设推进缓慢，按市委市政府关于加快中等职业教育发展的"1+6 文件"要求，"十二五"期间全市"迁扩建"重点职校 21 所（达到省一级及以上标准，校均规模 3000 人），目前只建成 14 所，一些人口大县如苍南县，有 2 所重点职校建设任务，至今未启动；乐清市有 4 所，只建成了 1 所。同温州市职业高中相比，普通高中的迁建、扩建、新建任务在"十一五"期间就完成了，特别是各县市区都建有一所办学条件优良的"县中"，却拿不出一所像样的"县职校"。同其他地市相比，湖州在"十一五"就完成了中职校网布局调整，结束了"低小散"的局面，像浙北地区都建有上规模上档次、基础建设条件一流的职校，而温州市中职基础建设依然薄弱，甚至一些中职学校连像样的实训室也没有，根本无法开设专业实训课。

2. 财政经费投入不足。中职教育方面，没有按国家和省有关规定建立中职教育生均经费最低标准制度，也没有落实"中职教育生均公用经费达到普通高中1.5倍及以上"的规定①；除市本级外，各县市区均没有落实"教育附加费用于职业教育的比例不低于30%"的要求②，据近三年统计数据，苍南、乐清、文成、泰顺等地教育附加费用于职业教育的比例均在5%以下。成人教育方面，从未落实"社区教育经费至少按照每年不低于人均1元钱的标准划拨，经费应列入县（市、区）政府经常性财政开支"③ "企业要按照职工工资总额的1.5%—2.5%足额提取教育培训经费"④的规定，而成人双证制教育，省政府要求"开展成人双证制教育培训工作，所需经费由市、县政府承担，列入市、县财政年度预算"⑤，除市本级按"初中后每人800元和高中后每人1200元"的标准进行补助外，其他各县市区均没有落实到位。

综上，在地方政府的积极作为下，温州职业教育发展的成绩是显著的，有些做法也值得全国范围内推广。同时，我们也看到，温州职业教育发展就是全国的缩影，发达地区职业教育发展中面临的困难和问题，也需要我们认真反思。

五、几点建议

（一）创新办学体制机制，着力解决校企合作机制不完善问题

一是在中职学校推进政府与社会资本合作试点，在高职推进混合所有制办学改革。

二是健全企业参与机制。建立健全"政府主导、行业指导、企业参与"的办学机制，尽快制定出台PPP办学、校企合作促进办法、混合所有制试点等政策措施，通过税收优惠、财政直补、购买服务等支持企业兴办职业教育，探索

---

①④ 《浙江省人民政府关于加快发展现代职业教育的实施意见》（浙政发〔2015〕16号）第四项第二条。
② 《国务院关于加快发展现代职业教育的决定》（国发〔2014〕19号）第二十条。
③ 《浙江省教育厅、浙江省文明办、浙江省民政厅关于大力开展社区教育工作的意见》（浙教职成〔2003〕220号）第六条。
⑤ 《浙江省人民政府办公厅关于开展成人双证制教育培训工作的通知》（浙政办发〔2008〕72号）。

实行"学校＋企业＋实训基地"的培养模式。

三是成立产业大联盟。加强行业指导能力建设，成立由政府部门为主导，行业协会、企业、学校、科研机构等多方参与的产业大联盟，承担开展产教对话，推进校企合作，发布行业人才需求报告，指导教育教学和开展质量评价、参与制定职业教育布局和发展规划等职责。依托供应链协会和现代企业集团，率先成立供应链大联盟和现代服务业大联盟。

四是建设现代学校制度。加快政府职能转变，减少对学校教育教学具体事务的干预，进一步扩大职业学校在教师评聘、招生、经费管理等方面的办学自主权。总结温州市华侨职专开展现代学校制度建设试点基础上，进一步完善"政校分开、管办分离、自主管理、民主监督"的现代学校制度，激发学校办学活力。加强学校章程建设，推进依法治校。

（二）优化职教发展结构，着力解决专业与产业匹配不够问题

一是调整普职结构，确保职教发展规模。通过实施中高职一体化学校、普高转制等，继续加强中职学校整合。

二是调整专业结构，适应产业发展要求。建立健全专业随产业发展动态调整机制，加强专业链与产业链的对接。围绕支柱产业、新兴产业，设置主要专业群（链）；围绕重点行业产业，建设区域性特色专业。

三是推进服务"一带一路"国际合作。服务"一带一路"倡议，推动与温州企业和产品"走出去"相配套的职业教育发展模式。在以校企合作为载体，重点依托温州亚龙集团与东南亚国家开展深度合作，输出师资培训和设备产品等，引导东南亚学生来温州就学就业。以华侨职业中专学校国际烹饪班为试点，与欧洲国家联合培养国际化的餐旅服务人才。进一步加强与韩国、台湾地区的职业教育交流与合作。

（三）提高教育教学质量，着力解决人才培养与经济社会需求不适应问题

一是深化课程教学改革。以学生个性发展和可持续发展为本，对接高考制度改革，立足行业发展趋势，深入探索建立多样化的选择性课程体系、"工学交替"的教学机制和"做中学"的学习机制，强化专业与产业、课程设置与岗位需求、教学过程与生产过程对接。加强文化基础教育，将职业道德、人文素

养教育、创业教育贯穿培养全过程。不断完善"中职课改三三五工作机制"（即三大导向：问题导向、质量导向、特色导向；三大原则：行政主导、整体推进，多方联动、开发课程，综合评价、多元发展；五大路径：将课改和提升中职办学质量、强化学校内涵建设、构建多元发展的现代人才培养模式、改革办学体制机制、实践现代学徒制等五个相结合）。

二是推进"校企联合招生，联合培养"的现代学徒制。健全工学交替、理实一体的育人机制，创新顶岗实习形式，提高实习实训效果，推进校企一体化育人，实现学用零距离，切实提高人才培养质量。

三是完善"就业、升学、创业"多元发展通道。建立从中职到本科到专业研究生的上升通道，继续推进中职 3+2、3+2+2、五年一贯制等中高职贯通培养的改革试点，积极参与高职的 4+1、4+2 培养试点，使 50% 以上的学生升入高职，接受本科教育、专业研究生教育的学生比例逐年递增。推进职业高中与普通高中融通试点工作，探索建立普通高中与职业高中学籍转换、课程衔接、学习成果互认等制度，推进培养模式多样化，满足不同潜质学生的发展需要。

（四）改革人事管理制度，着力解决师资队伍建设滞后问题

一是实行"固定编制＋流动编制"的教师编制形式。推进人事制度改革，对职业院校实行"按编（满编）拨款"，即"编制到校、经费包干、自主聘用、动态管理"。编制实行"固定编制＋流动编制"形式，流动编制用于学校自主聘请"能工巧匠"担任专业教师。拓宽专业师资入口渠道，进一步破除专业师资招聘中的年龄、身份、学历等壁垒，做到"不唯学历凭能力"。实施其他专业技术职称系列与职业教育教师职称系列的互通互认。

二是加强师资队伍"领军人物"培养培训。建设好校长、班主任、专业教师三支队伍。把连续两个月以上企业实践经历纳入专业教师专业技术职务（职称）晋升、评优评先的基本条件。完善绩效工资制度，鼓励职业学校教师在完成全日制教学工作同时，积极面向社会开展职业技能培训和技术服务，其社会培训和服务收入与教师报酬挂钩。

（五）加强各项保障工作，着力解决职教资源配置不足问题

一是加强投入保障。按国家和省有关政策要求，严格落实职业教育和成人教育的各项经费。

二是加强基础能力建设。提高职业院校办学标准、提升实训设备装置达到现代技术实际应用水平。围绕区域主导产业，重点打造品牌职业院校、建设骨干专业、培育产学研能力较强的"双师型"教师、努力培养高素质技术技能人才。

三是加强制度执行督导。建议政府督导部门会同人大、政协加强对各地职业教育发展情况督导，并将督导结果作为对县（市、区）政府年度考核的重要依据。建议政府尽快修改不适当的、唯学历要求的政策文件，在工资分配制度方面，进一步提高技能型人才工资及福利待遇。

四是加强舆论宣传。弘扬"劳动光荣、技能宝贵、创造伟大"的时代风尚，促进形成"崇尚一技之长、不唯学历凭能力"的社会氛围，让尊重职业教育、尊重技术技能人才在全社会蔚然成风。

第四篇
国际比较与经验借鉴

　　经过改革开放40年的发展，中国的职业教育摘取了三个世界第一：发展速度世界第一，发展规模世界第一，发展体系世界第一。建设现代职业教育，不能孤芳自赏，更不能固步自封，需要国际视野。国际比较是为了借鉴国际职业教育成功的理念和经验，也是为了探究国外实践中的教训，避免重蹈覆辙。借鉴国外经验，一是不能机械化，照搬照抄，要注重文化的根植性，考虑到中国的适用性，避免南橘北枳；二是要重视方式方法，国际比较研究是一个科学研究方法，一定要摒弃外国的月亮更圆的意识，取其精华，去其糟粕。反映到职业教育上，各国类型多样，模式多种，各有优势和不足。应抓住制度创新的灵魂，经验借鉴上强调神似而不是形似。本篇梳理了德国的双元制职业教育，澳大利亚的继续与技术教育，北美、加拿大和美国的社区学院教育等多种职业教育模式的成果，期望当代中国职业教育发展博采众长，走出一条具有中国特色的职业教育发展之路。

第十章　日本职业教育的发展及启示

日本的现代职业教育始于明治维新时期，之后短短 30 年间迅速发展。在战后经济濒临崩溃之际，日本凭借"教育先行"的理念，实现了经济飞跃，也产生了很多成功模式。日本作为政府主导型国家，政府在职业教育发展中起了很大作用。自明治维新以来，一直把职业教育作为国家发展战略的重要手段，并通过追踪世界最先进的技术进行传授，以此建立后发优势。职业教育对日本不仅是一项专门技能的训练，还是先进技术移植的必要途径。目前，日本已成为职业教育最发达的国家之一。

一、日本的职业教育体系

目前，日本的职业教育包括学校内的职业教育、企业内的职业教育以及公共职业培训（现改为职业能力开发）三个部分，体系相对完整。其中，学校内的职业教育由文部省管辖，企业内的职业教育和公共职业培训由厚生劳动省管辖。

（一）学校内的职业教育

学校内的职业教育是为将来走向社会的青少年提供就业前的职业技术教育，主要由高等专门学校、专修学校、短期大学等不同类型的学校组成。

1. 高等专门学校。高等专门学校创建于 1962 年，当时正值日本经济高速增长初期，应日本企业界的强烈要求，政府设立了 5 年制职业技术教育学校，培养支撑日本工业发展的骨干技术人员，招生对象为初中毕业生。由于高等专门学校注重学生动手能力的培养，使学生不仅具有一定的理论知识，还具有一线工作需要的实际操作能力，就业后能很快胜任企业的工作需要，广受日本企业好评，因此，一直保持着较高的就业率。截至 2019 年，日本共有高等专门学校 57 所，学生 57121 人（见表 10-1），高等专门学校招生规模相对较小，以国立学校为主。

表 10-1　　　　高等专门学校基本情况（2010—2019 年）

年份	学校数				学生数				入学者数				教师数
	合计	国立	公立	私立	合计	国立	公立	私立	合计	国立	公立	私立	
2010	58	51	4	3	59542	53605	4030	1907	10936	9820	783	333	4373
2011	57	51	3	3	59220	53291	4004	1925	10873	9715	736	422	4357
2012	57	51	3	3	58765	52814	3956	1995	10994	9785	717	492	4337
2013	57	51	3	3	58226	52290	3881	2055	10856	9685	715	456	4336
2014	57	51	3	3	57677	51725	3834	2118	10969	9780	734	455	4344
2015	58	51	4	3	57611	51615	3778	2218	10910	9716	719	475	4354
2016	57	51	3	3	57667	51632	3740	2295	10948	9738	732	478	4284
2017	57	51	3	3	57601	51632	3742	2227	10621	9671	712	238	4278
2018	57	51	3	3	57467	51545	3756	2166	10815	9691	730	394	4224
2019	57	51	3	3	57121	51295	3781	2045	10771	9687	740	344	4169

资料来源：日本文部省官网 http://www.mext.go.jp/b_menu/toukei/chousa01/kihon/kekka/1268046.htm。

2. 专修学校。专修学校制度建立于 1976 年，实际上由三个层次的课程构成，即专门课程、高等课程、一般课程。以开设"专门课程"为主的专修学校，一般又称为"专门学校"，主要招生对象是高中毕业生。以开设"高等课程"为主的专修学校，在日文中一般又称为"高等专修学校"，主要招生对象是初中毕业生。以开设"一般课程"为主的专修学校，不限制入学资格。近年来，专修学校逐渐向规模化演变，学校数从 2010 年的 3311 所减少到 2019 年的 3138 所，学生数从 2010 年的 637897 人增加到 2019 年的 659739 人。从结构看，主要是私立学校减少数量较多。2019 年比 2014 年减少了 156

所（见表10-2）。

表 10-2　　专门学校基本情况（2010—2019 年）

年份	学校数				学生数
	合计	国立	公立	私立	
2010	3311	10	203	3098	637897
2011	3266	10	200	3056	645834
2012	3249	10	199	3040	650501
2013	3216	10	196	3010	660078
2014	3206	10	195	3001	659452
2015	3201	9	193	2999	656106
2016	3183	9	189	2985	656649
2017	3172	9	188	2975	655254
2018	3160	9	189	2962	653132
2019	3138	9	187	2942	659739

资料来源：日本文部省官网 http://www.mext.go.jp/b_menu/toukei/chousa01/kihon/kekka/1268046.htm。

高等专门学校与专修学校制度的创立，打破了战后初期日本教育改革确立的单轨制学校教育体系，在义务教育这一阶段之后，形成了普通教育与职业教育并行发展的模式。

3. 短期大学。短期大学创建于 1950 年，学制为 2—3 年，招生对象为高中以上毕业生，主要目的是讲授、研究专门的技艺，培养职业及实际生活所需要的能力。短期大学完全属于高等职业教育，这一点与高等专门学校和专修学校有所区别，后两者都有部分属于中等职业教育。截至 2019 年，日本共有短期大学 326 所，学生 113008 人（见表 10-3）。

表 10-3　　短期大学基本情况（2010—2019 年）

年份	学校数			学生数		
	合计	公立	私立	合计	公立	私立
2010	395	26	369	155273	9128	146145
2011	387	24	363	150007	8487	141520
2012	372	22	350	141970	7917	134053
2013	359	19	340	138260	7649	130611

续表

年份	学校数			学生数		
	合计	公立	私立	合计	公立	私立
2014	352	18	334	136534	7388	129146
2015	346	18	328	132681	6956	125725
2016	341	17	324	128460	6750	121710
2017	337	17	320	123949	6670	117279
2018	331	17	314	119035	6221	112814
2019	326	17	309	113008	5735	107273

资料来源：日本文部省官网 http：//www.mext.go.jp/b_menu/toukei/chousa01/kihon/kekka/1268046.htm。

（二）企业内的职业教育

企业内的职业教育包含企业对内部职工从新入职到退休为止进行的一系列长期职业训练。通常来说，日本企业所需要的技术工人主要由企业招收高中毕业生进行培养。按照培训对象可分为以下四个方面：一是新入职员工的教育，即企业对新录用的员工进行公司现状、组织制度、企业文化等方面的培训，使新员工了解企业并能更好地适应工作岗位；二是技术人员的教育，即在有经验的技术人员的指导带领下完成任务，之后对其进行考核；三是管理人员的教育，目的在于提高员工素质，增强管理能力；四是领导人员的教育，领导对企业的发展具有重要影响，提高领导人员的能力，有助于企业的长远发展。

按照培训方式可以分为三种：一是在岗培训，因为有直接负责管理的人员现场培训，具有针对性、实用性；二是离岗培训，需要耗费一定的时间，但可以更加系统的学习，具有完整性；三是自我启发式培训，由员工自主选择学习内容和方式，企业提供支持，具有创造性。

我国通常不把企业内的教育算作职业教育。但是，在日本，诸如松下、丰田、东芝这样的大型企业都有属于自己企业内的职业教育，甚至拥有自己创办的大学。它是按企业组织体制中的金字塔等级进行训练的，并已成为企业终身教育的一个重要途径[①]。

---

① 周谊：《日本职业教育的办学模式》，《重庆职业技术学院学报》2002 年第 2 期。

(三) 公共职业培训

公共职业训练是指社会上的职业教育,根据《职业能力开发促进法》规定,日本的公共职业训练机构一部分由国家设置,一部分由地方（都、道、府、县）设置,主要是为失业人员和正在找工作的人员提供再就业培训。公共职业训练可分为五种类型：养成训练、提高训练、能力再开发训练和对残疾人的职业训练、对职业训练指导员的训练[①]。

二、日本政府职业教育事权与支出责任划分

历史上,职业教育的每一次变革都有法律法规作为制度保证,为了确保法律的执行力,一方面,加强立法前的调查研究,另一方面,根据经济发展需要会适时调整完善相应法律。日本的职业教育始于明治维新时期。1872年明治政府在颁布的《学制令》中,规定地方政府应开办农业、工业、商业等实业学校,首次确立了职业教育在整个教育体系中的地位。"第二次世界大战"后,为了振兴经济,1951年日本政府又适时地颁布《产业教育振兴法》,较全面地对职业教育的目的、国家任务、地方职业教育实施主体以及财政的责任作了详细的规定,为职业教育发展奠定了基础。20世纪80年代开始,日本政府为了谋求可持续发展,将"技术立国"确定为经济发展战略。为此政府承担了投资兴建一批国立高中等专门学校的职责,同时积极扶持私营短期大学。

(一) 中央与地方间的事权划分

第二次世界大战后,日本实现了教育行政的民主化和地方分权化,形成了中央、都道府县、市町村三级管辖模式,地方教育行政主要由地方教育委员会作为行政机关组织运营,行政方式相对独立,不受地方政府的行政干涉。而受其管理的学校在人事、预算配置等方面也具有自主权,充分调动了学校的办学热情。中央、地方、学校各自承担着不同的教育职能,使职业教育既遵循标准化的制度,又满足了个性化要求,确保了职业教育的可持续发展。

---

① 阎永胜：《日本职业教发展模式的启示》,《辽宁高职学报》2008年第9期。

日本职业教育体系的三个子系统分别由不同主管部门管理。中央教育行政由文部科学省的大臣组织运营；地方教育行政由都道府县、市镇村等地方教育委员会以及地方公共团体的长官、市镇村长组织运营。文部科学省对于学校的职责主要包括：学习指导要领的发布、教材的审查、职业教育及国立学校的教育费用负担，并对都道府县教育委员会进行政策指导、协调和资金援助。依据日本宪法规定，地方行政以地方自治为宗旨，因此地方教育行政也以地方教育委员会为主体进行运营。主要职责包括：（1）教育财产的管理；（2）教育委员会、学校及其他教育机关的人事任免工作；（3）适龄儿童、学生的就学、入学、转学、退学等；（4）学校的组织编制、教育课程、学习指导、学生指导、职业指导等；（5）教科书及教材的使用安排；（6）学校设施、各种教具的设置与整备；（7）校长、教职员工的培训和研修；（8）学校等教育机关的食品及环境卫生；（9）青少年教育、女性教育等各种社会教育及与教育相关的各项调查统计；（10）公立学校教员工资负担等事务。

日本的办学体制分为国立、公立和私立，职业教育机构中，除高等专门学校、技术科技大学外，多为私立学校。为了合理、适当地处理各项教育事务，文部科学大臣可以对都道府县、市镇村教育委员会进行必要的指导、援助。必要时，可以要求地方教育委员会进行调查，并提交资料、报告等。另外，地方教育委员会也可以向文部科学大臣申请必要的指导、援助。依据文部省制定的"学习指导要领"，国立、公立职业学校的管理实行校长负责制。校长作为学校法人代表，依据《学校教育法》分担管理和监督职能。私立职业学校的管理与国、公立学校大体一致。但后者明显不同的是增加了决策、监督、治理机制。私立职业学校法人管理由理事会、监事会和评议员会议构成。理事会是学校法人的决策机构，由5名以上理事组成，负责学校内部事务的决策，包括聘任校长等。学校重大决策须经理事会讨论并得到半数以上理事同意。私立学校法人还须设置两人以上的监事会，其职责是监督学校法人财产状况和理事的业务执行情况。评议员会议是学校法人必须设置的决策咨询机构，人数要超过理事定员的两倍，可以由学校的教职工代表、本校毕业生代表及校外的专家学者等担任。学校重大事项的决策，包括预算、借款、重要资产的处置、合并、解散等都必须事前听取评议员会议的意见，但评议员会议的咨询意见对理事会不具有法定约束力。

（二）日本政府职业教育支出责任划分

职业教育所需经费（见表10-4），根据实际支出情况，由都道府县承担1/3。但是在特殊情况下，可以颁布法令规定都道府县承担的最高经费限额。市町村立公立职业教育学校教师工资也主要由都道府县政府承担。根据《市町村学校教职工待遇负担法》第一条规定：市（包括特别区在内）町村立职业教师和职工的工资及各种津贴，由都道府县承担。中央政府承担了在职业教育学校基础设施建设方面的经费责任。这些设施，主要是指校舍、室内运动场馆和寄宿宿舍。这些基建费用多数由中央承担1/2。

表10-4　　　　日本各级政府职业教育支出责任划分

政府经费＼支出主体	中央政府	都道府县	市町村
人员经费	职业教育教职员人员工资，其中中央政府配套一部分约为1/2；学生奖励与补助，配套1/2。	法律上规定由该级政府负责职业教育（含市町村公立学校）教职员经费，但同时接受中央专项补助1/3。	对职业教育学生的奖励与补助，承担教职员以外的图书管理员、伙食调理员等人员工资。
公用经费	教材费1/2。		职业学校的教材、图书支出。
基本建设费	职业学校新建校舍和其他建筑支出，1/2。		职业学校校舍、室内运动场和食堂设施。

资料来源：日本文部省网站资料整理。

日本政府以地方自治为核心进行政治体制设计，在职业教育领域也强调地方的自治、分权和自主管理。日本各级政府的教育财政职责呈现"倒梯形"结构。中央对职业教育的投入总体上呈现下降趋势，而地方政府对职业教育投入总体上呈上升趋势。为了让地方政府执行其职责，保障地方政府拥有足够的资源提供教育服务，日本政府于1950年颁发《地方返还税法》，并于2007年6月进行修正。地方返还税是日本中央政府向次级政府进行转移支付的手段。中央对地方政府的转移支付是根据地方政府的实际需要和可能的原则来确定的。地方政府向中央政府提交文件，计算出标准财政需求和标准财政收入之间的差额——财政缺口，中央政府将依据个地方政府的缺口数据对有资金缺口的政府进行税收返还。

以职业教育经费为例来说明标准财政需求的测算方法。地方政府标准职业教育财政经费是依据单位人员经费来确定。如表 10-5 所示。

表 10-5　　　　　地方政府职业教育标准财政需求测算

地方政府	教育经费种类	测算单位	单位费用（万日元）
都道府县（省级）	中等职业学校经费	教职员数、学生数	每教职员 732；每学生 6.59
	特别资助学校经费	教职员数、班级数	每教职员 641.3；每班级 239.4
市町村（省级以下）	高等职业教育经费	学生数	专科及大学每人 25.6
	中等职业学校经费	教职员数、学生数	每教职员 737.1；每学生 7.5

资料来源：日本文部省网站发布的《学校基本调查》统计报告，http://www.mext.go.jp/.。

其中，职业教育学校的教职员数和班级数是根据有关法律来确定的，而学生人数需要以最新的官方统计调查为依据。与国库负担金对职业教育的专项转移支付不同，地方返还税是中央政府对地方政府的无条件转移支付，可视为地方的自有财力，由地方政府根据需要和偏好自由使用。据测算，2012 年地方返还税用于职业教育支出占地方政府职业教育财政总支出的 15%。

三、日本职业教育管理体制

日本的职业教育属于国民教育的重要内容，与普通教育具有同等突出的地位。其中，完善的管理体制是职业教育健康发展的基础，日本自明治维新以来，经过一百多年的发展，最终建立起与目前本国国情相适应的、中央与地方合作共同管理的体制。

（一）行政管理框架

在企业职业教育与学校职业教育的"双轨"并行的条件下，日本的行政管理框架包括：中央政府对职业教育进行宏观调控，主要由文部省和厚生劳动省管辖，文部省负责制定相应的法律法规以及教学大纲，厚生劳动省负责提供就业指导、职业认定以及医疗保障等。各都、道、府、县等地方教育行政机构按照中央政府要求开展具体工作。另外，在中央和地方层面都设置有专门的教育委员会，负责推进地区教育改革与地区社会经济文化建设，成立有企业协会、科技协会和学术协会，负责沟通企业与职业学校等具体工作[①]。

近年来，随着国际竞争的加剧以及产业结构的变化，日本产业结构逐渐向高端制造业和现代服务业领域集中，产业空洞化的形成，引起日本失业率上升；随着信息化和新技术的应用，就业结构和就业形态发生了重大变化。为此，管理部门也开展了合作。由文部科学省所管辖的学校职业教育，与厚生为了寻求各部门之间的合作，共同促进年轻人的职业自立。2003年，日本提出推进"实务与教育相连接的人才培育制度"，即日本模式的"双元制职业教育"。与此相适应，行政管理也转为"双元制"，即教育部门与劳动部门的合作。2004年，日本文部科学省发布《为了职业高中推进"日本模式双元制"——为了实务与教育相连接的新的人才培育体系的政策建议》，具体以日本厚生劳动省为主体，由日本文部科学大臣、厚生劳动大臣、经济产业大臣以及经济财政大臣共同推进。

而且随着社会发展，为了调动地方政府的积极性，日本政府通过《文部省设置法》，对日本中央集权制的职业教育进行了改革，在削弱文部省行政管理权的同时，开始在各地设立专门的教育执行机构，扩大地方政府的权限。日本的职业教育管理体制开始由中央集权向中央指导下的地方分权转变。

（二）职业教育公共管理的重要手段：不断完善的职业资格制度

职业资格制度是政府职业教育宏观管理的重要手段，它包括职业能力等级、工资制度、评价制度等，简称为"以能力为基础的等级制度"，统一、开放的职业资格制度，有助于形成透明和可比的资格体系，提高专业能力评价标准的通用性、透明性和可比性。日本职业教育还设有一系列专门的职业资格鉴定制度，对考试程序、考试时间等都作出明确要求。每年，各都、道、府、县自行拟定技能考试试题，并按照标准组织技能考试。通过技能考试的学员，才能继续参加由厚生劳动省统一拟定题目的理论考试。目前日本政府认定的职业共有137个，共分为特技、一级、二级和三级四个等级，有些特殊行业例外。

[①] 耿洁：《职业教育校企合作体制机制研究》，天津大学2011年。

"特级"是指具有在本行业进行管理和指导的能力;"一级"授予"高级技能士"称号,相当于技术职称中的最高级;"二级"授予"中级技能士"称号,相当于技术职称中的中级;"三级"授予"三级技能士"称号,相当于技术职称中的初级。职业技术资格能够体现出学历文凭无法体现的实际技能水平,深受企业重视。①

同时,日本重视职业教育人才,给予其与普通大学学生同等待遇。如,为职业教育设立了单独的"专门士"称号,相当于"准学士"学位,使得职业学校学生在就业和继续深造时与普通大学毕业生享有同等待遇。

在职业资格制度的基础上,2010年,日本正式提出《职业能力提升战略》,并成立多部门组成的战略实施团队,主要任务是在全社会,将职业能力评价与开发相结合,其目的在于培养能够推动新经济增长型高技能人才。其中一个重要任务就是实施新的日本职业资格制度——《职业段位制度》,其核心是要解决不同行业、专业、等级中已取得的国家资格、民间资格等,全部转换为现行评价制度,以确立权威的国家职业资格标准,并以此改变传统的职业技能评价方法。

(三) 经费管理体制

美国教育经济领域学者罗·莱尔·约翰斯(Roe Lyell Johns)认为在一切教育资源中,教育经费可以看作是几乎所有其他资源必须依赖的基础性资源。教育经费的投入数额是否充足、经费来源的途径是否多样、经费的保障措施是否完善直接关系到高等职业教育的发展。根据公共经济学理论,高等职业教育介于私人产品属性和公共产品属性之间,美国经济学家詹姆斯·麦吉尔·布坎南(James Mcgill Buchanan)将其称之为"俱乐部物品属性",这一方面解释了付费上学的合理性,另一方面也决定了高等职业教育的受益方应该共同承担经费的投入。基于此,职业教育特别是高等职业教育经费主要来自学校学杂费、自筹费等内部供给和政府资助与拨款、企业筹资、私人捐款等外部支援。

1. 学校内的职业教育。根据财政来源的不同,日本学校内的职业教育分为国立、公立和私立三种,三类学校的经费管理体制各不相同。国立学校的经费全部由国家负担,文部省负责统一管辖。1964年颁布的《国立学校专项会计

---

① 钟星星:《日本职业教育的成功经验》,《学习时报》2013年12月14日。

法》规定把所有国立学校的经费统一从国家一般会计中分离出来，设立专项会计。《国立学校专项会计法》还规定，国立学校可以直接将超出预算经费部分用于学校事业发展，这使得学校拥有了一定程度的资金使用权，在保障学校基本运行的同时，能够更加灵活地处理学校事务，促进教学质量和科研水平的提升。同时，为了防止挪用公款等现象产生，此项制度还规定，原则上，学校的所有收入不能私自留用，应当集中到国立学校特别会计处统一备用。公立学校的经费由各地方政府负担，为了弥补各地区间经济发展不平衡导致的学校质量差别较大的问题，文部省对公立学校采取了地方拨款与中央下拨给地方的税款相结合的措施，对给予补助的对象和数额等都做了明确的规定。例如，因发生异常灾害造成的职业学校资产的损毁，国库将负责2/3的修护费用；另外，政府还规定地方所得税、企业税、烟酒税的32%应当作为"地方分拨税"，其中一部分用于公立学校的发展经费。私立学校的经费由学校法人承担，以学费为主要来源。私立学校在日本的数量庞大，除了高等专门学校以国家办学为主外，绝大部分的专修学校、短期大学都以私人办学为主。

  由此可见，日本政府依据国立、公立、私立学校的不同特点，在财政上给予相应的倾斜和支持，有的放矢，确保职业教育的健康发展。另外，日本健全的法律体系为职业教育的经费管理提供了有力保障，国家先后出台了《学校教育法》《产业教育振兴法》《部分修改职业教育法的法律》《国立学校特别会计制度》《私立学校振兴援助法》等重要法律法规，为各类学校的经费管理提供依据，并且根据社会经济的发展，不断完善。

  2. 企业内的职业教育。日本政府以"职业形成促进补助金"的形式鼓励企业内的职业教育，主要有6种补贴形式。①政府为企业内接受职业教育的员工提供补贴，体现在两方面：一是提供1/4的教育经费补贴（中小企业是1/3），以5万日元为限；二是提供1/4的工资补贴（中小企业是1/3），以不超过150天为限。②政府为企业提供员工"职业能力开发休假补贴"，体现在两方面：一是补贴企业员工休假期间参加教育培训评估应考费（相当于中国企业员工参加职业技能考试的报名费）的1/4（中小企业为1/3）；二是补贴企业员工休假期间参加培训时工资的1/4（中小企业为1/3），以150天为限。③政府为企业员工提供"长期教育培训休假制度导入奖励金"，对企业员工在连续一个月以上休假期间参加职业教育培训，给予一次性30万日元的补贴。④政府为企业提供"职业能力评估推进补贴"，体现在两方面：一是补贴企业员工参加职业能力评估考试费的 3/4（相当于我国职业技能鉴定费）；二是补贴企业员工在职业能力评估期间工资的 1/4（中小企业为 1/3），以 150 天为限。⑤政府发放"地区人才高级化能力开发补助金"，此种方式是为了鼓励各地方开发高级技能人才，积极开展高新技术培训，体现在两方面：一是为企业员工补贴参加这类职业培训所需经费的 1/3（中小企业为 1/2），以 5 万日元为限；二是对企业员工在工作或休假期间参加这类职业培训时补贴工资的 1/3（中小企业为 1/2）。⑥日本政府鼓励企业对 45 岁以上的富余人员进行再培训，对中小企业和大型企业分别给予 1/3 和 1/4 的培训费用补贴。①

（四）校企合作机制

日本的校企合作机制始于 20 世纪 50 年代，通常被称为"产学合作"，"产"是指产业界、企业，"学"是指各种类型的职业学校、大学。政府在其中主要负责宏观调控，通过制订法律和资助经费的方式鼓励校企双方展开合作。日本政府先后出台了《职业训练法》《职业能力开发促进法》《学校教育法》《研究交流促进法》《国立大学法人化法》《中小企业劳动力确保法》等一系列针对校企合作的法律法规，指导校企合作的有序开展。

针对不同的教育阶段，日本的校企双方具有不同的合作形式。高等职业教育阶段，主要有 5 种形式：一是企业通过物资捐赠的方式吸引优秀毕业生进入企业工作；二是企业高级人才与学校研究人员相互交流、互动；三是企业为学校实习提供设备与场地；四是学校参与企业的科研项目；五是企业与学校共同建立"开发研究中心"。中等职业教育阶段，也主要有 5 种合作形式：一是"双结合"，企业与学校联合培养学生，学生既是定时制高中的学生，也是企业的培训生，在职业学校学习普通课和一部分专业课，在企业职业训练机构学习其余专业课并实习；二是"三结合"，定时制高中、函授制高中及职业训练机构三方合作，学生在函授制高中学习普通课，在定时制高中学习一部分专业课，在企业训练机构学习一部分专业课并进行实习；三是委托培养，企业委托学校对新入职的初中毕业生进行脱产培养，并提供相应的设备和讲师；四是巡回指导，企业在职人员每周花一个白天和三个晚上到职业学校学习，学校教师

---

① 高国富、徐艳：《中国职协赴日本职业培训考察团考察报告（上）》，《中国培训》2006 年第 3 期。

到企业指导工作；五是集体入学，企业里的全部初中毕业生读函授制高中，学校派出教师到企业集中讲课。①

四、日本职业教育发展趋势及特点

随着科技、经济的不断深入发展，对从业人员的知识水平和技能有了更高的要求，日本职业教育紧跟时代步伐，进行了一系列调整、改革，形成了目前独具特色的职业教育体系。

（一）职业教育是日本经济发展的助推器

日本经济在战后濒临崩溃，但是之后短短 30 年间，日本经济以 10% 的年平均增长速度发展，创造了世界经济发展史上的奇迹，教育在其中发挥了重要作用。曾任日本文部大臣的荒木万寿夫说过："明治至今，我国的社会和经济发展，特别是战后（第二次世界大战后）经济发展的速度惊人，为世界所注视，造成此种情况的重要原因，可归结为教育的普及与发达。"其中除了普通教育的贡献，职业教育对日本经济的发展同样功不可没，成为日本经济发展的助推器。

日本的职业教育从第二次世界大战后开始，就为本国的产业结构调整和经济发展源源不断地提供有力的人才支撑，成为日本经济恢复、发展的助推器。第二次世界大战后，日本产业结构由农业为中心转向以重化工工业为中心，这种趋势对劳动力的结构和素质必然产生新的要求。日本政府根据产业和职业的需求确定学校类型、设置专业，并逐渐形成模式，对产业经济发展发挥了积极作用。20 世纪 60 年代，在经济高速发展的情况下，日本的社会结构发生很大变化，对家政、医疗、看护等专门技术人才的需求增加，政府开始有计划的成立高等专门学校，并在 1964 年的《学校教育法》中确立了侧重人文、家政教育为主的短期大学的地位。使高等专门学校和短期大学分别为第二、第三产业培养大批人才。20 世纪 70 年代后，日本经济进入低速增长期，产业结构开始由资本密集型向知识密集型转变，并加快第三产业发展。1976 年，日本政府根据国家经济发展的特点，建立了专修学校，为日本的现代工业提供技术骨干。

---

① 石丽敏：《国外校企合作办学模式的分析与研究》，《高等农业教育》2006 年第 12 期。

(二) 职业教育和普通教育同等重要

战后日本的职业教育在"教育先行"的理念下得以发展壮大,形成了由学校内的职业教育、企业内的职业教育以及公共职业训练组成的现代职业教育体系,为日本的经济发展提供了大量的技术人才和熟练劳动力,弥补了普通教育的不足,在培养专门技术人才方面,拥有不可比拟的优势,与普通教育并驾齐驱,共同承担着全社会的教育任务。目前,职业教育已经成为日本终身教育体系中的重要组成部分。

另外,随着社会经济的快速发展以及全民教育的多样化需要,日本的各类学校与学科体系之间互相融会贯通。例如,日本的高等专门学校、短期大学的学生可以直接进入企业工作,也可以继续进入大学深造,与普通高中的学生并无差异。下一阶段,日本将重点加强初等教育阶段的职业教育,提高职业学校学生升入大学的比例。一是为了从小培养国民的职业教育意识,二是促进职业教育向更高层次发展。[①]

(三) 企业界主动对接职业教育

第二次世界大战后初期,日本的职业教育实行中央集权制,由国家以行政命令的方式统一管理,客观上限制了企业的参与。但这并没有影响日本企业界对职业教育的持续关注,早在20世纪50年代,企业就认识到职业教育在社会发展中的重要作用,单纯依靠普通教育已经无法满足经济发展的需要。1960年,在企业界的敦促下,政府通过了《国民收入倍增计划》,正式确立了校企合作机制。20世纪80年代,政府开始转变管理方式,由直接命令变为间接支持,把职业教育的实施权下放给企业,政府仅提供信息和资金的帮助。至此,日本的企业界逐渐在职业教育领域发挥主角的作用,办学主体变为企业,国家实施自由的市场监督方式。这种模式下培养出的人才具有针对性,能够紧贴社会发展的需求,大大提高劳动生产率,促进了日本的经济发展。[②]

[①] 黄璜:《战后日本职业教育办学的变化及其对中国职业教育的启示》,《科教文汇(下旬刊)》,2008年第6期。

[②] 王帅:《战后日本职业教育办学模式上的三点变化》,《职教论坛》2007年第6期。

同时，日本政府通过一系列法律法规明确了学校和企业的权利和义务，使企业参与到学校管理、专业设置、教学计划等各个环节中。《职业能力开发促进法》规定，经过厚生劳动省批准后，企业可以自行制定人才培养计划，根据实际需求招收15—35岁的年轻人，对其进行半年到两年的培训，其中在企业内的实习时间必须占到总课时的20%以上。培训期满后，根据资格认定等制度评价，对考核结果合格者予以任用。这一规定使得企业可以将自身发展的需求融入职业教育中，确立了企业的主体地位，提高了企业在产学合作中的积极性。

（四）从双轨制转向双元制

20世纪日本推行的是"注重实践的企业职业教育与注重人文的学校职业教育"并行的双轨制。随着经济全球化、产业结构的变化，产业结构调整对职业教育发展也产生了重要影响。根据日本总务省发布的劳动人口调查显示，自1994年日本服务业的从业人数已超制造业，日本制造业的从业人数在1992年达到1603万人（占整体从业人数的25%）的峰值之后便开始下降，2012年日本制造业从业人数已降至998万，此后至2016年也基本呈现递减趋势，制造业从业者数减少了四成左右。在经济全球化背景下，日本的职业教育发展和工人们的就业状况都面临着前所未有的困难和压力。

"双元制"职业教育的兴起，是人们社会各界普遍认识到必须改革传统的日本职业教育企业与学校的分离状况，只有通过职业教育与职业培训，才能开发与培养能应对未来挑战的年轻人的职业能力，这需要社会多部门之间的共同合作，基于此，日本文部科学、厚生劳动、经济产业、经济财政政策等四大臣，于2003年6月10号共同制定了《青年自立和挑战计划》。由文部科学省所管辖的学校职业教育与厚生劳动省所管辖的职业培训，共同组成日本的职业教育体系。日本模式双元制职业教育的目标，在于针对年轻人的职业教育和职业培训，寻求社会各部门之间的相互协作，共同促进年轻人的职业自立。新世纪日本模式的双元制。表现在：一是行政管理的双元性：即教育部门与劳动部门的合作。以日本厚生劳动省为主体，由日本文部科学大臣、厚生劳动大臣、经济产业大臣以及经济财政担当大臣共同推进；二是实施机构的双元性：产业企业与职业学校的合作。第三是教学内容的双元性，即离岗学习与在岗培训的合作。实施形式有三种，一是每周三天在教育培训机构集中培训，两天在企业接受在岗培训。二是上午在教育培训机构的集中培训，下午在企业在岗培训，三是每一两个月教育培训机构的集中培训与企业的在岗培训交替进行。日本双元制职业教育即"企业和学校交替进行实物与教育相连接"成为国际职业教育改革的一个方向。

五、启示与建议

当前，我国正处在经济快速发展时期，急需通过发展职业教育，促进产业发展。日本的职业教育为我国提供了启示与借鉴，我们应当扬长避短，推动我国职业教育发展。

（一）加强职业教育立法

日本职业教育之所以能够形成今天较为完整的体系，与之强大的职业教育立法密切相关。早在明治时期，日本通过的《农业学校令》和《商业学校通则》就开始推动职业学校的发展。1894年颁布的《实习教育费国家补助法》规定，从中央的经费预算中，划出专项用于职业学校发展。第二次世界大战后，《教育基本法》《学校教育法》和《产业教育振兴法》等一系列法律的规定，更加明确了职业教育在教育体系中的重要地位。纵观日本职业教育的发展史，不难看出，日本的职业教育是在法律的保护下发展壮大的。无论是双轨制，还是企业内的职业教育，政府及企业的职责都体现在法律框架下。完善的法律体系不仅从各个方面规范了职业教育的发展，也使其真正发挥了促进社会、经济发展的作用。

十八届四中全会我国明确了全面推进依法治国，总目标是建设中国特色社会主义法治体系，建设社会主义法治国家。但是，在现实中，有法不依、违法不究或违法成本低等问题普遍存在。我国1996年颁布了《中华人民共和国职业教育法》，到目前为止，已有近20年的历史，经济社会发展环境以及产业结构等发生了很大变化，越来越多的职业教育问题显现，修订法律显得尤为重要。法律的修订可以从以下几个方面加强：一是要提高职业教育地位，鼓励职业教育与普通教育平等发展，在社会认知、评价标准、资金支持等方面给予平等的待遇。如应完善职业教育的管理体系和评价机制，包括对相应机构的设立标准、学生考核标准等。二是强调激励与约束相结合，一方面，要通过立法明确企业等主体的社会责任，约束其行为，另一方面通过对其经费开支进行适当的补贴或是税费减免等形式，激励企业与职业学校开展合作。三是结合国家治理现代化建设，确定科学的行政管理体系及相关事权。在事权中，应包括：建设国家职业资格制度，建立以掌握知识为主的普通教育与以掌握技能为主的职业教育，在价值上是等值的。这样，可以提升专业能力评价标准的通用性；促进职业资格证书的互认，打破劳动力流动的障碍。

（二）提升职业教育在全社会的认可度

职业教育在日本占有非常重要的地位，不仅与其与经济、产业紧密结合，在培养专门技术人才方面，所具有不可比拟的优势密不可分，还与日本的社会文化有紧密的联系。日本的匠人精神已经内化为日本文化精神的一部分。对技艺的追求和尊重，使社会上整体氛围有利职业教育的发展。日本古代也有"士"阶层，"士农工商"壁垒森严，但日本的"士"是"武士"而不是中国的儒生。武士的培养、技术训练、职业精神，对此后日本职业教育的发展有明显的影响。

在我国，社会认可度缺失是制约职业教育发展的主要原因。应从全社会的角度，包括学前准备、学校教育、就业、社会评价和认识等多领域、多环节融入职业教育理念，改革创新体制机制和相应政策，营造职业教育发展的良好社会环境。具体包括：从战略地位上，进一步明确职业教育在教育中的性质、地位、作用，建立健全职业教育体系。从教育体制上，提升职业教育层次、类型和结构，打通中职、高职向本科、研究生教育的通道，同时，在普通教育理念和课程设计中，增加职业技术教育的技能和课程，从不同方向上，打通人才成长的"立交桥"。从就业环境的角度，提高技能型人才的社会地位和待遇，加大对有突出贡献的高技能人才的宣传表彰力度。

（三）扩大职业教育经费来源多元化的途径

近年来，虽然我国政府高度重视职业教育，但无论是总量还是结构，经费投入还有很多局限性。从经费投入规模来说，尽管我国职业教育经费投入由2006年的1141亿元增长到2018年的3450亿元，但其占全部教育经费投入的比重却仍然只有11%左右，远远低于25%的世界平均标准。从经费投入结构看，目前，我国的职业教育经费来源多元化局面虽然已经形成，如国家、企业、社会机构、个人等，但主要来源仍然是国家，多渠道筹资能力不强。2013年，中职学校总投入中，86%来自政府投入，比2009年增加了18个百分点；而且，为了追求教育公平，职业教育的支出责任越来越集中到政府身上，截至2013年，整个职业教育收入体系中，政府投入占比接近74%。以政府投入为主的职业教育投入体系，不仅加大了财政的负担能力，而且职业教育可持续发展也是个挑战；同时，财政投入效率低的矛盾也越来越突出。未来应当进一步加大经费投入，落实学生生均拨款制度，保证国家财政性教育经费的支出比例，使职业教育的经费水平与其发展规模相适应，切实保障人才培养的综合素质。同时，应进一步拓宽经费筹集渠道，在保障国家投入方面的主体地位的同时，鼓励企业、公益组织等社会机构加大职业教育的投资力度。

（四）鼓励以企业为主体的多元化办学模式

日本的职业教育发展与企业需求密切相关，大大提高了劳动生产力，推动了日本的经济发展。关于企业办职业教育，我国历史上也有很多成功做法。20世纪80年代，在党和国家的大力推动下，曾经出现过国有企业办学的黄金阶段，也普遍存在行业、企事业单位办学和各方面联合办学的形式，这一时期，我国职业教育进入快速发展阶段。20世纪80年代末，全国80%以上的技工学校隶属企业和企业主管部门，涉及铁路、能源、电子等多个行业和部门。另外，大量农村生源进入职业学校学习，有利于人才的流动，企业办学得到社会认可。

新时期，职业教育发展更需要与产业结构的紧密结合，职业学校与企业形成紧密的内在联系。当前我国校企合作没有深度融合的原因，还是在于以政府为主导，没有充分调动企业的积极性，特别是企业对高技能人才的内生需求没有释放出来，职业教育与产业发展两张皮现象没有根本改变。从政府层面来看，应当调整办学体制，从顶层制度设计上解决企业办学在管理体制上存在的障碍，为企业办学提供良好的外部环境。同时，政府也应通过宏观管理，鼓励企业主动加强战略调整，重视人力资源的培养，关注员工的职业生涯发展，以终身职业教育为办学理念，这既是企业自身的需求，也是社会责任的重要体现。只有鼓励大型企业参与职业教育办学，与职校形成良性互动，才能推动我国职业教育多元化发展。

第十一章　德国职业教育的发展及启示

德国的职业教育存在一个显著特点，即政府投入不多，但地位重要，很受社会欢迎，是学生升学就业的主要渠道。2014 年，德国只有 23% 的青少年在中学毕业后继续接受高等教育，66% 的青少年选择接受职业教育培训，这种现象的产生与其先进的"双元制"职业教育模式密不可分。通过对德国职业教育状况的分析，对我国的职业教育发展提供了如下启示：良好的社会文化环境是德国职业教育成功的基础；应全面认识企业承担职业教育的综合成本；合同管理是实施职业教育与企业合作的制度保障；基金化管理为职业教育提供了财力保障。

一、德国职业教育的发展特点

职业教育发展在德国的教育体系发展中占有重要地位，并获得了社会的极大认可，这与其双元制发展模式紧密相关，与单纯的职业学校教育、企业培训等模式相比，双元制模式具有独特的优势。

（一）德国的教育概况

作为联邦制国家，德国的教育管理体制体现了联邦制的特性。联邦政府监管整个教育事业的运行，各教育阶段（中小学、高等教育及成人教育）的立法和行政管理权则由各州实施。各州的教育立法不尽相同，其所规定的学制、大纲、教材以及教学内容有所差异。

德国教育包括初等、中等、高等、职业和成人教育等部分（见图 11 -1）。所有的学生必须在小学接受 4 年的初等教育。中等教育包括两个阶段：低级阶段主要包括普通中学、实科中学和完全中学三种，其中普通中学和实科中学毕业的学生会在中等教育的高级阶段直接接受为期 3 年的初级职业培训，之后再接受高级职业培训，接着走上就业的道路。而完全中学的学生会继续在完全中学的高级阶段学习。毕业后进入应用技术大学或者普通的高校接受高等教育，在接受 4—5 年的教育后走上工作岗位。

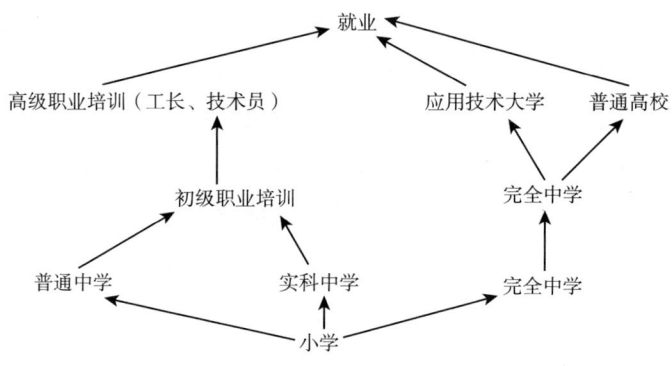

图 11 -1　德国教育体制概览

接受职业教育一直是深受德国青少年欢迎的发展模式（见图 11 -2）。2014 年，德国青少年接受初级职业教育的比例为 66%，接受高等教育的比例为 23%，直接工作的为 3%，其他为 8%。德国联邦政府发布《2018 年职业教育报告》表明，德国民众对职业教育的认同度进一步增加：一是 2017 年德国参加职业教育人数达到 71.59 万人，比 2016 年增加 6051 人；二是在校学生对"双元制"职业教育的兴趣提高，2017 年"双元制"职业教育实际入学率达到 64.9%，达到自 2013 年以来的最高值；三是具有高等教育资格的学生接受"双元制"职业教育的比例提高。通过数据可以看出，德国大部分青少年选择接受职业教育，因此，德国能够凭着高质量的职业教育培养出许多高素质的技术人员，使"德国制造"这个品牌屹立于世界制造业之首。

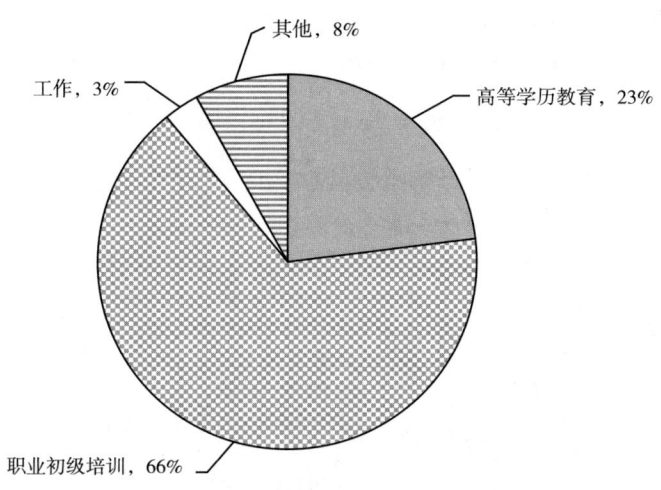

图 11-2　德国青少年受教育情况

（二）职业教育发展的特点

德国职业教育一般分为两种类型：初级职业教育和继续职业培训。初级职业教育的受教育对象主要是从中学毕业的年轻人，其教育目标是帮助他们在就业之前掌握在企业工作所需要的相关技能，提高就业能力，初级职业教育是职业教育中最重要的组成部分。继续职业培训是在职教育的一种，受教育对象以在职人员和失业者为主，教育目标是帮助他们接受国内外日新月异的技术变化，提高行业竞争力。继续职业培训又分为职业进修教育和职业改行教育。本章涉及的重点是初级职业教育。

德国的职业教育采取双元制的管理模式（同其他模式的比较见表 11-1），即培训按照市场经济规则进行，国家以制定法律法规的形式对培训的形式、导师的水平、培训期限以及考核办法等内容加以约束，企业决定培训的具体内容。简而言之是国家办的职业学校与私人办的企业合作开展职业教育的模式。在双元制职业教育体制中，接受职业教育的学生需要在两个场所分别进行培训，一元是指职业学校，由政府主导，遵循各州学校法，依据各州统一的教学计划进行教学，由州教育与研究部管理，其主要职能是传授与职业有关的专业知识；另一元是企业主办的校外实训场所，其主要职能是让学生在企业里接受职业技能方面的专业培训。参加职业教育的学生每周至少要在企业培训三天，剩下的时间在学校上课。它遵循全国统一的《联邦职业教育法》，由联邦教育与研究部管理。这样做的目的是保证培训学员在国内任何地方都具备胜任该职业的能力，这意味着，通过培训获得的技能是可以市场化的，是一种通用性的培训。

表11-1　　　　　　　　　各种职业教育模式比较

单一企业培训	培训中心	培训学校	双元制模式
在企业内部进行，受训者需要与雇主签订劳动合同，没有学徒地位，只是普通雇员，准入门槛由企业决定。	由政府、雇主联合会和工会联合创办专业化的培训机构，有自己的教学大纲，资金来源为企业缴纳建立的基金。	全日制职业学校，和普通教育紧密联系，由国家创建并运作，国家决定培训哪些专业，不是按照企业的需要而在企业的运用，教师是国家雇员，由国家支付工资。	培训按照私人经济市场规则进行，但是国家以法律形式制定相应的法规来约束企业决定培训什么专业国家对职业教育投资很少。

在企业（承担职业教育的企业规模分类情况见图11-3）的车间里，学生们跟随专业的技术导师，参与各种实际操作。做技术导师的企业职工需要通过由工会组织的培训师资格考试。导师会提出各种在实际操作中可能遇到的问题，让学生想办法解决，并提交书面报告。学生可以从企业领取约为熟练工工资1/3的报酬。在3年左右的职业教育结束之后，通过行业协会的考核，就可以获得职业资格证书。

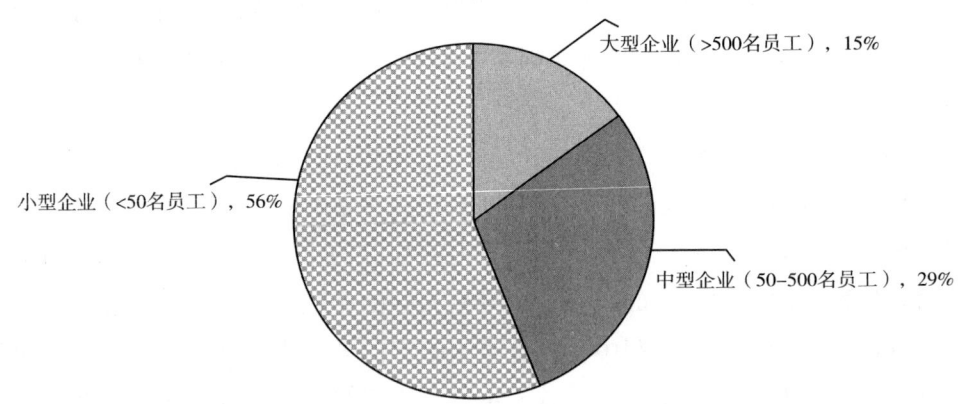

图11-3　德国承担职业教育的企业规模分类

资料来源：《德国职业教育年度报告2015》。

德国企业被《联邦职业教育法》赋予了参与和实施职业教育的重要主体地位。但企业也有分类，从法律角度看，所有的企业都有资格开展职业培训，但只有教育企业才有资格开展职业教育，而教育企业有严格的法律地位和相应的权责。只有符合德国《联邦职业教育法》的规定，并经过行业协会对办学资质认定后的企业，才可作为有资格从事职业教育。被认定"教育企业"的企业，就同公益性的学校一样，要承担职业教育的社会责任而绝不允许通过职业教育来盈利，这些教育企业因此而具有极高的社会地位。目前，德国有资格实施"双元制"职业教育的企业，大约只占企业总数的1/4。其中大型企业成为"教育企业"的数量与可能性均高于小企业。《联邦职业教育法》指出，作为职业教育的"法人"，教育企业拥有实施职业教育的权利、与受教育者签订《职业教育合同》的权利、对受教育者进行考试评定的权利以及招收学生的权利等。职业教育合同是实施"双元制"的重要制度保障，保证了培训有章可循，突出了企业在培训中的主体地位。在德国，每年参加职业教育培训的企业都会公布岗位的类型和数量，并与招收的学生签订用工合同，合同内容包括职业教育的形式、内容、时间安排和目标，起始时间、报酬的支付和休假天数等。培训结束后，对学生进行职业教育结业考试，并根据考试成绩颁发结业证书，证书中包括职业教育的种类、期限和目标及受教育者所获得的职业技能、知识和能力的说明，以及考试成绩。根据德国联邦劳动署的统计数据，2013年，德国2110966家企业中，有1673245家提供了职业教育职位，占德国企业总数的79.26%，其中大型企业占15%，中型企业占29%，小型企业占56%。

专栏 11-1

德国教育分流制度

教育分流制度是德国职业教育吸引力强的制度保障。德国教育体系大体可分为基础教育、职业教育、高等教育和进修教育等四大类。德国教育学制最大的特点就是教育分流，而分流的依据基本上按照学生的兴趣，德国学生一般要经历三个阶段分流：

1. 第一阶段，中学分流：德国学生完成小学4年初等教育（仅柏林州为6年），年龄段为6—10岁，即进行第一次分流，分流后进入普通中等教育阶段的Ⅰ级教育，相当于我国的初中阶段。划分的依据基本是按照学生的兴趣：对职业教育感兴趣的进入普通中学和实科中学，想上大学的则进入文理中学，对于一些暂时不能确定的学生，则进入综合中学，将来可以进入职业教育，也可以进入大学。

2. 第二阶段，职业分流：德国中等教育阶段的Ⅱ级教育相当于我国的高中教育。二次分流仍然是按照学生的兴趣和学校的推荐，一部分学生因为对上大学有了重新的认识，可以进入到文理中学高中和综合中学高中部继续学习文理知识，毕业后直接进入综合大学继续深造；而大部分德国学生则分流到职业教育体系，毕业后可以主要进入专科大学，完成"双元制"职业教育。

3. 第三阶段，就业分流：文理中学的学生，"双元制"职业教育系统的学生和职业技术学院的学生在中等教育阶段结束后，进入第三次分流阶段接受高等教育。

在"三次分流"的每个阶段，每类学校对所有的学生都是开放的，学生拥有完全自由的选择权。为了更好地实现学生在普通教育与职业教育之间的灵活过渡，2017年德国政府颁发了《教育体系内部融通衔接指南》，设计了多条教育路径，并提出了三种实施方式。一是增加接受职业教育的学生向接受普通教育转换的可能性；二是提供普职融合的教育项目，将职业教育与学术教育、实践学习与理论学习进行有机整合。三是开发集多门职业教育课程和学术教育课程于一体的"新"课程，即在职业学校教学实践层面开发一定数量的整合了多门学科的课程和教学方案。

资料来源：姜大源：《德国教育体系的基本情况》，《职教论坛》2005年第7期。李延平：《制度效用：德国职业教育高质量可持续发展的逻辑》，《比较教育研究》2019年第10期。

二、德国职业教育的事权、支出责任及履行机构

职业教育事权是政府在职业教育发展中的职责，与我国主要由政府举办职

业学校的管理模式不同，德国的职业教育发展主要以企业为主体，但政府也有不少作为。

（一）德国政府在职业教育管理中的职责

职业教育在德国具有非常重要的地位，德国联邦颁布的《职业教育法》独立于教育法，是职业教育的基本法。德国政府在职业教育领域的职责主要通过法律保障，而且，与国家经济、社会发展相适应，联邦政府对法律进行动态调整。1969年，德国联邦政府出台《联邦职业教育法》，明确"双元制"是国家立法保护的校企合作、企业为主的办学制度，校企双方必须依法遵循自己的权利和义务。1981年颁布了职业教育配套法《联邦职业教育促进法》在此基础上，为应对21世纪的挑战，2005年德国原有法律颁布并实施了新的《联邦职业教育法》，此法实施两年后，2007年进一步修改。概括来说，德国《联邦职业教育法》从宏观、中观、微观多层面，规定了职业教育的发展的具体内容。使得职业教育各个层次都有法可依，构建了科学规范的职业教育体系。

从政府间的事权和支出责任划分看，德国的职业教育资金主要来源于企业，但政府也给予一定的资金支持。根据《联邦职业教育法》的规定，联邦政府资金的主要用途是向职业学校的学生提供助学贷款和奖学金，并用于为一些特殊的项目提供经费支持，此外，政府还负责资助职教研究所、开展国际交流等，这些费用主要由联邦教育与研究部或者经济与能源部承担。州和地方政府则主要负责职业学校的日常经费，例如，州政府的支出责任主要在于发放学校教职工的工资和退休金等人员经费，地方政府负责校舍建设与维修、设备购置和运行管理费用。根据《德国2014年度教育报告》的数据，2011年，德国在教育领域共投入1757亿欧元，其中在职业教育领域投入188亿欧元，占教育领域总投入比例的10.7%。按投入部门来看，联邦政府投入比例为17.6%，州政府投入比例为29.8%，地方政府投入比例为11.2%，其余41%的资金来自私人部门（见图11-4）。

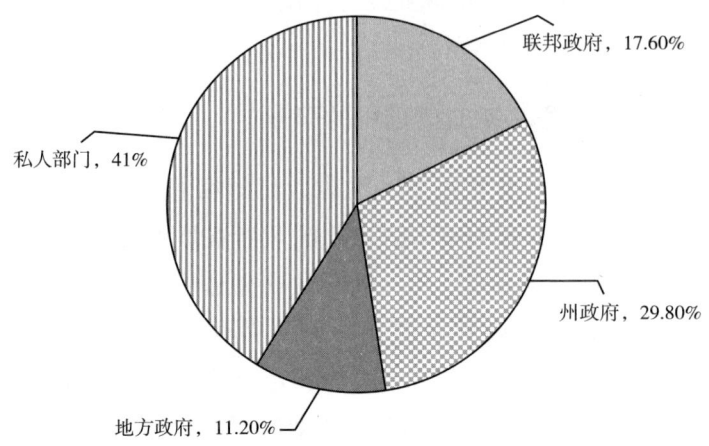

图 11-4 德国职业教育各部门投入比例

(二) 德国职业教育行政管理框架

联邦教育与研究部及联邦经济与能源部是德国职业教育联邦层面的主管部门。联邦教育与研究部（BMBF，以下简称联邦教研部）负责指导职业教育发展，联邦政府通过教育政策和资助、配套拨款等方式影响各州职业教育的价值取向，实现联邦政府的政策意图。其他联邦部门，如联邦经济与能源部，也会出台相应的培训法规，但其条款必须经过联邦教研部的审批，与联邦教研部保持一致。联邦职业教育研究所（BIBB）是联邦下属的具有公法法人资格的政府机构，其机构构成包括职业教育委员会和所长。委员会人员包括雇员代表、雇主代表、州政府代表各 8 名以及 5 名联邦代表。依据《职业教育促进法》，其职责主要是：确立德国职业教育未来的发展方向，促进职业教育相关领域的创新，发展完善以实践为导向的职业培训体系。在委员会中，所有成员具有平等的法律地位和话语权。

各州职业教育主要由州一级的教育部门来负责。根据《联邦职业教育法》的规定，在各州，每个行业都需要成立各行业的职业教育委员会作为职业教育监督主要机构，各行业发生的任何与职业教育相关的重大事件必须报告各职业教育委员会，并听取其意见。每个委员会的成员包括雇主代表、雇员代表及各州职业学校教师各 6 名，成员具有平等的法律地位和话语权。

三、德国职业教育管理体制：以企业为主的多元化融资模式

一国的职业教育投入体系与职业教育理念、管理体制和学校的组织形式紧密相关。一般来说，学校教育以政府投入为主，而"双元制"教育、培训中心、企业内培训等以企业投入为主。在德国，双元制教育决定了其投入方式是以企业为主，各层级政府的投入主要用于职业学校中的普通教育部分。

（一）企业直接举办职业教育

企业直接出资是"双元制"职业培训经费的主要来源。这种模式主要适用于大型的制造业企业和服务型企业，如奔驰公司、大众公司、博世公司、德意志银行以及大型百货公司等。这些企业对工人的需求量大，需要为自己的企业储备技术力量，企业也有能力建立职业培训中心，购置培训设备。小规模的企业没有能力也没有必要建设自己的培训中心，他们的学生需要到其他企业的培训中心接受培训，企业会为培训中心的学习支付培训费用。

自 20 世纪 70 年代以来，德国做过大量关于企业培训成本方面的研究。德国联邦职业教育研究所（BIBB）使用边际成本核算法计算净成本，全面呈现了培训成本与收益之间的关系。BIBB 的调查数据显示[①]，2007 年，德国企业在职业教育领域生均投入总额为 15288 欧元，其中用于支付学生工资的部分占 61%，用于支付企业导师的薪水部分占 22%，用于支付场地和耗材的费用部分占 5%，其他的花费占 12%。此外，双元制职业教育的一个特点是受训人在接受企业内培训的同时，也往往从事着生产性和具有商业价值的实际工作。由于参加职业教育的学生在培训过程中也提供了生产和服务的活动，因此他们也为企业带来了收益。2007 年，德国职业教育的学生给企业带来的人均产值为 11692 欧元，因此，德国企业在职业教育领域的生均净投入为 3596 欧元。当然，也有研究表明，如果以净成本衡量，对绝大多数企业而言，培训的成本甚至低于收益。

---

① 需要说明的是，将培训收益与培训成本进行比较研究，并给出丰富信息的研究只是针对一个时间点的，且这一结论不可能适用于一个较长的发展阶段。所以，对企业培训成本与收益进行分析，一般每过 10 年才会进行一次。

(二) 基金化的筹资方式

除了企业直接举办职业教育外,政府、行业组织还通过基金的形式,向企业征收一定的费用投入职业教育事业。主要类型有中央基金、劳资双方基金、行业基金和区域基金等。中央基金是最主要的基金形式,由联邦设立、以法律形式固定向所有企业征收,由国家统一分配和使用。此外,行业工会等组织还征收劳资双方基金、行业基金以及区域基金等,用于本行业或本区域的职业教育(见表11-2)。

表11-2　　　　　　　　德国职业教育筹资基金类型

基金类型	中央基金	劳资双方基金	行业基金	区域基金
主管机构	联邦财政部	行业工会	行业内部自行决定	区域内自行决定
缴费主体	国内所有企业	加入行业工会的企业	行业内所有企业	某区域内所有企业
缴费比例	企业工人工资总额的0.6%—9.2%	企业工人工资总额的0.5%	行业内协商确定	本区域内协商确定
使用条件	依据企业所处地区、企业规模、行业、培训年限长短等因素。企业培训费用的50%—80%都可以通过中央基金得到补助;如果政府看好该行业前景,那么企业可获得100%的资助。	用于赞助大型企业建立培训中心,或者赞助小型企业使用跨企业培训中心的费用。	用作本行业的职业教育经费。	用作本区域内企业的职业教育经费。
特点	由于这笔基金只有参与职业培训的企业才能够获得,因此提高了企业参与培训的积极性。	缴纳比例根据经济发展情况不断作出调整,既保证了对不同企业的公平待遇,又保证了基金的基数不会随着经济波动产生大的变化,为培训的正常运转奠定了牢固的经济基础。	这种基金形式可以定向鼓励企业参与职业培训,覆盖面比较宽泛,但是容易与国内统一的培训标准相背离。	这种基金形式针对性比较强,但不利于区域间职业教育的平衡发展。

（三）政府的政策重点是提供咨询、培训服务营造社会环境

德国政府一直致力于提高企业和学生参与职业教育的积极性，并定期出台相关的激励项目。如2014年联邦教研部启动了"Jobstarter"项目，旨在鼓励中小企业为年轻人提供更多的职业教育机会和岗位。在学生方面，他们会为想要接受职业教育的学生提供免费咨询，并推荐合适的企业接受培训。在企业方面，针对中小企业招收学徒工比较困难的情况，免费为不太知名的中小企业作宣传，为他们赢得更多的学徒工。此外，该项目也为中小企业提供免费的专业技术和组织管理方面的服务，企业通过与学徒签订劳动合同，为学徒提供专业的职业教育的同时，也为自身培养了高素质的员工。该项目还利用其全国性的优势，为跨区域招收学徒工的企业进行宣传，做到招收方和申请方的无缝对接。项目的详细介绍在德国教育与研究部网站可以轻松找到，申请也十分便利。

四、启示与建议

综上所述，德国的"双元制"职业教育发展模式取得成功的核心是其在职业教育领域引入了市场化的机制和多元化的筹资模式，他们的很多做法给我们提供了很好的启示。

（一）启示

启示一：应全面认识企业承担职业教育的综合成本。一般认为，由企业来承担职业教育的主要经费将大大增加企业的经济成本，会降低企业参与职业培训的积极性，但在德国，"双元制"职业教育模式一直运行良好。主要原因在于：充分调动了企业的积极性，激发了企业的内在动力。从投资回报的角度，企业充分认识到，与收益相比，参与职业教育培训的净成本不高。这是因为德国企业参与职业培训，在增加企业成本的同时，也为自身发展提供了许多便利。例如，学生毕业后可以作为熟练工直接进入企业工作，为企业节省了一笔招聘和上岗培训的费用；缩短了员工适应时间，保证了从业人员的稳定性，同时还提升自身声誉，在社会上树立了良好的企业形象。此外，德国联邦政府也

会通过一些优惠政策来鼓励企业参与职业教育活动，例如，允许企业将用于教育的费用计入经营成本，减少其纳税额。

启示二：良好的社会文化环境是德国职业教育成功的基础。社会文化环境既包括全社会对职业教育的认知以及相关的社会评价标准，也包括一个国家的文化氛围。从文化环境看，德意志民族自古就有崇尚手工制造、注重技能的文化传统，技工在德国是一项备受推崇的职业，技能培训深入人心。从社会评价的标准看，在德国人的观念中，培养一名技艺精湛的劳动者与培养一名学识渊博的大学生，同样能推动社会进步、经济发展。不仅在地位上毫不逊色，在收入上，技工的收入也丝毫不逊于白领或者公务员，因此学生在考虑就业时会减少对于收入方面的顾虑，更多地从自己的爱好和特长方面入手。在这种社会氛围的影响下，职业教育与经济社会发展形成了良性循环。职业教育的成功吸引了更多的社会力量参与，包括大量的优秀学生和教师、大中型企业和社会组织等，同时，经济社会也对职业教育提出了更多需求，推动职业教育的进一步发展。

启示三：合同管理是实施职业教育与企业合作的制度保障。"双元制"模式的重要机制是合同管理，并通过法律予以保障。"双元制"是《职业教育法》的规定，校企双方必须依法履行自己的权利和义务。它既改变了单纯学校教育的弊端，又突出了企业在培训中的主体地位，由企业提出具体需求。职业教育学校有培养目标，学生有努力方向，各方权益通过合同来保证，培训有章可循。而且，尽管培训是按照市场经济规则进行，但国家仍会通过法律法规，对培训的形式、导师的水平、培训时间以及考核办法等进行严格的规定。这类似于我国当前推行的政府与社会资本合作方式。

启示四：基金化管理为职业教育提供了财力保障。德国通过征收基金这样的强制方式，保证政府、企业和社会各方共同为职业教育提供充足的教育经费，确保了职业人才培养的高标准。在德国，培养一名职业学校的学生，每年平均花费1.5万欧元，而普通学校的学生只需这一费用的1/3。总结其筹资模式的内在机理，既有企业发展的内在需求、企业自身的社会责任感，政府的法律约束也起到了非常重要的作用，有利于保证职业教育经费的稳定提供。

不容否认的是，由于主要依靠企业来提供培训岗位，因此"双元制"职业教育受经济波动的影响相对较大，对于经济景气程度依赖性较大。在经济不景气的时候，企业的失业率升高，企业不愿意也没有能力提供更多的培训岗位，虽然政府可以通过采取一些措施来对企业进行鼓励和补贴，但最终签订用工合同的主动权是掌握在企业手中，政府对此并无决定权，这就会出现职业教育岗位的顺周期变化现象。例如，受欧债危机和世界经济大环境不景气的影响，德国职业教育提供的岗位出现了逐年下降的态势。

（二）几点建议

一是加快改革，政府着力创造良好社会氛围。从德国的做法可以看出，政府长期重视营造有利于职业教育发展的社会文化环境，对提高政府资金使用效率能够起到事半功倍的效果。例如，德国分层职业教育从小学四年级就开始，职业教育伴随教育全过程，学校会根据学生的学业成绩进行综合测评，纳入职业技能教学，帮助学生尽早认识各类职业、对未来的职业发展作出规划。在我国，由于受传统落后观念影响，我国的职业教育发展长期被矮化，如在招生上，形成了重点院校"掐尖"，职业院校"掐尾"的局面，职业教育在公众心目中沦为次等教育；在就业上，招聘单位对学历设置重重门槛，大量的职教生被排斥在外；在社会评价体制上，缺乏较为公平的转换标准，导致一些职业教育学校无奈地开始追求学历"升格"，弱化了职业教育的优势，加剧了教育与市场需求不匹配的状况。在这种社会文化环境下，单纯靠财政资金支持，对职业教育的发展并没有实质效果。从政府的着力点上，营造人人皆可成才、人人尽展其才的良好社会环境显得尤为重要。要大力宣传优秀一线技能人才的社会贡献，在理念上，崇尚一技之长，不简单唯学历、唯文凭。在评价标准上，制定高技能人才激励办法，使高技能人才在聘任、工资、学习等方面与工程技术人员同等待遇。在招生、考试制度上，统筹普通教育与职业教育的综合管理体系，打破职业教育发展的隔离墙、断头路，做到上下贯通、左右衔接。

二是政府应提高企业参与职业教育培训的积极性。作为实训主体，德国企业在职业教育领域的地位举足轻重。企业的社会责任意识较强，将培训视为对未来的投资，参加培训的积极性较高。在我国，尚未形成企业主动提供培训的氛围，除了少数实力雄厚的企业举办培训以提高自身竞争力外，大部分企业既无心也无力开展培训。针对这种现象，应逐步将企业培训制度化，加大职业教育企业参与的宣传力度，培养企业主动参加培训的意识，同时，增加法律的约束力。

从当前看，在整体经济处于下行态势的条件下，企业的生存压力较大，一定程度上限制了征收专门职业教育基金的可行性；但从长远来看，产业要升级、结构要调整，企业要转型，都需要高素质的人才。人才的培养不仅要靠政府的支持，也需要企业的投入，应该说，强制性地由企业提供培训经费是职业教育发展的必然趋势，既体现了企业的社会责任感，也是企业储备人才、提高自身竞争力的必然选择。

三是创新办学模式，加强政府与社会资本的合作。职业学校必须面向市场，以就业为导向，培养方式及专业设置必须紧跟市场步伐。与政府举办的职业学校相比，企业更了解市场的走向，培养出的学生更符合市场的实际需要，企业的培训导师也有着更多的实践经验，因此，政府应引入市场化机制，加强与社会资本的合作，从各国的实践看，具体合作方式可以基于BOT/BOO/BOOT等多种模式开展，应该说我国政府目前推行的PPP还是更适用于职业教育领域。因为，它既区别于单纯的政府提供，也区别于单纯的市场提供，如通常说的民办教育。其优势在于可以通过合同这一契约，明确政府和社会资本各自的权益，特别是政府通过授权提供社会资本稳定的现金流，那么，政府可以履行相应的监管责任，以保障社会资本提供的服务质量。从具体执行的角度，合同管理还可以进一步明确规范校企双方的事权和出资责任，确保学校、学生和企业三方利益均得到保护，避免出现服务提供不到位或社会资本应有的收益得不到补偿等现象。

四是在华德资企业开展符合中国国情的"双元制"。随着德国企业不断进入我国，其对当地员工需求的数量和质量将逐步提高。德国企业比较偏向于采取"双元制"的校企合作培养模式来培养学徒工。例如，在德资企业比较密集的江苏苏州工业园区内有德资企业122家，为了培养高素质的员工，一些大中型企业已经开始尝试与当地的职业学校合作开展"双元制"教育。中国和德国国情的不同，德国的"双元制"职业教育模式并不适合完全照搬，在中国，政府在职业教育中扮演的角色要大于在德国。因此，中央政府和德资企业所在的地方政府应该为职业教育的开展提供相应的机制创新空间和政策服务平台，这样不仅有利于学习德国先进的工艺技术，从长远看，也有利于将德国的"双元制"职业教育本土化，提升我国职业教育的整体水平。

第十二章　职业教育政府管理模式的国际比较与启示

> 本章总结了法国、澳大利亚、英国等职业教育发展模式，在管理体制上，分为政府主导、市场主导和政府与企业合作等模式，职业教育组织模式（国家办学模式、企业培训和在岗培训模式、培训中心模式、合作式职业教育、双元制职业教育体系）等。模式的选择都基于各自的国情，无所谓优劣，但有值得我们借鉴的内容。不管哪种模式，政府在职业教育改革发展中都发挥着重要的作用。政府作用的主要形式，就是激励社会各方投入职业教育，从中央与地方关系看，各国将职业教育事权基本以地方为主。

日本著名科学史家汤浅光朝提出了"科学活动中心转移"理论表明，近代世界科学活动中心的转移顺序如下：意大利—英国—法国—德国—美国和日本。这些国家之所以能够保持近百年的"科学兴隆期"，其重要原因是高度发达的职业技术教育能够成为先进科学理论的孵化器。中国正在走向科学复兴的轨道，如果要在将来形成被世界公认的"科学兴隆期"，职业技术教育必须与普通教育并重。

现代职业教育发展面临许多选择：职业教育在整个国家教育体系中的定位与符合国情的模式选择；职业教育的管理体制在处理好政府与市场关系的基础上如何运作；职业教育多层次投入机制如何确立和完善；如何探索并推进政府与社会资本合作（PPP）的职业教育发展方式。从世界各国职业教育发展情况看，由于经济社会、历史文化等诸多因素的差异和局限，不同发展模式各有千秋，不存在最优选择，但各国之间职业教育的实践经验是可以相互借鉴的。

一、各国职业教育发展模式

职业教育的国别差异很大,各国职业教育的类型模式不同(见表 12-1),特征各异,但有一个共性,即各国都选择了适合自己国情的发展模式。综合考察各国职业教育实践历程,大多数国家选择了适合自己国情的职业教育发展路径,目前国际上已经形成几种典型的发展模式,如政府主导型、以企业为主体的市场机制、合作式双元制、民办公助等。

表 12-1　　　　　　　　不同职业教育发展模式比较

政府主导的职业学校	单一企业培训	培训中心	双元制模式
全日制职业学校,和普通教育紧密联系,由国家创建并运作,国家决定培训哪些专业,不是按照企业的需要和在企业的运用,教师是国家雇员,由国家支付工资。	在企业内部进行,受训者需要与雇主签订劳动合同,没有学徒地位,只是普通雇员,准入门槛由企业决定。	由政府、雇主联合会和工会联合创办的专业化培训机构,有自己的教学大纲,资金来源为企业缴纳建立的基金。	培训按照私人经济市场规则进行,但是国家以法律形式制定相应的法规来约束,企业决定培训什么专业,国家对职业教育投资很少。

(一)法国:政府主导型职教模式

所谓政府主导,是指政府在职业教育管理方面主动作为,强势介入,通过积极发挥政府职责与作用,大力投入给予支持,推动职业教育发展。政府主导职业教育具有明显优势,它能够以政府财政资金来确保职业教育的资金需求。在这种模式下,职业教育办学通常有两种方式:一种是采用全日制职业学校方式,法国即是这方面的突出代表;另一种是采用在综合院校中开设职业教育二级部门的方式,如瑞典。

法国的职业教育管理模式是典型的政府主导型,职业教育办学普遍采取全日制职业学校方式。其职业教育系统分两个层次:一是中等职业教育,包括职业高中、学徒培训中心和中等技术教育(即技术高中,高二年级分出的技术班);二是高等职业教育,包括高级技术员班、大学技术学院、大学职业学院。法国宪法明确规定,各级政府分工负责不同层次的职业教育:大学技术学院和职业学院由中央直接管理;职业高中、学徒培训中心、高级技术员班则由大区管理。

（二）澳大利亚：市场化运作模式

受诸多因素影响，澳大利亚把市场法则引入职业教育领域，运用市场机制建立多元化职业教育经费体系，促使职业教育形成主体多元化的格局。澳大利亚的职业教育体系主要包括四类：一是联邦政府开办的技术与继续教育学院（TAFE）；二是成人与社区培训机构；三是私营培训公司；四是企业兴办的职业培训中心。尽管运行方式不同，但这四类职教机构基本都采取市场化机制。TAFE 学院是政府的公立职教机构，但政府并未采取纯粹官办的模式，而是通过政府购买方式，发挥市场机制作用，鼓励 TAFE 学院进入市场参与竞争。政府每年向 TAFE 学院的拨款，实际上是购买教育和培训这个"特殊商品"的商业化行为，而且以市场绩效为导向，拨款向那些培训质量高、就业率高、行业部门满意率高的学院倾斜，就业率低于 65% 的将被取消当年拨款和下一年度培训项目。企业或私营的职业教育机构也积极参与到这场竞争中，从而极大地提升了职业教育资源的利用率，更好地满足了当地经济和社会发展需要。

澳大利亚职业教育的市场化模式还突出表现在职教经费的筹措方面。除了联邦政府和州政府的投入和补助外，职业教育的经费主要来自市场，如机构自行筹集、学生缴纳的学费等。对于官办的 TAFE 学院，政府鼓励其挖掘自身潜力创收，途径包括开办合作经营企业、参与国际项目和申请研究经费等。对于私营机构和企业所办的职教机构，政府鼓励其适应市场对劳动力需求，通过招收留学人员等途径，拓宽职业教育经费渠道。[①]

（三）英国：继续教育与高等教育互补

英国是一个普及高中教育、高等教育大众化的国家，在其教育体系内没有中、高等职业技术教育的概念，运用更多的是继续教育体系，我们一般意义上的职业教育实际上是融合在英国的继续教育和高等教育之中的。英国的继续教育具有独特的内涵，是国家授权颁证机构设定内容和标准，在国家层面评审质量，办学机构负责培养，颁发统一资格证书的证书教育，其服务对象是义务教

[①] 黄日强、邓志军：《澳大利亚职业教育的市场化》，《职业技术教育》（教科版）2005 年第 31 期。

育之后没有进入大学的学生和社会人士,尤其是 14—19 岁的年轻人,要比中国的职业技术教育概念宽泛得多。

英国的继续教育衔接了教育体系中的中等教育和高等教育,经常同高等教育交织在一起并肩发展。其普遍的形式是继续教育学院,部分条件良好的继续教育学院于 1956 年提升为高级技术学院,提供高等教育层次的高端职业技术教育,以弥补大学教学内容和高等教育学位的不足。1966 年开始,英国开启高等教育的双轨制:大学保持原有独立自治的地位,高级技术学院升格进入大学行列,同时鼓励继续教育学院改办成多科学院,特许这些学院在政府指导和控制下开办学士乃至博士学位的高等教育。1992 年,原属继续教育范畴的多科学院也升格进入大学序列。从教育实践中看,多科学院实际上承担着高等职业教育的任务,但在地位上与高等教育类似,只是分工、生源和管理方式有所不同。总体来看,英国的继续教育与高等教育是既相对独立又相互替代、互为补充的关系,这是英国双轨制高等教育体制的突出特点。

(四) 德国:"双元制"

德国的职业教育采取"双元制"办学模式,本质上是校企合作办学。在这种模式下,整个职业教育培训过程在企业和职业学校两条线上同时进行,接受"双元制"职业教育的对象具有双重身份:既是职业学校的学生,又是培训企业的学徒。职业学校这"一元"遵循各州的学校法,依据各州统一的教学计划进行教学,由州教育部管理;而培训企业这"一元"则遵循全国统一的《联邦职业教育法》,由联邦教育部管理。这样做的目的是保证培训学员在国内任何地方都具备胜任该职业的能力,这意味着,通过培训获得的技能是可以市场化的,是一种通用性的培训。

近年来,随着产品生产和服务日益专业化,德国在双元制职业教育体系之外又发展起两种补充性机构模式:跨企业培训机构和企业培训联盟。这种职业教育体系的突出特征是:非全日制的职业学校依据各州统一的教学计划进行教学,而企业培训则依照一个职业的全国统一的培训标准进行,这一标准就是《培训条例》。从这个角度讲,双元制职业教育体系的企业培训是一种通用性的培训。

(五) 韩国：民办公助

亚洲国家的职业教育发展水平参差不齐，其中韩国被亚行视为政府推动职业教育发展的"典范"。韩国的职业教育以民办为主，实行民办公助形式，即政府主要从政策上、资金上给予支持和鼓励，把职业教育的实际操作更多地交给市场力量。

从 20 世纪 60 年代开始，韩国的职业教育进入蓬勃发展期，政府一方面加大财政资金支持，另一方面通过立法鼓励民办职业教育事业发展。政府对职业院校的财政投入一般高于普通学校，此外还运用世界银行贷款及从日本获得的"财产请求权资金"，扶持民办职业院校发展，贷款本息主要由政府偿还。韩国政府非常重视企业参与职业教育的责任，提倡社会力量在职业教育中发挥作用，因此职业教育机构除了政府公办外，更多的是民间（企业）兴办、财团自办。1976 年的《职业训练基本法》中明确鼓励私人企业进行厂内职业训练。员工人数在 1000 人以上的企业，必须实行在职培训；人数在 1000 人以下的，则需要向国家缴纳雇用保险金，金额为企业员工平均工资的 0.75%。为推动职业学校与企业的合作，韩国政府把"产学合作"纳入《产业教育振兴法》，规定企业有接纳职业学校学生现场实习的义务。同时建立由地方自治团体、产业界等组成的"产学合作教育协议会"，主要负责协调和指导当地的产学合作事宜。

二、值得我国借鉴的经验

从各国职业教育发展的模式、管理体制机制、投入机制等情况看，每种模式几乎都有自身的优缺点，也都在不断完善之中。纵观各国职业教育实践，不乏值得借鉴的先进经验，汲取并探索适合我国国情的经验，对我国的职业教育发展不无裨益。

（一）管理体制机制创新的关键是处理好政府与市场的关系

从职业教育的办学主体看，多数国家都包含了政府、企业、社区、受教育者等多重力量；从职业教育的管理体制看，无论哪个主体发挥的作用更多，政府在其中都是不可或缺的一环。职业教育的管理体制机制由不同主体之间的相互关系共同决定，如何处理好政府与市场主体之间的边界关系，充分发挥各方面的积极作用，是职业教育管理体制机制创新的关键。

在处理政府与市场关系方面，德国是一个成功案例。在德国，企业是初等职业教育的主要的资金来源，而地方政府则扮演了管理者和操作者（公立职业学校办学者）的角色。在继续职业教育领域，更突出地体现了政府引导下的市场行为这一特征，企业内的在岗培训普遍存在，政府只扮演相对次要的角色。值得注意的是，虽然德国采取"双元制"职业教育模式，更多地以市场办职教，但它同时也极为注重政府职能的发挥，例如：在联邦教育部的《2001年职业教育报告》中，提出了职业教育体系建设的明确目标和改革方向；2003年联邦政府又提出"2010年计划"，其中很多内容都涉及职业教育体系的改革问题。

日本的职业教育发展最初是政府主导型，后来逐渐演变为强化市场作用，政府更多地发挥监督指导职能。第二次世界大战后，日本的职业教育主要以政府主导形式出现。20世纪80年代开始，随着经济的飞速发展，政府开始逐渐下放职业教育的发展权限，支持手段上也从原来的直接财政投入办学转变为间接扶持和帮助，政府退居后台，企业和市场站在了职业教育的大舞台，成为绝对的主角。进入21世纪后，为适应企业需求等市场变化，日本政府提出实施日本模式的"双元制"，将企业实习与教育培训组合起来，面向年轻人导入"实务与教育连结的人才培育制度"。这种特殊的双元制运行机制也充分展现了政府与市场的新型关系。其实施机构包括职业学校等教育培训机构主导和企业主导两大类。[①]

（二）投入机制的差异化、多元化

在职业教育发展中，不同的管理体制机制决定了投入机制的差异。在各国的职业教育实践中，大都依据不同阶段职业教育的公共性差异，探索形成多元化投入机制，即筹资渠道来源不是单一的，严格意义上的单独投入主体的情况并不多见。总体来看，职业教育投入机制有三类：一是以国家投入为主，各级政府是职业教育的主要投资者；二是纯粹的市场化投入机制，主导者是私人企业、私营职业教育机构和个体学者；三是国家保持对管理规则的制定权，也参

---

① 姜大源：《当代世界职业教育发展趋势研究》，电子工业出版社2013年版，第371—372页。

与部分投入，同时把职业教育交给市场力量，这又被称为混合机制或公私合作机制（PPP）。

1. 政府主导型投入模式。通常来说，政府主导的职业教育发展模式都实行政府主导型投入机制，法国、丹麦、瑞典等国皆是如此。在这种模式下，各类职业教育机构由国家创建运作，教学人员由国家雇用并支付工资，教师的教育和培训也由国家所属机构组织和掌控。各类职业教育机构的资金来源包括中央政府的预算收入（主要支付教师工资）、各级政府的财政补贴等。此外，还有部分资金来自专门为职业教育征收的税款，如法国征收的具有一定协商余地的学徒税，它一般从雇主支付工资额中扣除5%，如果雇主能够证明自己已在职业教育方面投入了至少等额的资金，则免予缴纳该项税费。

2. 企业培训（TIF）和在岗培训（TOJ）：市场化的投入模式。企业培训和在岗培训都是市场化的职业教育模式，其主要差别在于：企业培训模式侧重培养受训者包括核心技能在内的广泛能力，以便其能够在不同工作部门和岗位之间进行转换；在岗培训模式则是针对特定工作场所的某一岗位进行培训。通过企业培训和在岗培训，企业或雇主切实获得了经济回报和利益，而受训者也是受益人，因此双方往往共同承担培训费用，而以企业投入为主，各国的实践情况不尽相同。如德国、瑞士、日本等国，企业主自愿承担了大量投入责任；法国、韩国、丹麦、爱尔兰、马来西亚以及许多南美国家，是政府强制企业主为培训出资，如法国的学徒培训中心办学经费就是由企业支付的部分学徒税承担；而比利时、丹麦、荷兰等国，则以集体性产业协议为基础，由雇主和工会共同组建培训发展基金。

3. 南美：培训中心的"基金—捐税"模式。在几乎所有拉美国家，实行的是特殊的"国家培训机构"管理投入体制，政府、雇主联合会和工会一起创建专业化的职业培训机构，负责职业教育的运营管理。其具体投入方式是：建立辅助财政基金，这些培训机构从其成员那里收取捐税，其成员可能是全国所有企业，也可能是某个地区或部门的所有企业。所谓捐税，是指雇主从工资额中拿出一定比例交给基金，此基金用于资助培训中心。最近，有关基金的政策有所变化，国家鼓励企业自己举办职业教育，企业因此可免除这笔税费负担，前提是在培训规模和质量方面必须达到相应的要求。

4. 合作型投入模式。职业教育的投入主体主要有三个，即国家（为公立职业教育学校投入，或对私立学校给予补贴）、企业（为自己的培训活动投入）、受训者（支付给私立职业学校或公立学校的费用）。多数国家的职业教育投入都属于合作型模式，即以某种主体为主、多种主体共同参与投入，每一方都为职业培训活动支付相应费用。除了少数纯粹的市场化投入案例，其余大都属于合作型投入模式的范畴。德国的双元制投入体系是一种特殊的合作投入机制。[①] 美国则是典型的合作型投入模式：市场机制发挥主要作用，企业在职业教育中扮演主角，而政府也会通过政策立法等方式对职业教育进行投入。美国联邦政府始终重视对职业教育的投入，通过一系列法案推动各级政府投入职业教育。早在1917年，《史密斯·休斯法案》就规定由联邦政府拨款资助发展工业、农业、商业和家政等职业教育及其师资的培训。据统计，1917—1918年仅联邦政府在上述领域的拨款补助总数就达170万美元；1921—1922年增至420万美元；1932—1933年增至980万美元。第二次世界大战后，美国经济高速发展促使竞争日益激烈，为培养高素质人才和救济竞争中处境不利的群体，针对职业教训方面涉及范围狭小的缺点，1963年颁布《职业教育法》，1968年又颁布修正案。20世纪90年代开始，为了满足那些不希望上大学学生（所谓"被忽视的大多数"或"被遗忘的一半"）的要求，联邦政府通过了一系列法案，如1990年的《帕金森法案Ⅱ》、1994年的《学校到工作多途径法案》、1998年的《帕金森法案Ⅲ》。这些法案中批准了大量经费，如《帕金森法案Ⅱ》批准了促进产业与教育合作、技术准备活动、生涯与技术学生组织、技术教育中的职业发展和教学项目、数据收集等五方面经费。《帕金森法案Ⅲ》则批准了行业与教育合作、与中等和中等后教育相结合的项目（如技术准备）、CTE学生组织（尤其是该组织雇佣少数民族成员）、获得行业的经验和对行业的理解等四方面活动经费。

中央与地方间分工合作。职业教育经费来源越来越呈现出多元化趋势。第一是中央地方共担政府直接投资，如瑞士职业教育的经费投入是由联邦政府州政府和行业机构共同承担职业教育公共经费的3/4是由各州提供，1/4来自联邦政府。同时还根据职业教育法的规定，有职业教育基金来补充职业教育基金是针对特定的经济部门。为了确保所有企业，包括未加入行业组织的企业，都为行业参与职业教育的经费支出作出应有的贡献。澳大利亚举办的公立技术与

[①] ［德］菲利克斯·劳耐尔、［澳］鲁珀特·麦克林：《国际职业教育科学研究手册》（上册），赵志群等译，北京师范大学出版社2014年版，第332—335页。

继续教育学院经费主要来自政府，占比达 97%，而学校自筹的只有 3%。政府拨款中，联邦政府拨款占 1/3，州政府拨款占 2/3。由此可以证明职业教育主体责任在地方政府。

（三）市场化实践中运用 PPP 模式推动职业教育发展

在多数发达国家，虽然政府积极推动职业教育发展，也投入力度不等的财政资金，但市场化手段仍是一种普遍的实践形式。值得一提的是，在很多国家，PPP 合作模式（公私合作伙伴关系）成为职业教育发展的趋势性选择。在 PPP 合作模式下，各国政府重点对合作的领域、区域和项目进行规划、管理和监督，同时更多地发挥市场作用，鼓励社会资本投入职业教育。主要的手段有两个：一是政府层面搭建公私合作的平台或框架，激发民办职业教育机构（社会和企业主导）的自主性和创造性，有意识地引入市场机制来配置职业教育资源；二是通过各项政策法规保障社会资本投入职业院校的自主发展权，允许其多元化、优质化发展。

政府层面搭建 PPP 平台或框架的通常做法是：政府统筹规划职业教育的发展，着重于职业教育的宏观导向与管理，政府的财政资金发挥"四两拨千斤"作用，鼓励和带动民间资金和社会力量投入职业教育领域。法国政府搭建 PPP 模式职业教育发展平台是一个突出例子，其主要做法为：国家层面在开发职业经验认证、文凭制定等方面建立大批公私合作公约和协作框架，内容涉及提供信息和导向服务、青年的初始职业培训等；通过相应法律来保障企业培训中员工的各项权利，如 2002 年社会现代化法案设立了对先前取得职业经验认证的法规；通过融合总体任务（MGI）、"实习目标"行动、"导师"行动计划等机制，帮助学校或社会有困难的青少年；采用"学校—企业"培训班和职业教育促进论坛等形式，推动校企合作。

另一类典型的职业教育 PPP 模式是：政府通过税收、补贴等政策推动企业进行职业培训。虽然很多国家采取这种方式推进职业教育，但并未将其明确界定为 PPP 模式。实际上这是具有代表性的 PPP 职业教育发展模式，因为它具备 PPP 付费机制的特征，即 VGF（Viability Gap Fund）。法国在发展学徒培训中心过程中就运用了这种 PPP 模式。法国的学徒培训中心是由地方政府、工商行会、企业或企业协会主办的半工半读或工学交替的职业教育机构，是校企合作的主要形式。法国政府通过立法要求企业认真履行职业教育义务，规定企业必须支付培训中心的费用，如果在全国范围招生，必须与国家签订合同，在大区范围招生则相应地与大区政府签订合同，并在财政和教学上接受国家或大区政府的监督。为推动校企合作，法国政府还规定，签订培训合同的企业必须支付学徒的工资，保证系统完整的培训，教学采取学徒培训中心与企业合作的工学结合形式，同时也对参加学徒培训的企业给予补偿性补助，如适当加大企业缴纳"学徒税"的减免力度。

专栏 12-1

新加坡运用税收机制促进企业职业培训

新加坡运用税收机制促进企业职业培训是典型案例。为了促使雇主加大对低技能、低工资员工进行培训的投入，新加坡于1982年创立并启动了"技能发展基金（SDF）"。对于工资不足1500新元或每小时工资不足2新元的工人，其雇主有义务将其工资总额的1%拿出来缴纳"技能发展税"，该标准后来还被一再提高，其目的是使更多工人被纳入收益范围。无论雇主还是员工，都可以通过参与该项目的培训补偿自己所缴的税金，而这些培训项目往往都是旨在提高工人的整体受教育水平，并不是针对某些具体发展技能。最近，SDF又提供了一些具体的技能培训项目，特别是电学和计算机等高科技项目。该基金还越来越多地用于对年纪较大员工进行培训。由于SDF具有明确的针对性，对技能水平和培训产生了重要的影响。在全国范围内，雇主的培训投入已经占到所发工资总额的3.6%，新加坡政府正努力将这一比例提高到4%。那些生产能力最高的行业（例如电脑企业），往往也是SDF项目中提供培训最多的行业。

三、对我国职业教育发展的启示

"他山之石，可以攻玉。"通过考察国外职业教育发展的基本情况，其符合国情的模式选择、管理机制创新以及多元化的投入机制等经验值得借鉴，对我国职业教育的发展具有重要启示意义。

（一）明确职业教育重要地位，创造良好外部环境

职业教育是"以就业为导向，以服务为宗旨"的教育活动，对社会经济发展、国民素质提高以及提升国际竞争力均具有重要意义，世界各国尤其是职业教育发达的国家有深刻认识。美国现代化论坛在1993年的一份研究报告中强调："随着经济和技术贸易的快速发展，工人和企业的学习与适应能力成为企业与国家经济在全球竞争中的一个核心元素。"澳大利亚政府也曾指出，澳大利亚未来繁荣与劳动力技能和生产能力密切相关。在多数发达国家，职业教育在教育体系中都占有重要地位，是学生升学就业的主要渠道。在德国，其双元制职业教育模式被称为经济腾飞的秘密武器，约有3/4以上的初中毕业生接受过企业的职业技能培训。在瑞士，完成义务教育后学生约有85%会接受学徒培训，或进入职业学校学习。这些国家完善的职业教育体系，为其未来的经济发展培养了大量高素质的劳动力资源，同时也节省了教育资源。

职业教育是教育的重要组成部分，要实现教育的健康快速发展，首先必须明确肯定职业教育在国家教育体系的重要地位，为其创造一个良好的外部环境，包括制定规范的法律法规，从宏观层面规划职业教育发展道路等。美国早在20世纪初期就颁布《史密斯·休斯法案》，承诺要把职业教育作为国家优先发展的领域。此后的数10年中，联邦政府一直高度重视职业教育发展，通过不断制定完善相关法案，规范职业培训各个环节，针对不同阶段不同群体的实际需求，实施针对性的措施。欧盟国家的职业教育取得良好长效，在一定程度上也归功于欧盟委员会创造的良好外部环境。无论是欧盟委员会于1994年发表的《增长、竞争力和就业》白皮书和1996年发表的《教与学：迈向学习化社会》，还是欧洲理事会于1994年和1999年先后推出的"'达·芬奇'跨国职业教育和培训一期、二期行动计划"，都为欧盟国家的职业教育进展铺垫了坚实的基石。

对于我国来讲，当务之急是明确职业教育在整个教育体系以及国家发展战略层面的重要地位，把职业教育作为落实科教兴国战略和人才强国战略、全面提高国民素质和技能，实现经济转型发展的重要途径。同时，要为职业教育发展创造良好环境。一是从国家层面高度重视和支持，千方百计创建相关平台，推进职业院校快速健康发展；二是针对历史欠账多、投入跟不上的问题，完善职业教育经费保障机制；三是通过政策宣传转变人们的传统观念和思维偏见，

由上而下形成对职业教育重要性的全新认知；四是相关部门可依法制定鼓励政策，吸引社会力量积极投入到职业教育发展事业上来。

（二）重视相关法律法规建设，为职业教育发展保驾护航

从国际经验看，职业教育的健康规范发展大都得益于相关法律法规的配套建设。美国在职业教育立法方面是典型代表，其主要做法就是通过不断完善职业教育法案，适应新情况的需要。美国于1862年和1890年颁布的《摩利尔法案》（Morrill Act），是最早用于支持职业教育的方案，为非洲裔学生提供了受教育的机会。1917年颁布的《史密斯·休斯法案》被视为中央政府通过联邦基金为职业教育提供支持的开端，自此联邦政府始终秉持大力支持职业教育发展的积极态度。1963年和1968年，联邦政府先后颁布《职业教育法》及其修正案，从资金扶持方面做出了许多法律性规定，促使接受职业教育培训的人数大幅增加。1984颁布的《卡尔·柏金斯职业教育法案》（公法98—524）修改了1963年的《职业教育法》，并取代了1968年和1976年修正案，该法案将资金投入重点有课程数量的扩展转向质量提高并促进高危人群的教育。1990年的《卡尔·柏金斯职业与应用技术教育法案》（公法101—392）又对1984年的方案做了修订，而1998年的《帕金斯职业与技术教育法案》（公法105—332）则再次取代了1990年法案。英国没有单独的职业教育法，但有关教育法以及政府白皮书都对职业教育有明确的规定，也提出支持职业教育发展的具体方案。亚洲的韩国和日本也非常重视职业教育立法问题。韩国在法律上强调把职业教育与终身培训结合起来，并于2003年制定实施了《职业教育培训促进法》，对职业教育的各个方面作了明确规定。日本将职业教育立法做了分阶段的处理，从法律法规上分别规定了就业前和就业后的职业教育规范。

国外的做法给予我们许多启示。当前，党中央提出依法治国的战略，并将之列为"四个全面"重大战略布局之一，职业教育的发展也必须有完善的法治保障，我国下一步要积极改进职业教育立法相对滞后的局面。自1996年《职业教育法》颁布施行，极大地推动了职业教育事业发展，但职业教育目前仍是我国教育领域的一块短板，这是不争的事实，而职业教育立法的相对滞后是一个重要原因。目前我国的职业教育法律体系以《职业教育法》为核心，以各类部门规章和地方性法规、规章为配套，缺乏完整性和统一性、协调性，而且存在以政策性文件代替法律的问题。为此，要针对当前职业教育法律体系的不

足，找准职业教育的症结所在，以宪法为依据，重构现代化的职业教育法律体系，从法律法规层面对职业教育予以规范和保障。

（三）发挥政府与市场两个积极性，积极创新办学模式

从职业教育的提供与管理责任的划分来看，各国在实践中都非常重视政府与市场的边界问题，充分发挥政府与市场两个积极性。总的来说，不管是政府主导职业教育管理和投入的美国模式，还是在政府宏观引导下将职业教育更多地交给市场运作的德国模式，都很好地协调了政府与市场的关系，促进了职业教育事业的健康快速发展。

就我国来说，目前政府在职业教育发展中更多地发挥了主导作用，而市场作为发展职业教育的主体作用尚未得到广泛认可，也缺乏制度和政策激励。企业主动提供教育培训尚未形成氛围，除了少数实力雄厚的企业举办培训以提高自身竞争力外，大部分企业既无心也无力开展培训。因此下一步应在加强政府的引导和激励作用基础上，提高企业参与职业教育的积极性。一是强化政府的引导与监管作用，发挥其决策和行政管理方面的优势，完善相关立法，制定出台相关扶持政策措施，避免"越位""缺位"等现象发生。二是通过给予企业一定自主权和税收优惠等政策，鼓励企业深度参与职业教育。应逐步将企业培训制度化，加大职业教育企业参与的宣传力度，培养企业主动参加培训的意识。三是促进和规范"校企办学"模式。职业教育必须面向社会，以就业为导向，培养市场需要的实用性人才。职业院校往往有意愿寻求同企业的合作，但目前一些行业企业参与职业教育的热情不高，校企合作存在"一头热一头冷"的现象。因此，政府应积极履行"守夜人"职责，鼓励更多的企业通过校企合作方式参与到职业教育中来。有关部门应尽快研究制定职业教育校企合作促进条例，明确规范校企双方的事权和出资责任，对校企合作相关激励政策措施从法律层面做出规定，从根不上解决企业参与职业教育积极性、主动性不高的问题，促进校企深度融合。

（四）分层次差异化发展，国家财政性资金重点倾斜初等职业教育

从政府投入的角度看，多数国家都是在细分职业教育公共性差异的基础上，采用相应的投入机制，满足不同层次职业教育的需求。具体到政府财政性资金的投入对象，大致都以初等职业教育为重点，高等职业教育则更多地交给

市场，这是一个规律性现象（各国政府投入情况比较见表12-2）。

表12-2　　　　职业教育投入总量和投入结构国别比较　　　　单位:%

	占GDP百分比	初等职业教育	继续职业教育	失业培训和教育
英国	2.1	19	77	4
法国	2.8	51	36	13
德国	3.0	46	37	17
爱尔兰	3.5	71	26	3

资料来源：Fox and McGinn（2000），Hummelsheim and Timmermann（2000），Atkinson（1999），Michelet（1998）and Michael Coffey and Carl Rhodes（2003）。德国和法国为1996年数据，英国为1997年数据，爱尔兰为1998年数据。

在多数欧洲国家，初等职业教育和失业培训都采取政府主导模式。在瑞典、法国、爱尔兰、希腊以及大多数东欧国家，政府对初等职业教育的投入比例均在80%以上，有的国家达到90%，爱尔兰几乎达到100%。在英国、法国、爱尔兰等国家，政府承担了初等职业教育的大部分融资责任，如法国政府承担了初等职业教育约4/5的资金供给，爱尔兰政府则几乎包揽了全部资金供给任务（见图12-1）。

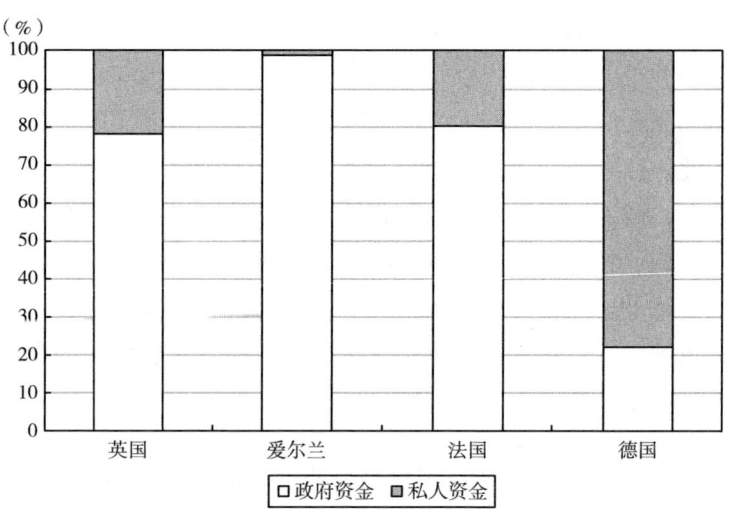

图12-1　初等职业教育资金来源中政府与私人部门的投入比例

资料来源：同表12-2。

从理论上讲，初等职业教育一般被视为公共产品范畴，各国政府往往采取类似公共教育的方式在管理、投入等方面推动其发展；高等职业教育则属于非公共产品范畴，各国往往根据国内外经济、社会、文化等环境的变化，促使市场在高职发展中发挥更积极的作用，甚至让市场扮演主角。无论是从理论上还是国际普遍经验看，我国的职业教育发展也应该分层级区别化对待，政府支持的重点向初等职业教育倾斜，高等职业教育更多地交给市场。在新一轮财税体制改革的大背景下，加快构建现代职业教育体系，财政部门应改变以往投入方式，由大面铺展改为突出重点，财政资金扶持向初等职业教育倾斜；由以往的具体项目投入改为"以奖代补"，资金投向上首先是基本保障类，然后是内涵建设类，重点支持校企合作。从资金来源看，目前国家财政性经费仍是职业教育经费的绝对"主力"，占比74%，其中中央财政投入又占大头。可以考虑改变中央财政的职业教育资金项目管理方式，实行在中央引导下的省级统筹制度，分级负责，绩效评估，提高职业教育资金的使用效益。

第五篇
合作创新与改革思路

职业教育是跨界教育、是创新教育,是与普通教育等值的类型教育。其典型特征就是产教融合、校企合作、工学结合。产教融合是宏观层面,是产业与教育需求融合发展。而校企合作是办学模式的,即企业与学校跨界合作的办学格局,是从一元结构走向跨界的双元结构的办学格局,工学结合是教育思想,是教学与企业要求紧密相关,是行动学习。作为类型教育,职业教育从传统的普通(学校)教育,向现代职业教育转变是当务之急。

现代财政制度改革进程中,政府和社会资本合作(Public – Private Partnership,PPP),即政社合作,也是政府跨界的重要实现形式。这一模式是政府和社会资本在公共服务领域建立的一种长期合作关系。政府和社会资本合作模式有利于充分发挥市场机制作用,提升公共服务的供给质量和效率,实现公共利益最大化。在职业教育领域推行PPP,对于改善政府与市场关系,拓宽融资渠道、完善财政投入和管理方式、提升职业教育公共服务的供给水平和管理效率、促进职业教育对接行业发展需求等方面具有重要的现实意义。

第十三章　职业教育领域政府和社会资本合作的可行性

在公共服务领域,政府和社会资本合作的主要目的是提质增效,目前推进的 PPP 项目,主要以基础设施为主。教育是政府为社会公众提供的重要公共服务,职业教育区别于普教,它"以就业为导向、以服务为宗旨",倡导校企合作、工学结合,因此与市场和社会联系更为紧密。目前我国职业教育管理现状,要么是政府直接举办,整体运行效率较低;要么是民办,完全以经济利益为导向。近年来,在职业教育领域推行的混合所有制虽然取得了一些效果,但没有很好地解决职业教育发展中公平与效率的统一问题。本章通过分析 PPP 的特性及适用条件,以及职业教育推行 PPP 的现实基础和困难,提出了在政府直接举办的职业学校或者是新办职业学校中推行 PPP 的整体思路。政府与社会资本通过合同确立契约关系,将社会资本拥有的资金、技术和管理等生产要素以及社会资本的逐利目标与政府作为公共部门的社会福利最大化目标有机结合,政府作为合作方,同时又是合作关系中的监督者与评价者,以运营补贴(生均拨款)作为社会资本提供公共服务的对价,以绩效评价结果作为对价支付依据,在社会资本获得合理投资回报的同时,控制社会资本提供的服务质量,从而实现职业教育的效率、质量、公平和社会责任的统一。为了提高 PPP 模式应用的可操作性,我们区分新建职校(增量)和现有职校(存量)、基础设施(硬件)和教学服务(软件)以及学校整体运营等内容,设计了多种合作模式。

一、准确把握 PPP 的特征及其在职业教育领域的应用

政府和社会资本合作模式是指政府为增强公共产品和服务供给能力、提高供给效率,通过特许经营、购买服务、股权合作等方式,与社会资本建立的利益共享、风险分担及长期合作关系。在公共服务领域开展政府与社会资本合作,是公共服务供给机制的重大创新,政府采取竞争性方式择优选择具有投资、建设、运营、管理能力的社会资本,并按照平等协商原则订立合同,明确责权利关系,由社会资本提供公共服务,政府依据公共服务绩效评价结果向社会资本支付相应对价,保证社会资本获得合理收益。

(一) 政府和社会资本合作模式具有特定含义

当前政府大力推进 PPP 模式,其应用领域必须在公共服务领域,其运行具有四个重要特征:伙伴关系、利益共享、风险分担及全生命周期管理。

伙伴关系:在政府与社会资本合作过程中,政府与社会资本是两个平等的合作主体,双方的合作关系是以市场机制为基础,通过合同或者协议条款约定各方的责任、权利和义务,并建立激励相容的机制,充分发挥双方各自的优势,从而把政府在公共服务供给领域的政策、社会、公共利益等目标和社会资本在运营管理、技术创新等方面的优势结合起来,提高公共服务与产品供给质量与供给效率。

利益共享:在公共服务领域开展政府与社会资本合作,提高公共服务供给质量和效率是首要目的,而不能以利益最大化为导向。政府和社会资本通过合同条款约定收益分配原则,对社会资本的经营和利润进行调节。当社会资本在满足绩效评价却不能获得合理利润时,政府按照合同约定通过可行性缺口补贴等形式确保社会资本获得合理收益;当社会资本通过运营获得超额利润时,政府则根据合同约定实现收益共享或让利于社会公众,从而控制公众利益与社会资本收益间的均衡。

风险分担:风险分担是 PPP 模式区别于公共部门与民营部门其他交易形式的显著标志。在政府与社会资本之间建立合理公平的风险分担机制,在受制于法律约束和社会公共利益的前提下,将风险分配给最有控制力的一方,有利于控制项目整体风险。通常而言,政府部门对政治、法律等风险的控制能力较强,而企业则对设计、建设、经营、财务等风险控制能力较强,因此在具体操

作过程中，应对项目风险进行系统分析，根据项目具体情况在政府和社会资本之间合理分配风险。

全生命周期管理：PPP项目的合作周期一般较长，是政府与社会资本之间建立的一种长期合作关系，涉及包括项目遴选、设计、投资、建设、运营、维护、移交在内的全生命周期管理。在合作过程中，双方通过合同明确界定双方在全生命周期内的权利和义务，并依法承担违约责任。政府部门从社会公众利益角度出发，对PPP项目实施全生命周期的监督管理与绩效评价，并依据绩效评价结果向社会资本支付相应对价。

（二）PPP模式区别于混合所有制

从定义范畴来看，PPP模式与混合所有制是不同维度的两个概念。PPP是政府与社会资本建立的在公共服务领域实现利益共享、风险分担的长期合作关系，使社会资本主体所掌握的资源参与提供公共产品和服务，将社会资本拥有的资金、技术和管理等生产要素以及社会资本的逐利目标与政府作为公共部门的最大化社会福利目标有机结合，实现公共产品与服务供给效率与公平的兼顾。"混合所有制"是生产资料所有制层面的含义，是在某种社会生产关系具体形态下对生产资料的混同占有的所有制形式。

PPP模式是公共服务领域供给制度的一种创新，通过开展政府和社会资本合作，可以将大量非政府的社会资本、民间资金引入公共工程与服务领域，同时以利益共享、风险分担、绩效升级方面的鲜明性质形成了管理模式的创新，并天然对接混合所有制改革，在当前国有企业混合所有制改革背景下，PPP模式是在公共服务领域发展混合所有制的战略性选择。但同时，PPP模式又不能完全等同于混合所有制，就职业教育领域而言，PPP模式与混合所有制的区别主要体现在以下三方面：

一是合作关系不同。在微观层面，混合所有制是一种由不同的产权主体多元投资、互相渗透、互相贯通、互相融合而形成的产权配置结构和经济形式。职业教育领域的混合所有制院校，是指由国有资本、集体资本、民营资本、境外资本等不同所有制中两个及以上主体共同举办的新型教育模式，其本质特征是产权主体和治理结构的混合，使不同性质的产权主体相互渗透融合成一个新的利益共同体。混合所有制院校国有资本和非国有资本之间，是一种投资者之间的合作关系，在职业院校建设和运营过程中，各出资方依据各自的出资比例享有相应的权利和义务，国有资本的出资比例可大可小，视具体情况而定。在PPP模式中，政府和社会资本之间建立的是长期合作的伙伴关系，社会资本依托其拥有的资金、技术和管理等方面的优势，为职业院校提供更多资金渠道和更专业化的管理，提升职业院校的公共服务供给水平；政府作为合作关系中的监督者与评价者，基于绩效评价结果通过运营补贴等形式向社会资本支付所提供的公共服务的对价，维护公共服务的公平性，政府一般出资比例较小。

二是合作目的不同。不管是国有资本还是非国有资本，组成混合所有制职业院校对其而言是一种投资行为，作为利益共同体的一方，在为公众提供职业教育公共服务的同时，均以追求利益作为目标。然而，在PPP模式下，政府作为合作者和监督者，代表的是社会公众的利益，与社会资本开展合作的目的是提高职业教育服务供给水平与管理效率，而非追求利益最大化。政府通过监管对社会资本的经营和利润进行调节，确保社会资本盈利但不暴利，最大限度维护公共利益。

三是伙伴选择方式不同。PPP项目的社会资本投资人应采用竞争性方式选定，通过综合评估项目合作伙伴的专业资质、技术能力、管理经验、财务实力和信用状况等因素，依法择优选择诚实守信的合作伙伴。财政部《关于印发政府和社会资本合作模式操作指南（试行）的通知》（财金〔2014〕113号）中明确规定PPP项目"采购应根据《中华人民共和国政府采购法》及相关规章制度执行，采购方式包括公开招标、邀请招标、竞争性谈判、竞争性磋商和单一来源采购。项目实施机构应根据项目采购需求特点，依法选择适当采购方式。"就职业教育领域PPP项目而言，更适宜采用竞争性谈判、竞争性磋商和单一来源采购等方式。而职业教育院校混合所有制改革，包括委托管理、资本并购、员工持股、合资建设等多种途径和方式，其合作伙伴的选择也就呈现出多种多样的灵活性方式，而不限于PPP项目必须采用的公开招标、邀请招标、竞争性谈判、竞争性磋商和单一来源采购等五种方式。

（三）全面认识职业教育领域推行PPP模式的重要意义

教育是政府为社会公众提供的重要公共服务，职业教育作为教育体系的重要组成部分，承担着向市场和产业培养高素质应用型和技能型人才的职责。在职业教育领域开展政府与社会资本合作，通过合同所确立的契约关系，可以将社会资本拥有的资金、技术和管理等生产要素以及社会资本的逐利目标与政府作为公共部门的最大化社会福利目标有机结合，在社会资本获得合理投资回报的同时，政府并不失去对公共服务供给的控制权，从而实现职业教育系统的效率、质量、公平和社会责任的目标最大化，具有其他传统形式不可比拟的优势。

一是职业教育领域推进 PPP 有利于政府职能转变，提升服务水平和管理效率。长期以来，在我国职业教育领域，公办职业院校一直占据职业教育供给市场的主导地位，而政府既是各级公办职业院校的举办者、管理者，更是事实上的办学者，直接参与职业院校教育、教学、培训、人事管理等相关的具体事务，导致职业院校自身缺乏应有的自主权，失去了办学动力和发展活力。在职业教育领域开展政府与社会资本合作，政府是与社会资本地位平等的合作者，不再参与职业院校内部具体事务决策，而是站在更高的层面上，充分发挥政府在战略规划、监督指导、法律法规等方面的优势，对职业院校进行宏观政策指导与绩效评价，由社会资本承担职业院校运营与管理职责，以充分发挥社会资本在资源、市场、管理等方面的优势，从而有助于改善职业教育领域政府与市场的关系，更好地发挥市场和社会在资源配置中的决定性作用。

二是职业教育领域推进 PPP 有利于提升职业教育服务的供给水平和管理效率。现阶段我国职业教育的办学体制仍然主要以国家为主体，民办职业学校数量和其招生数量、在校生数量逐年减少，公办职业学校治理主体单一，缺少决策、运营、监督等不同主体之间权利的相互制衡，导致内部主要由行政班子控制，管理模式存在单向性、约束性、垂直性的弊端。在这种行政化的管理模式下，管理主体缺少更新与变革的内在动力，导致多年来公办职业院校发展模式僵化、效率低下、缺乏活力，难以适应市场变化需求。社会资本具备专业化运营管理能力且追求经济效益最大化，通过吸引社会资本运营管理职业院校，一方面可以充分发挥社会资本在技术和管理方面的专业优势，为职业院校注入更专业化的管理，提升职业院校的公共服务供给水平；另一方面可以有效实现办学主体的多元化，促进决策、执行、监督等不同主体之间权利的相互制衡，从而构建更加高效的现代化治理结构。

三是职业教育领域推进 PPP 有利于职业教育全方位对接行业发展需求。职业教育院校的办学关键在于能够在办学方向确定、培养目标制定、专业设置、课程体系设计、教学实践开展、招生就业等环节切实从行业需要出发，贴近行业实际，培养出受企业欢迎的人才。然而，我国大多数职业院校，尤其是公办职业院校，多年来面临的突出问题就是缺乏企业参与办学的利益纽带连接，尽管在职业教育领域校企合作已开展多年，但由于缺乏有效的激励机制，多数企业参与度并不高，校企合作难以在教学改革、学生实践、师资培训等领域深入开展，职业教育切实所需的"真实生产环境"和"双师"结构普遍难以真正实现，最终导致大部分职业教育的教学内容难以真正对接社会需求。通过开展政府与社会资本合作，吸引有实力的企业共同参与职业院校培养目标、教学计划、课程设置、教学过程等方面内容的制定，并依托企业平台为职业院校学生提供更加切合实际的实践场所，从而实现教学内容与行业实际需求的全过程对接。同时，在政府与社会资本合作模式下，由于管理效率的提高以及与行业实际需求的高度对接，更易于办学主体根据市场需求及时对教学内容进行调整与改革，为职业院校的可持续发展注入新的活力。

四是职业教育领域推进 PPP 有利于拓宽融资渠道，完善职业教育的经费保障机制。职业教育经费投入是职业教育事业发展的前提和物质基础。在我国职业院校中，传统融资渠道主要包括财政经费拨款、学杂费收入、金融机构贷款、校办企业收入、社会捐赠收入、个人资助以及科研服务等其他收入，其中，仍以财政投入和学费收入为主，多渠道筹措职业教育经费的能力不强。

二、在职业教育领域推行 PPP 有现实基础

20 世纪 90 年代末以来，国家高度重视职业教育发展，相关法律制度框架初步形成。2014 年，《国务院关于加快发展现代职业教育的决定》提出要"创新民办职业教育办学模式，积极支持各类办学主体通过独资、合资、合作等多种形式举办民办职业教育"，明确职业教育领域推行 PPP、引导社会力量兴办的发展方向。与此同时，相关领域 PPP 实践经验的积累、财政预算管理制度的改革、职业教育办学模式的完善都为促进职业教育领域政府与社会资本的合作提供了有利的现实条件。

（一）国家高度重视职业教育发展，相关法律制度框架初步形成

以 1996 年中国第一部《职业教育法》正式颁布实施为标志，中国职业教育进入了法制化、正规化发展时期。以此为基础，国家出台了一系列促进职业教育发展的制度和政策，进一步明确了职业教育的发展目标与方向的同时，初步建立了职业教育法律制度框架。

推进职业教育校企合作的发展模式。职业教育实行校企合作模式，是培养

应用型、技能型人才的基本做法，国家围绕校企合作先后出台了一系列政策文件。2005年，国务院发布的《关于大力发展职业教育的决定》中明确指出，"进一步建立和完善适应社会主义市场经济体制，满足人民群众终身学习需要，与市场需求和劳动就业紧密结合，校企合作、工学结合，结构合理、形式多样，灵活开放、自主发展，有中国特色的现代职业教育体系"。随后，中共中央办公厅及国务院又先后出台了《关于进一步加强高技能人才工作的意见》（中办发〔2006〕15号）、《关于实施科技规划纲要增强自主创新能力的决定》（中发〔2006〕4号）等文件，以及在2010年颁布的《中等职业教育改革创新行动计划（2010—2012年）》中，均大力倡导了职业教育校企合作模式的发展，推进了我国职业教育校企合作的深入开展。

明确构建现代职业教育体系的目标。2010年，《国务院办公厅关于开展国家教育体制改革试点的通知》（国发办〔2010〕48号）在教育体制改革的十大任务中，指出要"改革职业教育办学模式，构建现代职业教育体系"。《国家中长期教育改革和发展规划纲要（2010—2020年）》进一步提出："到2020年，形成适应经济发展方式转变和产业结构调整要求、体现终身教育理念、中等和高等职业教育协调发展的现代职业教育体系"，搭建了建设现代职业教育体系的基本框架。《现代职业教育体系建设规划（2014—2020年）》进一步明确了"到2020年，形成适应发展需求、产教深度融合、中职高职衔接、职业教育与普通教育相互沟通，体现终身教育理念，具有中国特色、世界水平的现代职业教育体系"的发展目标。

引导支持社会力量兴办职业教育。在2014年出台的《国务院关于加快发展现代职业教育的决定》（国发〔2014〕19号）中明确提出："创新民办职业教育办学模式，积极支持各类办学主体通过独资、合资、合作等多种形式举办民办职业教育；探索发展股份制、混合所有制职业院校，允许以资本、知识、技术、管理等要素参与办学并享有相应权利。"《现代职业教育体系建设规划（2014—2020年）》进一步明确"充分利用社会资本发展现代职业教育，建立政府、行业、企业、个人、社会共同参与的基础能力建设多元投资机制"。在全面深化改革的背景下，引导支持社会力量兴办职业教育，有利于破除公办职业院校的体制弊端，促进办学形式多样化、办学主体多元化，增强办学活力，提高办学效益，健全政府主导、社会参与、办学主体多元、办学形式多样、充满生机活力的办学体制；有利于吸纳更多社会资本投入职业教育，缓解职业教育办学经费短缺;也为在职业教育领域推行 PPP 模式奠定了良好的基础。

(二) 教育领域政府与社会资本合作已积累了丰富实践经验

尽管 PPP 模式在职业教育领域尚未大规模开展,但公共部门与民营部门在教育领域的合作早有先例,包括教育股份制、教育券实验、公办托管、国有民办、民办公助、名校转制、公建民营、租赁托管、中外合作等多种形式,这些模式既有某些相似之处又各具特色且实践效果显著,为职业教育中引入 PPP 规范管理提供了有益借鉴。表 13-1 选择了近 10 多年来,一些省份在教育领域实施的政府与社会资本合作的范式。

表 13-1　各地教育领域政府与社会资本合作的多种实践

PPP 模式	实例	基本特点
BOT（建设、经营、装让）	新湖中宝公司与政府签订 BOT 特许办学协议（浙江嘉兴）	吸引民间资本投资兴建学校,运营 30—50 年进行转轨,特许期满后产权归属政府;特许期内经营管理学校的自主权;规定教师待遇不低于公办学校。
教育股份制	教育股份制（浙江椒江）	由多个投资人以股份形式联合出资设立以办学为主营业务的有限责任公司,公司举办学校;政府提供政策支持;运用企业制度充分吸引利用民间资金。
公办托管	"管办评"联动机制委托管理实践（上海浦东）	委托机构管理的学校原为薄弱学校;托管期间学校公办性质不变;享有新区其他义务教育阶段公办初中学校同等的资源投入与政府保障;委托第三方学校实施中期评估。
国有民办	全国各地（如北京十一学校等）	学校国有、校长承办、经营自筹、办学自主;承办者享有相应办学的政策和条例,学校通过抽取学费和其他渠道来维持办学。
民办公助	"公办民办教师享受同等待遇"的政策实践（河南周口）	社会力量办学税收政策与公办学校相同;给予民办教师享受公办教师同等待遇的福利;广泛吸收社会资金,新建民办学校。
民办公助	广元外国语学校的"公私合作"实践（四川广元）	实行教育投资公司董事会领导下的校长负责制;由投资方浙江温州新纪元教育发展有限公司自主经营、自负盈亏、自行负责处理办学过程中的所有债权、债务关系,并独立承担民责任;当地政府给予合作学校在招生、用人及实行结构工资制度等诸多方面的大力支持,保障享有了充分的办学自主权。

续表

PPP 模式	实例	基本特点
名校转制	当地教育局与翔宇集团订协议将三所公办名校进行转制（江苏宝应）	通过契约的形式赋予学校独立的法人地位和充分的办学自主权；利用名校的影响力；吸引投资改善现代化的教学设备并加速扩张，以实现学校的规模经营。
	由德瑞投资公司投资和成都市实验外国语学校（四川成都）	德瑞集团公司从1999年起在成都投资办学，还迁、扩建了成都外国语学校和成都市实验外国语学校，总投资已超过13亿元人民币，与教育相配套的后勤供应和生产基地的投入达5000万元人民币。
公建民营	为明教育集团与各地政府开展合作办学（北大附中）	以北大附中为依托，有各地政府出资建校，有教育集团负责运营；促进了我国教育资源整合和市场开发。
租赁托管	地方政府将好学校交给翔宇教育集团按民办教育运作（湖北监利）	以租赁和委托管理的方式交由民营企业江苏翔宇教育集团管理学校，两校教师待遇提高，身份不变；教育收费标准不增；翔宇教育集团在监利建设学校享受监利县招商引资的各项优惠政策。
中外合作	潍坊科技职业学院与印度合作办学（山东潍坊）	印方出资33万元，负责课程设置、教学计划安排，提供教材样本、配备教学软件，供给图书资料光盘，且负责全部专业课程讲授。

资料来源：高树昱、吴华：《我国教育领域的公私合作伙伴关系审视》，《教育发展研究》2010年第8期。

（三）职业教育集团快速发展，为推进 PPP 模式提供了市场和社会基础

我国职业教育集团产生于20世纪80年代，经过10多年的探索，21世纪初职业教育集团化办学在全国广泛兴起。据教育部的统计数据显示，截至2014年底，全国已组建职业教育集团1048个，成员单位4.6万个。其中，中职学校7200所，高职学校950所，本科高校180所，行业协会1680个，企业2.35万个，政府部门1630多个，科研机构920个，其他机构1450个。

作为办学模式突破的一种选择，职业院校、相关企业、科研机构、中介组织甚至政府部门通过契约、资源等连接方式形成联合组织，开展集团化办学，在促进校企深度合作、达成资源共享、提升职业教育育人质量和服务社会的水平方面做出了显著贡献。2015 年，教育部出台了《关于深入推进职业教育集团化办学的意见》（教职成〔2015〕4 号），强调要充分认识深入推进职业教育集团化办学的重要意义，加快完善职业教育集团化办学的实现形式，全面提升职业教育集团的综合服务能力，不断强化职业教育集团化办学的保障机制。由此可见，集团化已成为职业教育发展的趋势。

在职业教育集团化办学的大背景下，在推进职业教育领域政府与社会资本合作的过程中，现有职业教育集团可以作为社会资本参与其中，充分发挥职业教育集团在资源整合、办学经验、运营管理、资金筹措等方面的优势，保障政府与社会资本合作的顺利开展，同时通过管理模式的创新也为职业教育集团发展注入新的活力。另外，目前我国多数职业教育集团仍主要定位于行业内或区域内，成员单位多数在本区域范围内，部分职业教育集团已不满足在本区域内的龙头地位，急需拓展市场范围进一步做大做强，成为跨区域的教育集团，因此具有作为社会资本参与到其他区域职业教育 PPP 项目的强烈需求，为推进职业教育 PPP 奠定了良好的市场基础。

三、客观分析职业教育领域推行 PPP 模式面临的困难与挑战

在公共服务领域推进 PPP，既取决于职业教育本身的特性和社会合作者的专业性，也取决于政府的治理能力。

（一）职业教育在我国教育体系中长期处于弱势地位

与普通教育和高等教育相比，职业教育在我国教育体系中一直处于弱势地位，尤其是在经费投入方面，财政经费对职业教育的投入与同期的普通教育和高等教育相比比例较低且呈现出逐年下降趋势；同时，社会舆论对职业教育的认可度也普遍较低，大多数人均认为职业教育是次于普通教育和高等教育的无奈之选。在诸多因素的共同作用下，职业教育在我国教育体系中长期处于弱势地位，社会吸引力远远低于普通教育，同时职业教育本应向市场提供高度对接市场需求的应用型和技能型人才的功能得不到充分保障，发展面临着多重瓶颈因素制约。在此背景下，职业院校建设与运营类的 PPP 项目对社会资本吸引力明显不足，尤其是对于非职业教育领域的企业而言，在现有体制机制和政策环境等制约因素未得到突破之前，直接参与职业教育类 PPP 项目仍面临较多顾虑

和不确定因素,严重阻碍了在职业教育领域全面推进PPP的进展。

从近两年的政策实践看,PPP模式主要在水利工程、交通设施和市政设施等领域运用比较广泛,而在公共服务领域特别是教育和职业教育领域运用比较少,且PPP具体形式比较单一,仅限于在学校基础设施建设领域引进私人部门进行合作。根据资料显示,财政部2014年底发布了30个政府和社会资本合作示范项目,项目库中的PPP示范项目全部为轨道交通、基础设施、市政建设等工程项目,涉及职业教育的项目数为零。从国家发改委2015年5月公布的PPP项目库中,我们可以看到,全部1043个项目中,涉及教育的PPP项目一共47个,其中涉及职业教育的PPP项目一共有11个(具体见表13-2),职业教育领域PPP项目占比为1%,远低于其他领域项目占比。另外,11个职业教育PPP项目基本都集中在职业学院的基础设施建设等非教学类功能上,真正在教学领域运用PPP进行公私合作的项目为零。因此,需要进一步提高PPP在职业教育教育领域的项目比重,同时要将PPP模式运用从职业学校的基础设施建设拓宽到职业教育核心的教育教学功能中去。

表13-2 国家发改委PPP项目库中涉及职业教育PPP项目一览表

序号	项目类型	项目名称	建设内容及规模	拟采用的PPP操作模式
1	职业教育	江苏省连云港徐圩新区职业技术学院	占地面积约444亩	组建混合所有制公司
2	职业教育	山东海洋科技大学园山东(潍坊)公共实训基地	总建筑面积31万平方米,包括生产实训中心、教学实训中心、比赛场馆、中试研发、模拟工厂、公共学院、标准厂房、展示中心、图书馆、综合服务楼、生活配套等内容	BOO
3	职业教育	山东省峡山现代教育园区项目	建设幼儿园、小学、初中、高中和大学等系列学校,包括职业学校培训中心和接待中心、教师公寓、专家公寓,教师发展研究院、学生实践基地等	合资或合作
4	职业教育	山东省高新区职业学校	占地150亩	BOT或BOO或合资或参股

续表

序号	项目类型	项目名称	建设内容及规模	拟采用的 PPP 操作模式
5	职业教育	山东省临朐县职业教育中心学校二期工程	总建筑面积为1.1万平方米，新建2座学生公寓	BOT 或 BOO 或合资
6	职业教育	山东省北部职教园区一期	主要建设内容包括新建教学实训用房、办公用房、学生公寓、单身教师公寓、食堂、地下停车场等建筑物21.1万平方米，改造轻工学校现有建筑约2.7万平方米。	BOT
7	职业教育	贵州省黔南州瓮安县中等职校整体迁建项目	用地面积338亩，新建校舍52424.44平方米	TOT
8	职业教育	云南省红河州卫生职业学院	建设规模133809.74平方米	BOT
9	职业教育	甘肃省产教融合实训基地	共建共享与兰州新区产业发展对接匹配的综合性实习实训基地，建筑面积15万平方米	BOT
10	职业教育	甘肃省兰州商贸职业技术学院	在校生1.5万人，建筑面积40万平方米	BOT
11	职业教育	哈尔滨职业教育园区项目	拟在园区二期建设中使PPP中的BOT操作模式建设校企合作项目，总建筑面积16.5万平方米，总投资11亿元。	BOT

（二）推行 PPP 模式缺乏专门法律法规保障

尽管现阶段国务院及各部委先后出台了一系列有关PPP项目实施的意见和管理办法，但都是针对PPP模式的原则性、指导性安排，法律效力不高，尚缺乏一套针对PPP的完整的法律法规体系，导致在具体PPP项目实施过程中，对社会资本缺乏法律法规层面的强有力保障，使得部分社会资本面对PPP望而却步。

（三）政府观念与管理职能急需转变

虽然近两年在国务院及各相关部委的大力倡导与支持下，政府与社会资本合作项目已在各地方广泛开展，但已开展的大多为交通、市政等基础设施项目，即使在公共服务领域，也多是围绕公共服务基础设施建设开展的，真正的公共服务委托经营管理类项目甚少，尤其是在职业教育领域推行PPP模式缺少相关成功经验示范。在实践经验较少的背景下，职业教育领域相关政府部门、企业或组织往往缺乏对PPP的正确认识，仅仅认为PPP是一种解决政府资金短缺的融资方式。在职业教育领域推行PPP模式，已不再是传统意义上的融资方式的创新，严格来说是一种职业院校管理模式的创新，政府通过这种新型管理模式为公众提供更高效和更优质的职业教育与培训公共服务。因此，迫切需要相关部门转变观念，重新认识在职业教育领域推进政府与社会资本的重要意义。

同时，PPP模式建立的是一种长期的合作关系，政府与社会资本是平等的合作主体，在长达几十年的合作期内，政府不再是高高在上的管理者，而是合作者和监督者，政府需从过去的管理思维转换到合作思维、法治思维，两主体按照合同约定分工协作，只有两主体地位平等、权责相称，才能建立良好的合作伙伴关系。但是，长期以来，我国政府在通过投资推动国民经济高速增长的实践中，占据了强势的地位，形成了政府主导投资的观念，尤其是在缺乏PPP成功经验示范的职业教育领域，这种观念仍根深蒂固地存在于各级政府官员的头脑中，这将严重阻碍职业教育领域PPP模式的顺利运行。

（四）推进PPP模式相关主体实施经验仍显不足

在操作具体PPP项目过程中，工作内容包括项目识别、项目准备、项目采购、项目执行、项目移交等多个环节，涉及政府、社会资本、第三方咨询机构、法律服务机构、金融机构等多方实施主体。在职业教育领域，由于缺少类似示范性经验，尤其是职业院校整体运营类PPP项目，各实施主体均缺乏相关经验借鉴，以伙伴选择为例，政府需要对社会资本投资人的资金实力、办学经验、管理模式、培训计划、服务价格等方面进行综合对比，然而无论是政府还是第三方咨询机构，对于如何综合评价职业教育类社会资本尚缺乏规范化的标准、方法和指标体系；在合同制定、执行与管理方面，各实施主体更是缺乏相关经验借鉴，均需在实践中不断探索，在一定程度上给职业教育领域PPP模式的顺利推进形成了阻碍。

第十四章　职业教育领域推进 PPP 的思路探讨

近年来，职业教育 PPP 虽然在一些地方实践取得显著效果，但也暴露出了一些问题。PPP 在职业教育领域推进，最大的优势是提质增效，实现途径除了引入市场化机制外，还必须是由专业的人做专业的事，在职业教育领域，融资不是第一目标，它对合作伙伴的专业化选择、实施程序的法制化、规范化都有很多的要求。所以，职业教育推进 PPP 应积极稳妥，而不应运动式，要积极创造条件，量力而行。

一、基本思路

在职业教育领域推行政府与社会资本合作是职业教育公共服务供给方式与供给机制的一种创新。在政府和社会资本合作模式下，政府作为合作关系中的监督者与评价者，以运营补贴等作为社会资本提供公共服务的对价，以绩效评价结果作为对价支付依据，控制社会资本提供的服务质量；同时将运营补贴纳入预算管理、财政中期规划和政府财务报告，能够在当代人和后代人之间公平地分担公共资金投入，符合代际公平原则，有效弥补当期财政投入不足，有利于减轻当期财政支出压力，平滑年度间财政支出波动，防范和化解政府性债务风险。在项目实施中，政府需围绕推进 PPP 模式开展包括项目识别、评估论证、交易结构设计等在内一系列工作，基本推进思路如下：

（一）项目识别与发起

政府和社会资本均可作为政府和社会资本合作项目的发起方，一般以政府发起为主。就职业教育领域而言，地方政府可根据该地区职业教育院校发展的实际情况，选择将计划开办的新建职业院校或者是已建成的职业院校开展与社会资本的合作。合作内容可以涉及教学服务、硬件设施、后勤服务等多领域，也可以将学校的全部建设与运营服务作为整体开展整体运营类合作，政府需根据实际需求科学合理界定合作的边界条件。

同时，社会资本也可作为发起方，对于一些办学质量高、社会声誉好的优质民办职业院校，或者规模化运作和专业化经营的职业教育集团，存在着对外输出和扩张的动力和需求，可以选择适宜的地区和职业教育院校，以项目建议书的方式向政府提出开展政府与社会资本合作的建议。

（二）合理分配项目风险

政府与社会资本合作项目需要按照风险分配优化、风险收益对等和风险可控等原则，合理分配项目风险，原则上风险应由最适宜的一方来承担。政府在确定拟推行PPP模式的职业教育项目后，需自行或委托中介机构对职业教育院校建设与运营的全生命周期内的风险进行系统分析，不同类别的职业院校以及不同的PPP合作范围，所面临的风险均存在差异，因此需结合项目自身特点进行风险划分。一般而言，项目设计、建设、财务、运营维护等商业风险原则上由社会资本承担，政策、法律和最低需求风险等由政府承担，不可抗力等风险由政府和社会资本合理共担。

（三）针对性选择项目运作模式与付费方式

职业教育作为政府向社会公众提供的公共服务的一种，开展政府与社会资本合作的实质是政府以支付公共服务对价的方式向社会资本购买服务，购买服务包括委托运营、BOT、TOT等多种模式，付费方式包括使用者付费、政府付费及可行性缺口补助（运营补贴）等，政府需根据项目自身特点针对性地选择运作模式与付费方式。当前我国职业教育发展中引入的生均拨款制度，可以作为政府与社会资本合作的利益基础，未来社会资本运营管理职业院校获得的财政经费，以生均拨款和学费收入作为社会资本主要收入来源。

对于不含基础设施建设等固定资产投入的服务领域合作项目，可以选择委托经营管理的模式，政府将相关服务经营管理权委托给社会资本，准公益性服务以使用者付费为基础、不足部分予以政府补贴，公益性服务以政府付费为基础，基于绩效评价结果向社会资本支付公共服务的对价。

对于包含硬件设施建设的整体运营类合作项目，新建职业院校可以选择BOT、BOO、BOOT等模式，社会资本承担职业院校战略规划与定位、基础设施建设与维护、教学培训及后勤服务管理与运营等全部职责；已建职业院校可以选择TOT、ROT等模式，社会资本通过购买（或购买+改造）的方式获得学校运营管理权，社会资本承担职业院校的全部管理经营活动。

（四）科学开展项目评估论证

对于所选定的职业院校是否适宜采用PPP模式建设或运营，需由地方政府开展科学的项目前期评估论证工作。除传统的项目可行性论证外，针对PPP模式需从定性和定量两方面开展物有所值评价。通过与传统的公办职业院校模式进行比较分析，在项目全生命周期内，开展政府与社会资本合作是否能够起到提升职业院校教学服务质量与管理效率、提高职业教育公共服务供给水平、降低财政支出成本的作用。

同时，对于需要以政府付费或政府补贴形式支付职业教育公共服务对价的项目，财政部门应根据项目全生命周期内的财政支出、政府债务等因素，结合同期开展的其他PPP项目，共同开展财政承受能力论证，确保财政支出中长期可持续性的同时，也能够保障社会资本获得合理收益。

（五）规范选择项目合作伙伴

PPP项目采购方式包括公开招标、竞争性谈判、邀请招标、竞争性磋商和单一来源采购，项目实施机构应根据项目采购需求特点，依法选择适当采购方式。就职业教育领域PPP项目而言，对于硬件设施、后勤服务、教学服务等单一领域的合作，社会资本选择的目标较为单一，特殊性不强，可以采用公开招标的方式进行采购；对于整体运营类合作，需要的是专业化的教育管理机构，此时，需要对社会资本投资人的资金实力、背景资源、学校运作计划、教学管理模式、服务价格等进行综合对比，并就长期合作以及价格管理、回报方式、绩效评价、退出机制等与社会资本进行充分的沟通，更适宜采用竞争性谈判、竞争性磋商等方式选定社会资本。

（六）完善制定项目合作协议（合同）

政府与社会资本签订的合作协议（合同）是双方长期合作的基础，在项目全生命周期内，各参与主体均可能发生较大变化，为了保障各方主体能够在合作期内切实履行主体责任并享有相关义务，需在合作协议中明确约定服务标准、价格管理、回报方式、风险分担、退出机制、绩效评价等内容。

（七）科学设计绩效考核机制

政府作为PPP项目的合作者和监督者，对项目的运营维护标准进行监督和评估，并根据绩效评价结果向社会资本支付公共服务对价。在职业教育领域开展PPP模式，政府需设计科学、合理的绩效考核机制，通过绩效评价结果影响政府付费金额进而对社会资本产生约束，在确保职业教育公共属性的同时，也为社会资本提供良好的运营环境和持续改进经营的动力，最终实现职业学校良性的可持续运转。

二、实施模式

职业教育政府与社会资本的合作内容可以包括校园基础设施、教学楼、图书馆、宿舍楼、食堂、实训基地的建设，设备器材的采购等"硬件"内容，也可以包括与教学相关的师资安排、课程设计、就业指导等服务以及与后勤服务相关的食堂、校园保洁等等在内的"软件"内容。具体的合作实施中，可以根据需求，将软硬件的部分内容分别打包进行局部合作，也可以将学校的所有软硬件内容联合整体打包进行合作。根据政府与社会资本合作范围的不同，职业教育领域推行PPP的路径可以分为以下几种方式：

（一）教学服务领域的合作

职业学校与基础教育以及高等教育最本质的区别就在于其教育目的是面向市场和产业培养高素质应用型和技能型人才。

在职业教育教学服务领域，通过开展政府与社会资本合作，吸引有实力的企业作为利益共同体，可以在学校的战略定位、发展规划、师资力量安排与培训、教学课程设计及全方位教学管理、实训计划安排及实训基地管理、学生实习安排及就业信息服务等与教学、就业直接相关的内容开展深度合作。

1. 关于合作模式的选择。应具体分为增量和存量两个层面来操作。

对于新建职业院校。教学服务是职业院校的核心服务，除了针对在校生的职业技能教学与培训等公益性服务之外，还包括公共就业服务、职业中介服务等准公益性服务。新建职业院校可以选择将教学服务整体打包或选择部分教学服务有针对性的开展政府与社会资本合作，通过竞争性方式选择具备相关教学服务与管理经验的社会资本直接参与办学，社会资本依靠其市场经验对学校的整体定位进行合理把握，共同参与职业院校培养目标、教学计划、课程设置、教学过程等方面内容的制定，教学实施中按照市场和企业的需求制定合理的订单培训、定向培训、基础培训、实训实习方案和计划，并依托企业平台为职业院校学生提供更加切合实际的实践场所。

新建职业院校的政府与社会资本合作主要采用政府购买服务方式开展。政府应对教学服务中的公益性和准公益性服务进行区分，明确业务分类体系，对于公益性服务，政府以运营补贴等作为社会资本提供公共服务的对价，以绩效评价结果作为对价支付依据，在社会资本提供的服务能够满足标准的前提下保障社会资本获得合理回报；对于准公益性服务，则在参与市场竞争的前提下，以使用者付费为基础，政府以绩效评价结果为依据，不足部分给予适当运营补贴，保障社会资本获得合理回报。

关于已建的职业院校，即存量部分。可选择将教学服务委托经营管理或ROT模式开展与社会资本的合作。

方案一，委托经营管理。《国务院关于加快发展现代职业教育的决定》中明确提出"探索公办和社会力量举办的职业院校相互委托管理和购买服务的机制"；《现代职业教育体系建设规划（2014—2020年）》中也明确提出"允许社会力量通过购买、承租、委托管理等方式改造办学活力不足的公办职业院校"。

委托经营管理主要涉及职业院校教学服务经营管理权的转移，受委托管理的学校，其办学体制、学校性质、收费标准等不发生改变。政府可通过竞争性方式选定具有教学培训能力机构作为社会资本合作方，如办学质量高、社会声誉好的优质民办职业院校，规模化运作和专业化经营的职业教育集团，或者是具备技术人才培养需求和管理能力的大型企业，将公办职业院校的经营管理权移交给社会资本方，政府作为监督者和合作者，通过购买服务的形式以运营补贴等作为社会资本提供公共服务的对价，以绩效评价结果作为对价支付依据，保障社会资本获得合理回报。

方案二，ROT模式。ROT即重建—运营—移交，政府通过竞争性方式选择在教学实施与学校管理方面更为专业化的职业教育培训机构作为社会资本方，对已建职业院校的发展定位、课程设计、师资安排、教学与实训计划等教学运行体系以及学校的决策体系、监管机制、分配机制等管理运行机制进行重建，依靠其灵敏的市场嗅觉、精细化的建设管理、专业化的教学实施等优势，实现职业教育学校管理的科学化、运作的规范化、培训的实用化、就业的市场化。政府作为监督者和合作者，基于可行性补贴、购买服务付费等对社会资本产生的约束，设计科学、合理的绩效考核机制，在确保其公共属性的同时，也为社会资本提供良好的运营环境和持续改进经营的动力，最终实现职业学校良性的可持续运转。

ROT模式具体运作结构如图14-1所示。

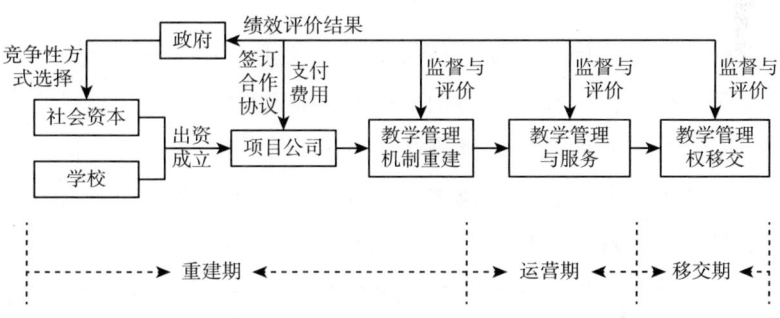

图14-1　ROT模式具体运作结构

2. 适用条件。在教学服务领域开展政府与社会资本合作主要适用于职业教育财政经费相对充足，但政府职业教育办学经验不足、效率低下、管理人员有限或对市场需求把握不清的地区，新建职业院校可选择单独将教学服务委托给更加专业化的社会资本方经营。

对于已建职业院校而言，委托经营管理主要适用于基础设施条件较好，但办学相对困难、教学质量不高或与市场需求对接不畅的职业教育学校，建议选择近年来财政投入较为完善职业教育改革发展示范学校作为试点，通过委托经营管理的方式，依托社会资本的市场资源与管理优势，提升示范院校教学服务与人才培养质量，提升示范院校整体水平，从而带动全行业提质增效。

ROT 模式主要适用于基础设施投入不足、办学条件较差、发展模式僵化、教学体制机制以及学校运营管理机制难以适应市场需求、入学吸引力不足的已建职业院校，通过对现有教学管理与运行机制进行重建，实施专业化、规范化、市场化的教学管理。

3. 社会资本类型。教学服务领域推进 PPP 模式所需的社会资本方可以是办学质量高、社会声誉好的优质民办职业院校，或者是规模化运作和专业化经营的职业教育集团，此类社会资本方相对于政府而言，在技术和管理方面具备专业优势，可以为职业院校注入更专业化的管理，提升职业院校的公共服务供给水平；也可以是具有人才需求的大型生产型企业，依托企业技术实力和的人才需求，通过开展合作使企业能够深入参与到职业院校的课程设置、考试管理与评估、教学评估、实训安排等教学服务的关键环节，推行订单式培训、定岗培训、定向培训等培训模式，促进职业教育更贴近实际需求，提升学生就业水平。

（二）硬件设施（固定资产投入）领域的合作

职业院校的硬件设施（固定资产投资）广义上包括土地一级开发整理、教学楼、图书馆、宿舍楼、食堂、实训基地等设施建设以及教学培训设备在内的所有硬件设施。通过开展硬件设施领域的政府与社会资本合作，充分发挥社会资本在资金、施工、采购、工程技术与管理等方面的优势，由社会资本承担硬件设施建设与维护管理等非核心服务职能并承担设计、施工、融资、运营、财务等相关风险，政府仍然保留对学校教学和教育供给等核心服务的责任。

1. 合作模式。

第一，对于新建及扩建院校项目。新建或拟进行扩建的职业院校项目，一方面财政需要在建设期投入大量建设资金，同时职业院校一般也缺乏基础设施建设领域相关管理经验和管理能力，因此可以选择集投资、建设、运营管理为一体的投资人在硬件设施建设经营领域开展合作。该种模式下，双方按照平等协商原则订立合同，明确责权利关系，政府依据公共服务绩效评价结果向社会资本支付相应对价，保证社会资本获得合理收益。

具体可采用 BOT、BOO、BOOT 等模式开展合作，由政府通过竞争性方式选定社会资本，授权职业院校与社会资本共同成立项目公司，并与项目公司签订协议，由项目公司承担基础设施的融资、设计、建设、运营、维修等责任及相应风险，同时在协议中明确服务标准、价格管理、回报方式、风险分担、退出机制、绩效评价等内容。政府作为监督者，对项目的建设标准以及运营维护标准进行监督和评估，并根据绩效评价结果，通过财政拨款、学费以及相关单位使用基础设施的付费向社会资本支付费用，作为对其筹建成本的补偿和收益的回报。

以 BOT 为例，具体运作结构如图 14-2 所示。

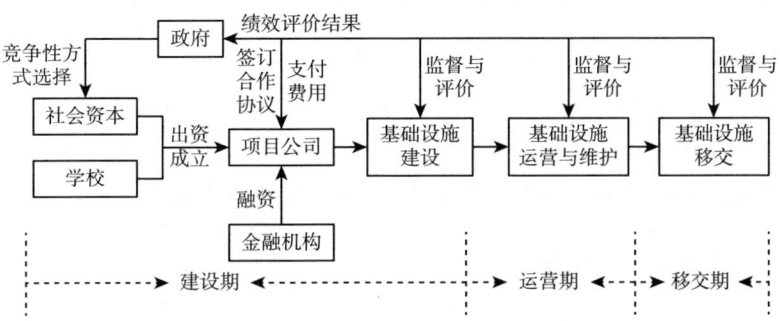

图 14-2 BOT 模式具体运作结构

第二，对于已建及改扩建院校项目。可选择将现有的实验场地、图书馆、运动馆、学生公寓等设施以及大型实训基地等基础设施作为开展政府与社会资本合作的内容，由社会资本承担对职业院校基础设施进行管理、运营、维护的责任。一方面可通过将现有基础设施的经营权有偿转让实现融资的目的，盘活存量资产、缓解当前财政资金压力；另一方面可以引入具备专业管理能力的社会资本，促进实训基地等硬件设施的市场化、专业化运营管理，提高管理效率。

具体可采用 TOT、ROT 等模式开展合作，政府通过竞争性方式选择具有一定资金实力且具备相关设施运营管理能力的社会投资人，社会资本通过购买（或购买+改造）的方式获得基础设施经营权，承担基础设施管理、运营、维修等责任。政府作为合作者和监督者，在协议中明确服务标准、价格管理、回报方式、风险分担、退出机制、绩效评价等内容，对项目的运营维护标准进行监督和评估，并根据绩效评价结果，由相关使用基础设施的单位向社会资本支付费用，并可通过财政补贴的形式支付不足部分。此外，政府还可鼓励社会资本在合作过程中围绕基础设施的运营开拓新的创收项目，减少财政补贴、提高投资人的收益水平。

2. 适用条件。以硬件设施为基础的政府与社会资本合作方式主要是为了解决项目建设前期融资、建设期专业化管理、后期基础设施的运营维护等问题，比较适用于新建的体量较大的职业学校、职业教育园区，或存在改扩建需求的现有职业教育院校，通过开展合作由社会资本提供职业教育的基础硬件设施；同时适用于经费投入不足或基础设施运营管理水平较差的已建职业院校，通过开展政府与社会资本合作盘活存量资产以及提高基础设施的专业化管理水平。

3. 社会资本类型。硬件设施领域推进PPP模式所需的社会资本应是既具有资金实力又具备相关设施建设与运营管理能力的企业，以弥补政府及职业院校在基础设施建设领域资金投入及相关工程管理能力欠缺的问题；另外，社会资本也可以是存在人才需求的技术密集型的生产企业，吸引其共同参与实训基地等基础设施的管理运营，有利于提高职业技术培训的市场适应性。

（三）后勤服务领域的合作

校园后勤服务的社会化在各级教育机构中已经推行时间较长，但传统体制下的后勤服务很多都是学校下辖的后勤集团在负责，部分后勤社会化以后仍存在规模效应难以较好体现、专业化管理能力亟待提升、管理成本较高、服务水平和质量诟病较多等问题。为解决这一问题，职业学校可以将此部分内容打包交由社会资本利用专业化的团队进行管理，在传统后勤服务去行政化的基础上再加强其专业化。

1. 合作模式。新建职业院校及已建职业院校均可开展以后勤服务为合作对象的政府与社会资本合作，政府通过竞争性方式选择专业化的后勤服务公司进行管理运作，以准公益性的使用者付费、政府购买服务、可行性补贴等多种合作方式为基础，以服务质量考核、师生满意度评价等绩效考评为导向，按照绩效考核的结果进行付费。此种方式下，政府和学校减轻了后勤管理的负担，在确保其提供高质量的公共服务基础上，真正将后勤服务实现社会化和专业化。社会资本在合作过程中，利用绩效考评的激励机制，充分发挥其自身的规模化效应、丰富的市场化资源、先进的管理理念和手段等降低服务成本、提高服务质量。

2. 适用条件。后勤服务领域的政府与社会资本合作模式主要是为了解决传统后勤服务去行政化的问题，一般适用于社会化程度较低、后勤服务管理成本较高、服务水平较差、规模效益难以体现的传统公办职业院校，通过引入后勤服务公司实现专业化管理，提高职业院校的后勤服务水平，同时也有利于减轻学校的后勤管理负担。

3. 社会资本类型。后勤服务领域推进 PPP 模式所需的社会资本应为具备学校或类似大型组织后勤服务运营管理经验及能力的后勤服务集团或管理公司，特别是当前已有相关管理项目且具备扩大管理规模条件的后勤服务集团，有利于实现后勤管理服务的规模经济效应，降低服务成本。

（四）整体运营类的合作

1. 合作模式。第一，对于新建职业院校。以上硬件设施、后勤服务、教学服务三种领域合作方式均比较单一，适用于解决特定的问题。鉴于目前职业教育学校建设中存在的经费投入不足、政府融资难、体制机制单一、管理效率低下、教学服务与市场脱轨等综合性问题，建议政府在项目建设初期阶段就进行系统谋划，将硬件设施的建设与软件设施的配套进行统筹考虑，选择综合实力较强的社会资本（或多个社会资本组成的联合体）进行深度的、全生命周期的合作。

政府与社会资本在新建职业学校整体运营方面的合作中可以基于 BOT、BOO、BOOT 等多种模式开展。双方合作的内容应涵盖前期的战略定位、建设方案，建设期的施工管理和设备购置，后期运营（教学实施）维护三个主要阶段。政府需要通过对社会资本投资人的资金实力、背景资源、学校运作计划、教学管理模式、服务价格等进行综合对比后，利用竞争性方式选择综合实力较强的投资人。政府与社会资本签订合作协议，在协议中明确服务标准、价格管理、回报方式、风险分担、退出机制、绩效评价等内容，社会资本根据协议约定承担职业院校基础设施建设与维护、教学培训及后勤服务管理与运营等全部职责。在这种模式下，职业院校获得的财政经费、学费收入作为社会资本主要收入来源，不足部分由政府根据绩效评价结果予以补贴。

第二，对于已建职业院校。对于经费投入不足、办学困难的已建职业院校，可通过将职业院校现有包括基础设施及管理经营权在内的整体运营管理权开展政府与社会资本合作，一方面通过转让的方式获得再融资，缓解当前财政支出压力，另一方面通过引入社会资本实现职业院校的专业化、市场化管理和规模化运营。

一般可采用 TOT 模式运作，TOT 模式涉及学校运营管理权的转让与移交，政府首先需根据职业院校的现实情况、融资需求以及财政承受能力科学界定合作范围和合作期限，在此基础上对经营权转让的定价进行科学评估，并通过竞争性方式选定合适投资人。由政府与社会投资人签订合作协议，在协议中明确服务标准、价格管理、回报方式、风险分担、退出机制、绩效评价等内容，社会资本根据协议约定承担职业院校的管理经营活动，并于合作期末将管理经营权移交给政府。在这种模式下，职业院校获得的财政经费、学费收入作为社会资本主要收入来源，不足部分由政府根据绩效评价结果予以补贴。此外，政府鼓励社会资本在合作过程中开拓新的创收项目，减少财政补贴、提高投资人的收益水平。

TOT 模式具体运作结构如图 14 – 3 所示

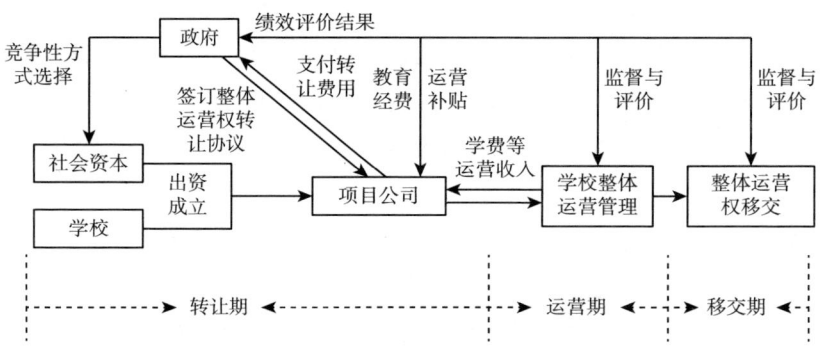

图 14 – 3　TOT 模式具体动作结构

2. 适用条件。对于新建职业院校而言，整体运营类合作方式适用于财政经费投入不足、政府融资难，同时职业教育办学经验不足、效率低下、管理人员有限或对市场需求把握不清的地区，通过开展整体委托运营类政府与社会资本合作，在提升当地职业院校的公共服务供给水平的同时，有效减轻当期财政支出压力。

对于已建职业院校而言，整体运营类合作方式适用于财政经费投入不足、基础设施条件较为落后、学校整体运营困难、教学质量不高、与市场需求对接不畅的职业教育学校，通过开展政府与社会资本合作，缓解财政压力的同时实现职业院校的专业化、市场化管理和规模化运营；也可以选择近年来财政投入较为完善的职业教育改革发展示范学校作为试点，通过 TOT 模式委托社会资本整体运营，依托社会资本的市场资源与管理优势，提升示范院校教学服务与人才培养质量，提升示范院校整体水平，从而带动全行业提质增效。

3. 社会资本类型。整体运营类 PPP 模式所需的社会资本应为在资金实力、办学经验、市场资源、社会声誉、规模化经营等多方面具备较强综合实力的社会资本，或是多个社会资本组成的联合体，可以是优质民办职业院校，也可以是规模化运作和专业化经营的职业教育集团，通过整体运营模式在职业院校建设与管理的全生命周期内开展与社会资本的深度合作。

已建职业院校和新建职业院校 PPP 实施模式见表 14-1 和表 14-2。

表 14-1　　　　　　　　已建职业院校 PPP 实施模式

合作领域	合作模式	具体操作方式	适用条件	社会资本类型
教学服务领域	委托经营管理	政府将职业院校教学服务经营管理权委托给社会资本，并基于绩效评价结果通过购买服务的形式以运营补贴等作为社会资本提供公共服务的对价。	适用于基础设施条件较好，但办学相对困难、教学质量不高或与市场需求对接不畅的现有职业教育学校。	（1）办学质量高、社会声誉好的优质民办职业院校；（2）规模化运作和专业化经营的职业教育集团；（3）具有人才需求的大型生产型企业。
	ROT	社会资本对职业院校的教学服务相关管理运行机制进行重建，并承担相应的运营管理责任，政府基于绩效评价结果通过可行性补贴、购买服务付费等方式作为社会资本提供公共服务的对价。	适用于基础设施投入不足，办学条件较差，发展模式僵化、教学体制机制以及学校运营管理机制难以适应市场需求、入学吸引力不足的已建职业院校。	
硬件设施领域	TOT/ROT	社会资本通过购买（或购买+改造）的方式获得基础设施经营权，承担基础设施管理、运营、维修等责任，由相关使用基础设施的单位向社会资本支付费用，不足部分政府基于绩效评价结果通过财政补贴的形式支付。	适用于经费投入不足或基础设施运营管理水平较差的已建职业院校。	（1）既具有资金实力又具备相关设施建设与运营管理能力的企业；（2）存在人才需求的技术密集型生产企业（主要参与实训基地运营管理）。

续表

合作领域	合作模式	具体操作方式	适用条件	社会资本类型
后勤服务领域	委托经营管理	由专业化的后勤服务公司承担学校后勤服务与管理工作，以准公益性的使用者付费、政府购买服务、可行性补贴等多种方式保障社会资本收益。	适用于社会化程度较低、后勤服务管理成本较高、服务水平较差、规模效益难以体现的传统公办职业院校。	具备学校或类似大型组织后勤服务运营管理经验及能力的后勤服务集团或管理公司。
整体运营	TOT	政府将学校运营管理权转让给社会资本，社会资本承担职业院校的全部管理经营活动，职业院校获得的财政经费、学费收入作为社会资本主要收入来源，不足部分由政府根据绩效评价结果予以补贴。政府鼓励社会资本在合作过程中开拓新的创收项目，减少财政补贴、提高投资人的收益水平。	适用于财政经费投入不足、基础设施条件较为落后、学校整体运营困难、教学质量不高、与市场需求对接不畅的已建职业院校。	在资金实力、办学经验、市场资源、社会声誉、规模化经营等多方面具备较强综合实力的社会资本，或是多个社会资本组成的联合体。

表 14-2　　新建职业院校 PPP 实施模式

合作领域	合作模式	具体操作方式	适用条件	社会资本类型
教学服务领域	政府购买服务/委托经营管理	由社会资本为职业院校提供教学服务，对于教学服务中的公益性服务，政府以运营补贴等作为社会资本提供公共服务的对价，以绩效评价结果作为对价支付依据；对于教学服务中的准公益性服务，以使用者付费为基础，政府以绩效评价结果为依据，不足部分给予适当运营补贴。	适用于职业教育财政经费相对充足，但政府职业教育办学经验不足、效率低下、管理人员有限或对市场需求把握不清的地区新办职业院校。	（1）办学质量高、社会声誉好的优质民办职业院校；（2）规模化运作和专业化经营的职业教育集团；（3）具有人才需求的大型生产型企业。
硬件设施领域	BOT/BOO/BOOT	由社会资本承担基础设施的融资、设计、建设、运营、维修等责任及相应风险，政府基于对项目的建设标准以及运营维护标准进行监督和评估，并根据绩效评价结果，通过财政拨款、学费以及相关单位使用基础设施的付费向社会资本支付费用。	适用于新建的体量较大的职业学校、职业教育园区，或存在改扩建需求的现有职业教育院校。	既具有资金实力又具备相关设施建设与运营管理能力的企业。

续表

合作领域	合作模式	具体操作方式	适用条件	社会资本类型
后勤服务领域	政府购买服务/委托经营管理	由专业化的后勤服务公司承担学校后勤服务与管理工作，以准公益性的使用者付费、政府购买服务、可行性补贴等多种方式保障社会资本收益。	适用于社会化程度较低、后勤服务管理成本较高、服务水平较差、规模效益难以体现的职业院校。	具备学校或类似大型组织后勤服务运营管理经验及能力的后勤服务集团或管理公司。
整体运营	BOT/BOO/BOOT	社会资本承担职业院校战略规划与定位、基础设施建设与维护、教学培训及后勤服务管理与运营等全部职责。职业院校获得的财政经费、学费收入作为社会资本主要收入来源，不足部分由政府根据绩效评价结果予以补贴。	适用于财政经费投入不足、政府融资难，同时职业教育办学经验不足、效率低下、管理人员有限或对市场需求把握不清的地区新办职业院校。	在资金实力、办学经验、市场资源、社会声誉、规模化经营等多方面具备较强综合实力的社会资本，或是多个社会资本组成的联合体。

三、相关政策建议

（一）加强中央层面法律法规制度建设

政府与社会资本合作建立的是一种涵盖项目全生命周期的长期合作关系，是基于政府和社会资本所签订的合同、以双方的契约精神为基础开展的。合作期间各参与主体均可能发生较大变化，为了保证双方承担相应责任，获得应有收益，确保合同履行，应当有相应的法规体系予以支撑。同时，合作涉及政府、社会资本、第三方咨询机构、金融机构、社会公众等多方利益，如果没有强有力的法律法规，各方利益将很难得到有力保障。

关于社会资本选择方式方面，可遵循的法律包括《中华人民共和国政府采购法》和《中华人民共和国招投标法》，但由于 PPP 项目的特殊性，两部法律又存在不同程度的不适应性。建议中央层面应尽快制定相应的法律规范，以约束各参与主体在合作过程中的行为与责任。

（二）加强职教领域推进 PPP 政策顶层设计

在职业教育领域推进 PPP，涉及基本建设程序、招投标、财政补贴、职业教育行业监督等多方面内容。职业教育领域的建设及管理引进社会资本后，将导致原为政府投资项目设计的部分规定、政策、程序等难以适用，因此，首先，必须提前开展与 PPP 项目实施、职业教育管理等相关的政策研究，出台适用于开展 PPP 模式下适用的各项政策及管理办法（暂行）。其次，由于职业教育推进实施 PPP 属于职业教育投融资及管理领域的创新举措，相关经验需要在实施过程中进行不断总结，因此，相关的政策及管理办法也需要在开展具体项目的过程中进行深入的优化、改进，力求全面做好顶层设计工作，扫除职业教育推进 PPP 过程中的障碍。

（三）建立与推进 PPP 相适应的组织机构

地方实施 PPP 项目将会面临发改、财政、建设、规划等部门的多头管理，对于职业教育本身又涉及财政的补贴、教育及行业主管部门的管理等。为避免多头管理，相关职能部门、专业机构出于自身利益考虑而影响 PPP 项目的推进。建议政府首先应建立起有效的 PPP 项目推进领导小组，专门负责各类 PPP 项目的具体操作及推进，涉及职业教育也应由该小组统一领导 PPP 的实施，避免某些部门由于利益受到影响而阻碍项目实施。

（四）构建完善的绩效评价体系

完善的监管体系与评价体系是 PPP 项目实施的必要条件。在职业教育领域推进政府与社会资本合作，社会资本提供的主要产品是公共服务，政府是社会资本提供的服务产品的接受者、监督者与评价者，同时也是服务对价的支付方。只有构建完善的包括服务水平、运行质量、财务状况等在内的监督与绩效评价体系，才能产生客观全面的绩效评价结果，并以此为依据支付服务对价，从而形成对社会资本的制约作用，保障公共服务供给质量和效率。

当前财政职业教育经费支出主要以生均拨款制度为基础，辅以重大项目专项经费支出以及"以奖代补"专项资金安排。虽然"以奖代补"在一定程度上是以改革和绩效为导向的，但是地方财政尚未建立起具体的与职业院校绩效评价相挂钩的财政经费预算制度，因此，未来需进一步完善地方财政职业教育经费预算与支出制度，将财政职业教育经费支出与绩效评价结果相挂钩，从而形成根据绩效评价结果向社会资本支付服务对价的价格回报机制。

第十五章 以职业教育类型重塑教育发展体系

近日教育部公示新一批纳入考察更名升格高校,引起社会对更名之风再起的教育发展中存在"重普教轻职教"思想,这种厚此薄彼的行政管理方式,不仅不能提高办学质量,反而会向社会释放错误信号。职业教育和普通教育是我国国民教育序列的两大类型,随着我国经济社会的发展,有必要提高职业教育层级,走高质量的发展道路,这也是国际趋势。建议,从顶层设计的高度,加强体制机制创新,赋予职业教育应有的地位,建立与普通教育体系相一致的职业教育体系,提高职业教育的办学层次,切实提升职业教育质量,为实现两个一百年的奋斗目标奠定人才基础。

一、去"职业"更名风再起引忧思

2018年1月20日,教育部发展规划司公布了进入专家考察阶段的拟更名或升格学校名单。再次兴起的更名潮,引起社会普遍关注,多家媒体进行了报道,并展开相关讨论,特别是其中的去"职业"现象引起社会很大忧思,《联合早报》等外媒也进行了报道。

这次共有46所高校入选,其中包括新设本科学校(21所)、更名大学(16所)、独立学院转设为独立设置民办本科学校(6所)和同层次更名(3所)。其中21所新设本科学校中,17所是由高职学院拟升格为普通本科,升格后的学院将被冠名为某"科技""工程""商学院"等(见表15-1),不再具有职业教育特征。这种去"职业"化路径是近 20 年来学校升格转型的一个重要趋势,更是民办教育发展的一个重要途径。如本次升格更名为"某理工学院"的职业学校前身是一所摩托培训学校,后发展为"省摩托汽车培训学校""省摩托汽车成人中专",再升格更名为职业学院,再进一步升格更名为"理工职业学院",本次得以完成去"职业"化成为普通本科学校。再下去就是"去职教化"了,如早几年完成更名去"职业"的"某科技大学",短短几年时间已经发展成涵盖 8 个学科 32 个本科专业的综合性大学了。

表 15-1　2017 年度申报设置列入专家考察的高等学校名单

序号	申请建校名称	建校基础	申报省份
1	福建应用技术学院	福建师范大学福清分校	福建省
2	泉州理工学院	泉州理工职业学院	福建省
3	南昌管理科技学院	南昌职业学院	江西省
4	江西信息学院	江西先锋软件职业技术学院	江西省
5	山东经贸学院	山东外国语职业学院	山东省
6	济南工学院	山东凯文科技职业学院	山东省
7	山东外事翻译学院	山东外事翻译职业学院	山东省
8	中原科技学院	周口科技职业学院	河南省
9	郑州西亚斯国际学院	郑州大学西亚斯国际学院	河南省
10	三峡航空学院	新建	湖北省
11	深圳技术大学	深圳大学部分资源	广东省
12	广东工商学院	广东工商职业学院	广东省
13	广州科技学院	广州科技职业技术学院	广东省
14	广西经济学院	广西经济管理干部学院	广西壮族自治区
15	广西城市学院	广西城市职业学院	广西壮族自治区
16	海南科技学院	海南科技职业学院	海南省
17	重庆建筑科技学院	重庆房地产职业学院	重庆市
18	重庆机电工程学院	重庆机电职业技术学院	重庆市
19	成都艺术学院	成都艺术职业学院	四川省
20	陕西电子科技学院	陕西电子科技职业学院	陕西省
21	西安汽车学院	西安汽车科技职业学院	陕西省

高职学院升格表面看是多方共赢。对地方政府而言,辖区内学校升格是政绩;对学校而言,在级别、招生、经费各方面都会有很大提高;对教师而言,

在职称、收入和社会地位都会有较大提升；对学生而言，在身份、就业等方面也会有所帮助。这也是各主体趋之若鹜的原因。特别是民办职业教育，作为我国职业教育体系的重要补充，近年来受到中职免学费、政府设立补贴门槛、招生困难加剧等影响，更有学校升格的生存需求。

在我国进入社会主义新时代后，急需高质量的教育，但却不是这种拔苗助长的更名升格。"大学乃大师之谓，而非大楼之谓"，通过短期大投入，建大楼易，提高师资难，很多升格学校有名无实，师资薄弱。学校硬件条件容易实现，但内涵成长难。很多学校升格后，师资力量、教学内容、教学方式都没有太大改变，这也就造成社会普遍反映高职和中职在教学内容上没有差别，换汤不换药、新瓶装旧酒。一些学校的升格过程甚至成为民间茶余饭后的笑话故事，"吾谁欺？欺天乎？"但是，从国家长远发展的角度，这种高校更名（升格）风的负效应极大，特别是对职业教育发展，应紧急叫停。

二、升格转型之风迷失了职业教育的发展方向

近20多年来，学校更名升格风潮一再兴起，对原有教育体系造成很大冲击，其中"重财利轻育人，重升格轻质量，重知识轻技术"的倾向严重干扰了学校正常建设，破坏了国家教育体系构建。教育部也多次表示不再允许，不再批准。2004年，教育部等七部门联合发布《关于进一步加强职业教育工作的若干意见》提出"中等职业学校不再升格为高等职业院校或并入高等学校，专科层次的职业院校不再升格为本科院校"。2014年国务院发布的《关于加快发展现代职业教育的决定》进一步明确了"原则上中等职业学校不升格为或并入高等职业院校，专科高等职业院校不升格为或并入本科高等学校"的要求。被压制的各级学校升格转型的欲望，口子一旦打开，必将兴起新一轮升格更名潮。特别是其中的去"职业"现象，将直接冲击我国当前加快现代职业教育发展的国策。

从20多年的更名升格之路来看，就职业教育而言，就是一条升格转型之路：由职业学校而中职，而高职，而普通高校，最终由职业教育类型转型为普通教育类型。这种顾此失彼的发展模式从制度上将各类教育分出三六九等，矮化了职业教育，不仅极大影响了职业学校自身的建设，而且进一步加剧了社会上轻职教的风气，其带来的错误导向将会诱导职业教育进一步迷失发展方向。

（一）迷失了职业教育的发展方向

在当前的教育序列里，教育主管部门对高等职业教育的层次做出了严格限制，长期定位在"专科"层次，严禁"职业技术学院"在职教系列内升格。而当前能升格的高职学院一般都属于发展较好的，据业内人士反映，至少是中上等。这些学院更名后，会形成一种矮化职业教育导向，会给人一种印象，职业学校发展好了就可以升格为普通高校；导致职业学校发展的更高目标不是突出特色，不是追求本领域卓越，而是为了升格成为普教本科。

（二）扭曲了高职学院的办学行为

如果再兴高职升格为普通本科之风，不少高等职业学院会为达到普通本科的更名条件，在办学中增设学科、专业，忽视增设的学科、专业是否符合本校的定位，能否办出高质量等，必然严重偏离职业教育的办学目标。

（三）浪费了职教资源

更名后的新本科学校，虽然还有职教的师资、设施等基础，但是由于已纳入普教的管理序列，管理理念、考核标准都将有很大不同，能保留的职教特色也会逐渐褪去。而其在逐级升格过程中，兴办的各种硬件设施、高等级的实训基地也将逐步转化。也就是说，一所职业院校实现了升格，也就意味着与原有的职业教育类型彻底脱节了。

三、重普教轻职教的思维定式加剧了教育体系的失衡

行政管理体制是职业教育由规模发展向内涵发展的关键。长期以来，"重普通教育轻职业教育，重高等教育轻中等教育"的思维定式直接影响了管理方式和各项制度，严重制约职业教育的高质量发展。

（一）教育体系失衡："普教过度发展与职教发展不足"

20年来更名升格转型发展带来的实际上是普通高等教育的低水平的过度发展与高等职业教育发展的矮化，直接造成了我国教育体系的失衡。20世纪90年代高校扩招后，高等教育规模快速增长，相当多的高校进行了合并重组、升

格变迁,据统计,全国 2000 多所公办高校中,近 20 年有近一半更名。更名的院校中,大部分是由"学院"改成了学术型"大学",这些大学追求的是大而全,"千校一面",同质化倾向严重。

高等职业教育的发展,也经历了早期野蛮扩张而后行政控制的过程。1995 年,我国高等职业教育(专科)学校数为 86 所,到 2016 年,高等职业学校已经增加至 1297 所(见表 15-2),其中 80% 由中专直接升格而成。2000 年至 2015 年,在短短的 16 年时间里,我国新建本科院校(不含近 300 所独立学院)扩展到 403 所,接近全国普通本科高校的一半,从根本上改变了我国高等教育格局。2005 年后,公办学校升格虽然有所控制,但一些办学条件、师资力量相对薄弱的民办高职学院却成功升格为本科院校。据统计,2005 年有 2 所,2008 年有 12 所,2010 年有 1 所,2011 年有 18 所,2012 年有 1 所,2014 年有 24 所,2015 年有 3 所,2016 年有 1 所,2017 年有 1 所高职脱去"职业"。

表 15-2　　　　1995—2016 年我国中职与高职学校数变化情况

年份	中职学校数量	高职学校数量	年份	中职学校数量	高职学校数量
1995	17168	86	2006	14693	981
1996	21180	82	2007	14832	1015
1997	21259	80	2008	14847	1036
1998	21182	101	2009	14427	1215
1999	20339	161	2010	13941	1246
2000	18739	383	2011	13093	1280
2001	16727	386	2012	12663	1297
2002	15399	548	2013	12262	1321
2003	14682	711	2014	11878	1327
2004	14454	872	2015	11202	1341
2005	11611	921	2016	10893	1359

资料来源:《中国教育统计年鉴》,教育部网站。

屡禁不止的更名升格转型之风与我国教育行政管理上重普通教育轻职业教育,重高等教育轻中等教育是分不开的。虽然我国现代国民教育体系包括普通教育和职业教育两大类型。但是,长期以来,教育行政管理部门重普通教育轻职教,将教育类型的差异视同为层次的差异,并将这种层次差异固化。对高等职业教育发展的层次做出严格限制,长期定位在"专科"层次,并将新成立的

"职业技术学院"与原有的"专科"层次学校合称为"高职高专",统归"高等职业教育"阵营。

根据教育层次设立不同的行政级别,对相关高等院校进行管理。即,"专科"院校一般为副厅级单位,"本科"院校一般为正厅级单位,有些重点"本科"院校为副部级单位。在这一管理模式下,一方面各级教育行政部门采取各种措施抑制高职院校的"升格"行为;另一方面,一旦"升格",即纳入普通高等教育。这样高等职业教育不仅被矮化,还被固化,高职成为高技能人才的"终结教育"。

(二)行政化的指标管理让学校"重量轻质"

重普教轻职教的行政管理方式导致各项政策异化"重普通教育轻职业教育,重高等教育轻中等教育"的管理思维也直接影响到了政府相关政策,将当地高等学校的数量作为政绩目标。当前国家重视职业教育质量的发展,一些地方也就自然将提升职业教育质量异化为学校升格,而忽视了学校内涵建设。如多地将当地职业学校升格作为发展目标,列入地方发展规划,甚至拿出专项经费扶持。即使在对民办职业教育资助上,也是多集中在高职,而且有多地在《民办教育专项资金管理办法》和《关于加快发展民办教育的意见》文件里明确将支持民办职业学校上等级作为专项资金使用用途。而对提升职业教育质量的产教融合、校企合作等很少涉及。在行政化主导的学校升格活动中,主要通过设定若干指标来作为门槛。于是各级学校纷纷对照这些指标来突破,办学占地面积和校舍要达到多少、学科门类和专业要达到多少、专任教师多少、藏书要达到多少、仪器设备要达到多少亿、在校学生要达到多少,等等。各级政府也纷纷出台各种政策,作为政绩目标,以升格作为学校质量建设的重要指标写入"十三五"规划,在财政政策上做出倾斜,增大奖补力度。特别是在对民办职业学校补贴上,也以办学规模、层级等为条件。这种"唯指标"法形成了在学校发展中,重形式轻内容,重物质轻人力的导向,扭曲了职业教育的发展目标。

(三)重普教轻职教的管理理念也影响了教育经费保障水平

近年来,随着职业教育财政经费的大幅增加,重普教轻职教的经费投入格局有了很大变化。但是职业教育与普通教育,特别是与普通高等教育相比,在经费保障上还是存在差距。一般来说高职生均经费高于中职,普通高等教育生均经费高于高职。2015年，地方高职高专生均公共财政经费12772元，比地方普通本科学校少5281元，只有中央普通本科学校的一半。就职业教育特性来说，其成本一般要高于普通教育，不同专业生均经费标准的差异在1—3倍左右，特别是培养高技能的专业成本就更高了。现有的"一刀切"甚至低于普通教育的生均经费拨款制度直接制约了高技能专业的发展，当前国家大力发展职业教育，但具体到各个学校，因成本的考量，往往把有限的资源用来扩大低成本专业。由于更名升格有着明确的学科和专业的数量要求，也使得很多以升格为目标的学校，更多向低成本专业扩张。

四、提升职业教育层级是大势所趋

从国外职业教育发展历程看，随着科技的进步与经济的发展，产业结构的转型升级，职业教育的高质量发展成为必然需求。我国当前职业教育更名升格之风的背后，事实上也反映了市场对高层级技术人才的需求和技术人才进一步提升的需要，急需职业教育走高质量发展之路。

（一）新时代高质量发展必须有高质量的职业教育

当前我国经济发展进入高质量发展阶段，人才是关键，在全社会普遍重学历文凭、轻职业技能的观念影响下，高技能人才是关键中的关键，高技能人才直接关系到高端制造、关系到创新型强国建设。目前高技能人才的缺乏严重制约了我国高质量发展。人力资源和社会保障部的数据显示，我国高技能人才只有4700多万人，仅占整个就业人员的6%。从当前市场供求看，近几年，技术工人的求人倍率一直保持在1.5以上，高级技工的求人倍率甚至达到2以上的程度，供需矛盾非常突出。从国际视角看，我国高技能人才的比例不仅落后于发达国家，也低于世界平均水平（30%—50%）。

人才供给结构的失衡，症结在教育发展体系的失衡。当前高技能人才的培养困难重重。根据现行政策，只能在普通高等教育体系内迂回实现。一是通过"专升本"培养。但由于高职院校和本科学校在课程体系、专业设置和人才培养模式上的差异，学生进入本科学习后，技术技能培养和专业成长无法得到切实提升；二是高职与本科院校合作办学，即高职与其他本科学校挂靠，在高职办学，发挂靠高校的文凭。但由于招生计划、学校管理、利益分割等因素限制，高职院校和本科院校合作也经常受限。

（二）职业教育高质量发展是国际趋势

从发达国家职业教育发展历程看，职业教育随着经济的发展办学层次不断向上拓展。自20世纪60年代以来，在很多国家都出现了中职大规模升格现象。1963年，英国的《罗宾斯报告》把发展高等职业教育作为高等教育的重要方面，提出建立高等技术教育与普通高等教育并存的双轨运行的高等教育体系。联合国教科文组织在1997年修订《国际教育标准分类法》（The International Standard Classification of Education），把整个教育体系划分为七个层次，高等教育划分为第一阶段和第二阶段两个等级，高等教育第一阶段位居第五层。第五层又分为5A（理论型）和5B（职业型）两类。5A包括专科、本科以及硕士学位课程。5B虽没有明确的学位层次划分，但由于5B既有2年制、3年制，也有4年、5年乃至6年制，因此，5B实际上也涵盖了从专科、本科到研究生的三级高职教育。2011年版本作了更加明确细致的划分，将教育分为9级。其中，0级为学前教育，1级为初等教育，从2级（初中教育）开始到8级（博士层次的高等教育）都有"普通"和"职业"两种类型。明确高等职业教育和普通高等教育一样，都分为学士或等同（6级）、硕士或等同（7级）和博士或等同（8级）的学历层次。

（三）提升职业教育必须重塑职业教育体系

重塑我国教育体系，提升职业教育类型的办学层级，逐步延伸到本科、硕士和博士势在必行。但是这个升格必须以质量为先，应切合我国新时代高素质技能人才培养的现实需要，重塑职业教育结构，全面建构我国高等职业教育体系。在这个过程中，必须结合我国当前实际，培养各种层次的技能人才，重视提高中职教育的品质，而不是把优秀的中职升格为高职，在我国就业人口没有受过中职以上教育的高达76%，目前的中职教育还无法满足市场对中等技术人才的需求。这在发达国家也有前车之鉴。一些发达国家在教育公平等口号推波助澜下，大量中职被转化为高职，层次高移的趋势愈演愈烈，对社会经济结构和就业带来极大影响。从20世纪80年代开始，又不得不转向重塑中职教育。英国自1983年起开始在中等教育中实施了"职业教育试点计划"，澳大利亚从20世纪90年代末开始实施"学校中职业教育计划"，韩国2010年颁布了"高中阶段职业教育提升计划"。美国新任总统特朗普以推动制造业回流给美国人更多工作机会的竞选口号赢得选举，但他在 2017 年 2 月 24 日会见制造业代表，重申他让制造业工作机会回流的决心时，与会代表却向他抱怨这些年招到有合适技术的工人有多难。2 月 25 日的《华盛顿邮报》以 "US factory CEOs to Trump: Jobs exist; skills don't（美国制造业代表对川普说：不是没有工作，而是没有具备相应工作技能的美国工人）"的标题进行报道，认为这是美国四十年来职业教育逐步向普通教育转型的必然结果。美国早年一些社区大学也是通过更名来升格，逐步将校名中的"初级""社区"等字眼去掉，最后向四年制大学靠拢，学院性质完全改变。早在奥巴马政府时，美国已经在检讨职业教育发展的问题，2012 年发布《致力未来：重塑美国职业生涯与应用技术教育的改革蓝图》提出了重塑中等职业教育的口号。"殷鉴不远"，我们必须充分重视更名升格转型的危害。

五、完善我国职业教育体系势在必行

提高职业教育层级是我国职业教育高质量发展的内在要求，也是国际职业教育发展趋势，但简单更名升格却造成了高职的弱化和普高低质量扩张，会带来错误的导向。建议立即叫停这次更名升格行动，从顶层设计角度，有序推进我国职业教育层级向上延伸，从体制机制上创新，切实提升教育质量。特别是要以生均经费为抓手建立和完善职业教育保障体系，并充分考虑专业培养成本建立差别化的生均经费标准，为职业教育健康发展建立良好的制度环境。

（一）依据职业教育应有的功能定位，重塑职教体系

在修订《中华人民共和国职业教育法》时，应旗帜鲜明地规定职业教育与普通教育是国民教育序列中的两大类型，明确职业教育与普通教育的同等地位。职业教育与普通教育之间是相互支持、相互补充的关系，高技能人才应与普通高等教育培养的学术和技术研发型人才处于同层次且等价的地位，引导整个社会转变观念。

依据国际教育分类标准构建现代职业教育体系。"高等职业学校教育"与"高等普通学校教育"从法理上讲是对等的，可以有自己的短学制教育，也可

以有自己的长学制教育；在学历层次上，可以有第 5 级教育，培养出学士、副学士层次人才，也可以有第 6 级教育，培养出硕士、博士等层次人才。

职业学校教育体系不仅应"纵向贯通"，而且要与其他教育"横向互联"。设置不同教育之间的"转换带"，使它们之间既不相互阻隔，又连接有序，共同为受教育者的成长发展提供优良的教育服务。

（二）新设职业教育类型的"本科"层次

可以在部分发展质量好的高职院校中，选择品牌示范专业办本科，这样既能保证人才培养质量，也提高了高职办学的积极性。据调研，很多省市的国家高职示范骨干学校现在已经可以做到本科招生，并取得了较好的办学效果。新设职教本科不是传统意义上的更名或升格，应有新使命、新定位即突出培养受教育者的实践能力与创新能力，培养开放、创新的高技能人才。二是设置"新本科"，应是体系化顶层设计与分步实施相结合。学校的选择应是少而精，在实验、示范中总结职教（本科、硕士、博士）类型的经验和规律，有条件地分步推进，避免传统的"一刀切"，一阵风的更名、升格风。真正让升格成为发展高质量职教的良药。

对于已经升格成功的新建本科院校，应抑制其继续向学术型大学转型的趋向，引导其立足于应用型本科，提升内涵，走高质量应用型大学发展之路。据调查，有 90% 以上的新建本科院校的发展目标都是进一步攀升。向学术型大学升格转型。各级政府必须做好规划，帮助学校定位，抑制其不断升格的冲动，促进地区教育均衡发展。

（三）完善职业教育财政保障体制

以生均经费为抓手，建立与职业教育办学特点相适应的保障体制。通过建立生均经费制度，为各级职业学校提供与普通教育大致相等的保障水平，从财政上消除职业教育是低层次教育的误区，建立正确的社会导向。在建立职业教育生均经费拨款制度的同时，还要充分考虑职业教育培养成本较高的特殊性，逐步建立差别化的制度，不能简单参照普通教育的模式。

建立以提升质量为基准的民办职业学校扶持标准，引导民办职业教育提升质量而不是追求升格转型。近年来国家和地方政府对民办职业教育的支持和扶持力度不断增强，通过定额补助、项目补助、专项奖励的方式对非营利性民办高职院校给予支持。除了上海市等少数省市按照生均经费进行补助外，大部分地方还是按照办学规模、学校层级等进行补助，在一定程度上鼓励了民办职业学校对升格的追求。要着力完善财政资助民办高职院校的政策和制度，营造公平的发展环境，通过建立和完善差额补助、定额补助、项目补助、奖励性补助等多元化的财政资助机制，让民办职业学校更多加强自身建设，提高教育质量，办出特色品牌。

参考文献

[1] Berufsbildungsbericht 2015, Bundesministerium Für Bildung und Forschung, 2012. Berufsbildungsgesetz von 23. März 2005.

[2] Grundinformationen zu Bildung in Deutschland, Bundesministerium Für Bildung und Forschung, 2012.

[3] Martin Baethge, Heike Solga, Markus Wieck: Berufsbildung im Umbruch, Friedrich – Ebert – Stiftung, 2007.

[4] 白景明：《统筹考虑事权、支出责任和收入划分》，《中国社会科学报》2015年3月30日。

[5] 陈伟、黄大乾、李姿：《技工教育发展三题：历史、逻辑及定位》，《职教论坛》2017年第22期。

[6] 邓艳玲：《美国高等职业教育校企合作相关政策研究》，《黑龙江教育学院学报》2014年第11期。

[7] 杜保德、李玉冰、赵素英、胡天苍、李志勇、邱强、马思亿、李国营：《日本农业职业教育的做法与启示》，《北京农业职业学院学报》，2008年第1期。

[8] 段本洛：《苏州手工业史》，江苏古籍出版社1986年版。

[9] 范唯：《探索现代职业教育体系建设的基本路径》，《中国高教研究》2011年第12期。

[10] 方展画、刘辉、傅雪凌：《知识与技能——中国职业教育60年》，浙江大学出版社2009年版。

[11] 菲利克斯·劳耐尔、鲁珀特·麦克林：《国际职业教育科学研究手册》，北京师范大学出版社2014年版。

[12] 冯晓沛、胡克祖：《中国古代学徒制职业教育评价历史述评》，《职

教论坛》2012 年第 34 期。

[13] 付卫东：《经济转型期，我国职业教育改革研究》，中国社会科学出版社 2017 年版。

[14] 高国富、徐艳：《中国职协赴日本职业培训考察团考察报告（上）》，《中国培训》2006 年第 3 期。

[15] 高树昱：《我国教育领域的公私合作伙伴关系审视》，《教育发展研究》2010 年第 8 期。

[16] 耿洁：《职业教育校企合作体制机制研究》，天津教育出版社 2012 年版。

[17] 辜胜阻、吴华君、曹冬梅：《新人口红利与职业教育转型》，《财政研究》2017 年第 9 期。

[18] 顾月琴：《我国古代民间杂字教材中的职业教育》，《河北师范大学学报（教育科学版）》2008 年第 11 期。

[19] 广西财政厅课题组：《政府间事权与支出责任划分研究》，《财政研究》2015 年第 47 期。

[20] 韩凤芹：《现代职业教育建设中应推进政府与社会资本的广泛合作》，《经济研究参考》2016 年第 61 期。

[21] 韩凤芹：《中职教育免学费政策的反思》，《财政科学》2016 年第 8 期。

[22] 韩永强：《职业教育经费投入及其国际比较》，《职业技术教育》2014 年第 10 期。

[23] 和震、刘云波、魏明等：《中国教育改革开放 40 年》，北京师范大学出版社 2019 版。

[24] 黄璜：《战后日本职业教育办学的变化及其对中国职业教育的启示》，《科教文汇（下旬刊）》2008 年第 6 期。

[25] 贾俊：《浅谈日本职业教育的经验及其对我国职业教育转型的启示》，《课程教育研究》，2015 年第 3 期。

[26] 贾旻、王迎春：《改革开放四十年我国民办职业教育的发展历程及未来展望》，《职教论坛》2018 年第 11 期。

[27] 姜大源：《当代世界职业教育发展趋势研究》，电子工业出版社 2012 版。

[28] 姜大源：《德国职业教育的最新改革与发展动态》，《中国职业技术教育》2010 年第 5 期。

[29] 姜大源：《德国职业教育体制机制改革与创新的战略决策——德国职业教育现代化与结构调整十大方略解读》，《中国职业技术教育》2010 年第 30 期。

[30] 姜大源等：《当代世界职业教育发展趋势研究》，电子工业出版社 2012 年版。

[31] 寇明风：《政府间事权与支出责任划分研究述评》，《地方财政研究》2015 年第 5 期。

[32] 劳耐尔等：《国际职业教育科学研究手册》，北京师范大学出版社 2014 版。

[33] 李国钧等：《中国书院史》，湖南教育出版社 1993 年版。

[34] 李欢、林克松：《坚守与拓新：美国职业教育的最新变革与发展趋向》，《教育与职业》2019 年第 16 期。

[35] 联合国教科文组织：《反思教育：向"全球共同利益"的理念转变？》2015 年。

[36] 梁丽华：《战后日本高等职业教育的地位》，《国外职业教育》2012 年第 2 期。

[37] 林永春、李慧：《激励企业参与职业教育的税收政策研究》，《职教论坛》2011 年第 33 期。

[38] 刘尚希、韩凤芹、史卫：《唐宋科技繁荣：政府行为与创新环境》，《财政研究》2015 年第 5 期。

[39] 刘尚希、韩凤芹：《科技创新 中央与地方关系研究》，经济科学出版社 2016 年版。

[40] 刘尚希：《明晰支出责任：完善财政体制的一个切入点》，《经济研究参考》2012 年第 40 期。

[41] 刘尚希：《以社会化改革推动市场化改革的全面深化》，中国财政科学研究院《研究报告》2016 第 19 期。

[42] 刘伟民、任梅：《中国古代职业教育思想及人物观点撷要》，《职业技术教育（教科版）》2006 年第 34 期。

[43] 刘文杰：《新中国成立 70 年我国职业教育发展回顾与前瞻》，《内蒙古社会科学》2019 年第 2 期。

[44] 刘文全、马君:《新中国成立70年中等职业教育的历史使命与变迁——基于中等职业教育政策文本分析》,《中国职业技术教育》2019年第24期。

[45] 刘晓、周明星:《〈考工记〉职业教育史料价值初考》,《职教论坛》2007年第23期。

[46] 刘晓:《利益相关者参与下的高等职业教育办学模式改革研究》,华东师范大学博士学位论文,2012年。

[47] 刘学良:《我国古代职业教育发源考证》,《时代文学》2006年第2期。

[48] 柳榕:《浅议"融资型校企合作"BOT模式》,《哈尔滨学院学报》2013年第12期。

[49] 路宝利:《新世纪十年中国职业教育的发展困境与思考》,《开放教育研究》2012年第5期。

[50] 彭慧敏:《战后意大利职业教育研究》,中国水利水电出版社2014年版。

[51] 祁占勇、王佳昕、安莹莹:《我国职业教育政策的变迁逻辑与未来走向》,《华东师范大学学报(教育科学版)》2018年第1期。

[52] 祁占勇:《职业教育政策研究》,教育科学出版社2018年版。

[53] 阙明坤、潘奇、朱俊:《探索发展混合所有制职业院校的困境及对策》,《中国职业技术教育》,2015年第18期。

[54] 桑凤平:《日本职业教育促进产业发展的经验及其借鉴》,《教育研究》2012年第6期。

[55] 孙培青:《中国教育史》,华东师范大学出版社2000年版。

[56] 童书业:《中国手工业商业发展史》,中华书局2008年版。

[57] 王春燕、史晓鹤:《我国现代职业教育支撑体系研究》,北京大学出版社2014年版。

[58] 王辉、刘东:《奥巴马政府倾力打造美国现代职教体系》,《职业技术教育》2013年第27期。

[59] 王连英:《我国技工教育的回顾与反思》,《太原城市职业技术学院学报》2006年第5期。

[60] 王帅:《战后日本职业教育办学模式上的三点变化》,《职教论坛》2007年第6期。

[61] 吴丹红：《日本战后职业教育的特点分析》，《人力资源管理》2014年第10期。

[62] 吴晓波：《新时代背景下技工教育创新发展的路径选择》，《湖南广播电视大学学报》2019第2期。

[63] 吴玉琦：《中国职业教育史》，吉林教育出版社1991年版。

[64] 吴芝红：《基于促进职业教育发展下税收优惠政策的探讨》，《教育财会研究》2015年第6期。

[65] 辛斐斐：《德国职业教育财政政策述评及对我国的启示》，《外国中小学教育》2010年第1期。

[66] 徐东：《我国古代职业技术教育的发展历程及其特点分析》，《辽东学院学报》2007年第4期。

[67] 荀凤元：《技工院校在国家职业教育改革中面临的机遇和挑战》，《职业》2019年第15期。

[68] 荀关玉：《市场在教育公共服务提供中的作用研究》，《公共治理》2013年第9期。

[69] 阎永胜：《日本职业教发展模式的启示》，《辽宁高职学报》2008年第9期。

[70] 尹宗明、李志伟：《基础教育及职业教育事权和支出责任划分的思考》，《中国财政》2015年第14期。

[71] 占小梅、马树超：《我国职业教育经费投入政策发展的阶段性特征》，《职教论坛》2015年第4期。

[72] 赵永辉：《我国高等教育支出责任与财力保障的匹配研究》，中国社会科学出版社2016年版。

[73] 浙江省财政厅课题组：《浙江省部分市县教育事权与支出责任研究》，《公共财政研究》2015年第4期。

[74] 中国农村财经研究会课题组：《中央财政与地方财政支农事权和支出责任划分研究》，《当代农村财经》2015年第3期。

[75] 周谊：《日本职业教育的办学模式》，《重庆职业技术学院学报》2002年第2期。

[76] 祝士明、王君丽：《日本与职业教育相关的立法特点》，《中国职业技术教育》2007年20期。